"十三五"职业教育国家规划教材

"十二五"职业教育国家规划教材

经全国职业教育教材审定委员会审定

国家文化产业资金支持媒体融合重大项目

21世纪高职高专精品教材·报关与国际货运专业

报关实务

Customs Clearance Practice

（第三版）

王艳娜　主　编

张丽丽　副主编

东北财经大学出版社
Dongbei University of Finance & Economics Press
大连

图书在版编目（CIP）数据

报关实务 / 王艳娜主编. —3版. —大连：东北财经大学出版社，2019.11（2021.8重印）
（21世纪高职高专精品教材·报关与国际货运专业）
ISBN 978-7-5654-3709-0

Ⅰ. 报… Ⅱ. 王… Ⅲ. 进出口贸易-海关手续-中国-高等职业教育-教材 Ⅳ. F752.5

中国版本图书馆CIP数据核字（2019）第234416号

东北财经大学出版社出版
（大连市黑石礁尖山街217号 邮政编码 116025）
网 址：http://www.dufep.cn
读者信箱：dufep@dufe.edu.cn
大连天骄彩色印刷有限公司印刷 东北财经大学出版社发行

幅面尺寸：185mm×260mm 字数：408千字 印张：17
2019年11月第3版 2021年8月第5次印刷

责任编辑：张晓鹏 责任校对：王 娟 石建华 周 晗
封面设计：张智波 版式设计：钟福建

定价：36.00元

教学支持 售后服务 联系电话：（0411）84710309

如有印装质量问题，请联系营销部：（0411）84710711

富媒体智能型教材出版说明

“财经高等职业教育富媒体智能型教材开发系统工程”入选国家新闻出版广电总局新闻出版改革发展项目库，并获得文化产业专项资金支持，是“国家文化产业资金支持媒体融合重大项目”。项目以“融通”“融合”“共建”“共享”为特色，是东北财经大学出版社积极落实国家推动传统媒体与新媒体融合发展的重要举措之一。

“财道书院”智能教学互动平台是该工程项目建设成果之一。该平台通过系统、合理的架构设计，将教学资源与教学应用集成于一体，具有教学内容多元呈现、课堂教学实时交互、测试考评个性设置、用户学情高效分析等核心功能，是高校开展信息化教学的有力支撑和应用保障。

富媒体智能型教材是该工程项目建设成果之二。该类教材是我社供给侧改革探索性策划的创新型产品，是一种新形态立体化教材。富媒体智能型教材秉持严谨的教学设计思想和先进的教材设计理念，为财经职业教育教与学、课程与教材的融通奠定了基础，较好地避免了传统教学模式和单一纸质教材容易出现的“两张皮”现象，有助于教学质量的提高和教学效果的提升。

从教材资源的呈现形式来说，富媒体智能型教材实现了传统纸质教材与数字技术的融合，通过二维码建立链接，将VR、微课、视频、动画、音频、图文和试题库等富媒体资源丰富地呈现给用户；从教材内容的选取整合来说，其实现了职业教育与产业发展的融合，不仅注重专业教学内容与职业能力培养的有效对接，而且很好地解决了部分专业课程学与训、训与评的难题；从教材的教学使用过程来说，其实现了线下自主与线上互动的融合，学生可以在有网络支持的任何地方自主完成预习、巩固、复习等，教师可以在教学中灵活使用随堂点名、作业布置及批改、自测及组卷考试、成绩统计分析等平台辅助教学工具。

富媒体智能型教材设计新颖，一书一码，使用便捷。使用富媒体智能型教材的师生首先下载“财道书院”App或者进入“财道书院”（www.idufep.com）平台完成注册，然后登录“财道书院”，输入教材封四学习卡中的激活码，建立或找到班级和课程对应教材，就可以开启个性化教与学之旅。

“重塑教学空间，回归教学本源！”“财道书院”平台不仅仅是出版社提供教学资源和服务的平台，更是出版社为作者和广大院校创设的一个教学空间，作者和院校师生既是这个空间的使用者和消费者，也是这个空间的创造者和建设者，在这里，出版社、作者、院校共建资源，共享回报，共创未来。

最后，感谢各位作者为支持项目建设所付出的辛劳和智慧，也欢迎广大院校在教学中积极使用富媒体智能型教材和“财道书院”平台，东北财经大学出版社愿意也必将陪伴广大职业教育工作者走向更加光明而美好的职教发展新阶段。

东北财经大学出版社

第三版前言

《报关实务》自2012年出版以来，在各高职院校引起了一定的反响，许多院校将其作为报关与国际货运及相关专业的教材或辅助参考书。近年来，报关实务领域发生了一系列新的变化，如海关总署公告2016年第20号（关于修订《中华人民共和国海关进出口货物报关单填制规范》的公告）、2019年跨境电商的迅猛发展等。为了反映报关实务的新变化，编者对《报关实务》第二版做了精心修订。具体地说，体现了以下一些特点：

一是在保持原教材框架体系的基础上，对一些重要章节进行了较大幅度的调整。例如，保税加工部分对部分概念进行更新、细化。报关单填制细则依据海关总署公告2016年第20号（关于修订《中华人民共和国海关进出口货物报关单填制规范》的公告）等进行了修改。

二是对涉及的数据和相关报关实务的政策、法规进行了更新，数据更新至2019年，报关内容中包含了跨境电商的部分内容。

三是围绕报关任务进行“案例导入”“资讯”“任务实操”“项目检验”“项目拓展”等栏目的修订，使学生对每个任务都能由浅入深、循序渐进地掌握。

四是教学内容多样性。在“资讯”的修订编写过程中，我们充分采用案例分析、举例、小提示、效果检测、知识链接、插图等形式，并辅以各种图标，使学生能轻松愉悦地学习。

五是合理的任务实践。任务实践中的任务设计主要围绕报关案例展开，以报关员职业技能为着力点，培养学生的岗位实践能力，并且配备立足职业的考核方法。

本书配有制作精良的多媒体课件，使用本书的读者可以登录东北财经大学出版社网站（www.dufep.cn）免费下载。

本书由辽宁机电职业技术学院王艳娜老师负责修订编写并担任主编，辽宁机电职业技术学院张丽丽老师任副主编。其具体分工如下：项目1、2、3、4由王艳娜修订编写，项目5、6由张丽丽修订编写，最后由王艳娜总纂定稿。

在修订编写过程中，笔者参阅了海关总署报关员考试系列教材，还参考了大量的网站资料和相关书籍，在书中尽量标注并在书末以参考文献的形式列出，在此向相关作者表示衷心的感谢！

由于编者学识水平和能力所限，书中难免有不妥之处，敬请使用本教材的老师和读者批评指正。

作者

2019年10月

目　录

项目1　报关注册登记流程

项目2　海关管理和对外贸易管制流程

项目3　海关监管货物报关程序

项目4　进出口商品归类

项目5　进出口税费

项目6　进出口货物报关单填制

参考文献

项目1

报关注册登记流程

知识目标

掌握报关企业注册登记、进出口货物收发货人报关注册登记、报关员执业等知识。

能力目标

会办理报关企业、进出口货物收发货人报关注册登记。

项目介绍

企业要从事进出口货物报关等业务，需要有报关资质。企业欲在海关注册，需要有选择性地完成企业注册登记。据此，学生要完成以下任务：

任务1：报关企业报关注册登记。

任务2：进出口货物收发货人报关注册登记。

任务3：报关员执业。

项目任务

任务1 报关企业报关注册登记

案例导入

辽宁新红货运代理有限公司是沈阳的一家报关企业，为了取得报关资格，该公司需要到沈阳海关办理注册登记手续。

请问：1.什么是报关？

2.什么是报关单位？

3.该公司如何办理报关注册登记手续？

资讯

1.1.1 报关概述

1）报关的含义

（1）报关的定义。报关是指进出口货物的收发货人、进出境运输工具的负责人、进出境物品的所有人或者他们的代理人向海关办理货物、运输工具或物品进出境手续及相关海关事务的过程。本文阐述的报关是指进出口货物的收发货人或其代理人（或称受委托的报关单位）在货物进出境时，依法办理有关手续的行为及其过程，包括向海关申报、交验单据和相关证件，并接受海关的监管和检查等。

（2）报关与通关的区别。通关即结关、清关，是指进出口货物和转运货物出入一国海关关境或国境必须办理的海关规定的手续。通关一方面包括海关管理相对人（包括进出境运输工具负责人、进出口货物收发货人、进出境物品的所有人或者他们的代理人）向海关办理运输工具、货物或物品的进出境手续；另一方面也包括海关根据管理相对人的申报，对进出境运输工具、货物、物品依法进行查验、征缴税费直至核准其进出境的监督管理全过程。报关和通关活动虽然都是针对运输工具、货物、物品的进出境而言的，但二者所包括的内容和考察角度仍然存在一定的区别。

（3）报关与报检。报检手续先于报关手续办理。报检由海关负责，目的是检查进出境商品是否符合国家卫生标准或是为了防止疾病的传播。海关放行后，意味着企业可以自行处理货物。只有先通过检验，海关才能接受申报。

2018年4月，出入境检验检疫管理职责和队伍正式划归海关系统。自此，出入境检验检疫系统统一以海关的名义对外开展工作，一线旅检、查验和窗口岗位统一上岗、统一着海关制服、统一佩戴官衔。海关既要负责出入境卫生检疫、出入境动植物及其产品检验检疫，收集分析境外疫情，组织实施口岸处置措施，承担口岸突发公共卫生等应急事件的相关工作，又要负责进出口商品的法定检验，监督管理进口商品的鉴定、验证、质量安全等，负责进口食品、化妆品的检验检疫和监督管理，依据多双边协议承担出口食品的相关工作。

2）报关的分类

（1）运输工具报关、货物报关与物品报关

报关可以分为运输工具报关、货物报关与物品报关三类。

进出境运输工具作为货物、人员及其携带物品的进出境载体，其报关主要是向海关直接交验随附的、符合国际商业运输惯例、能反映运输工具进出境合法性及其所承运货物、物品情况的合法证件、清单和其他运输单据。

进出境物品由于其非贸易性质，且一般限于自用、合理数量，报关手续比较简单。

（2）进境报关、出境报关

进出境报关是根据运输工具运抵我国和从我国出境的目的而设置的。

（3）自理报关与代理报关

第一，自理报关。进出口货物收发货人在海关注册登记后办理。自理报关单位必须具有进出口经营权，才能申请报关权，直接报隶属海关审批。

第二，代理报关。进出境货物的代理报关人必须是在海关注册登记的报关企业。代理报关的属性与法律责任见表1–1。

表1–1 代理报关的属性与法律责任

报关性质	代理方式	举例	法律责任
代理报关	直接代理	货代公司	法律后果直接作用于被代理人（委托人）；报关企业亦应承担相应的法律责任
	间接代理	快递公司	法律后果直接作用于被代理人（报关企业）；由报关企业承担与委托人自己报关时所应承担的相同的法律责任

第三，直接代理报关和间接代理报关的区别。①含义上的区别：直接代理报关以委托方（被代理人）的名义报关纳税；间接代理报关以报关企业自身的名义报关纳税。②报关企业法律责任上的区别：在直接代理中，法律后果直接作用于被代理人（即委托方）；在间接代理中，报关企业承担与委托人相同的责任。间接代理的法律责任大于直接代理。

我国报关企业大多采用直接代理的形式代理报关，间接代理报关只适用于经营快件业务的国际货代企业。

知识链接1-1 直接代理和间接代理有什么区别？

代理是与自理相对应的概念，是通过他人代为实施民事法律行为的方式。根据代理人是以被代理人名义还是以代理人自己的名义实施民事法律行为，代理可分为直接代理和间接代理。二者均是接受委托人的委托后实施民事法律行为。直接代理和间接代理的区别主要表现在以下三方面：

第一，在代理行为中的名义不同。对于直接代理，代理人以被代理人的名义与第三人发生民事法律关系；对于间接代理，由代理人以自己的名义与第三人订立合同，取得民事权利或者承担民事义务后再移转给委托人，委托人与第三人之间并不直接发生民事法律关系。

第二，适用范围不同。就直接代理而言，除法律规定必须由当事人亲自实施的民事法律行为（如结婚行为）或法律虽未作规定但其性质不宜代理的民事法律行为（如立遗嘱行为）及依约定需由当事人亲自实施的民事法律行为外，其他民事法律行为均可代理；而就间接代理而言，只有法律明文规定的民事法律行为才能代理，一般仅在买卖等交易中产生。我国现有法律规定，只有外贸代理、委托贷款、证券及期货买卖等才允许间接代理。

第三，承担的法律责任不同。就直接代理而言，因被代理人通过代理人的行为与第三人直接建立合同关系，被代理人直接对第三人承担责任；而就间接代理而言，被代理人是通过代理人与第三人发生法律关系的，被代理人与第三人不发生直接的合同关系，因此被代理人不直接对第三人承担责任，其责任应由代理人承担。

资料来源 找法网.

3）报关的形式

（1）有纸报关和无纸报关。有纸报关，也称纸质报关，是指进出口货物收发货人、受委托的报关企业填制纸质单，备齐随附单证，向海关当面递交纸质报关单履行申报义务的方式。

无纸报关，也称电子报关，是指进出口货物的收发货人、受委托的报关企业通过计算机系统，向海关报送报关单电子数据并且备齐上传随附单证的申报方式。

知识链接1-2 通关作业无纸化

通关作业无纸化是指海关以企业分类管理和风险分析为基础，按照风险等级对进出口货物实施分类，运用信息化技术改变海关凭进出口企业递交的书面报关单及随附单证办理通关手续的做法，直接对企业联网申报的报关单及随附单证的电子数据进行无纸审核、验放处理的通关管理模式。

资料来源 海关总署网站.

（2）口岸报关与一体化报关。口岸报关，是指在货物的实际进出境地海关办理报关手续。一体化报关，是指可以在全国任一海关办理报关手续，全国报关如一关的新报关模式。

（3）逐票报关与集中报关。逐票报关，是指进出口货物的收发货人按照进出口货物每次进出口时的实际状态，根据规范要求，填制“中华人民共和国海关进/出口货物报关单”，逐票逐次向海关进行申报。这是一种常规的通关方式。

集中报关，是指经过海关备案，进出口货物的收发货人在同一口岸多批次进出口规定范围内的货物，先以“中华人民共和国海关进/出口货物集中申报清单”申报货物进出口，再以报关单集中办理海关手续。这是一种特殊的通关方式。

（4）提前报关与运抵报关。提前报关，是指进出口货物的收发货人、受委托的报关企业取得提（运）单或载货清单（舱单）数据后，在装载货物的进出境运输工具运抵海关监管场所前向海关进行进口货物申报，出口货物运抵海关监管场所前三日内向海关申报。

运抵报关，是指进出口货物的收发货人、受委托的报关企业取得提（运）单或者载货清单（舱单）数据，并且装载货物的进出境运输工具抵运海关监管场所后向海关进行货物申报。

4）报关的变革与发展历程

（1）口岸报关与属地报关。口岸报关，是指在货物的实际进出境地海关办理报关手续。属地报关，是指在报关单位的企业注册地直属海关关区内办理报关手续。

（2）“属地申报，口岸验放”。这是指符合海关规定条件的守法水平较高的AA类及A类企业，在其货物进出口时，可自主选择向其属地海关申报，在货物实际进出境地的口岸海关办理货物验放手续的一种通关方式。

“属地海关”是指进出口货物的收发货人或其代理人所在地隶属海关、办事处。“口岸海关”是指进出口货物实际进出境地的隶属海关、办事处。

“属地申报，口岸验放”是海关为便利企业通关而推出的一种通关模式。这种通关模式因允许企业在所在地海关报关，办理交单审核、交纳税费等通关手续，等货物到达港口后，口岸海关可以立即对货物进行实货验放，提高了通关效率、缩短了通关时间而受到企业的欢迎。

（3）属地申报、属地验放。2013年11月后，“属地申报、口岸验放”的通关模式进一步拓展为“属地申报、属地验放”的通关模式，即结合海关企业信用管理措施，收发货人为高级认证类企业且报关企业为一般信用类以上企业进出口货物时，可自主选择向属地海关申报，并在属地海关办理货物放行手续。

1.1.2 报关单位

1）概念

报关单位是指依法在海关注册登记的报关企业和进出口货物收发货人。报关单位实行注册登记管理。报关人员必须依法取得报关资格；否则，不得从事报关业务。向海关注册登记是法定要求。

2）特征

（1）依法在海关注册登记。

（2）必须在中国境内。

（3）包含两类主体。报关单位是一个集合概念，由进出口货物收发货人和报关企业两类主体共同构成。

1.1.3 报关企业注册登记

1）报关企业

报关企业是指按照规定经海关准予注册登记，接受进出口货物收发货人的委托，以进出口货物收发货人的名义或者以自己的名义向海关办理代理报关业务，从事报关服务的境内企业法人。其范围和特点见表1-2。

表1-2 报关企业的范围和特点

范围	(1)主营国际货物运输代理，兼营进出口货物代理报关业务的企业（如国际货代企业或国际船舶代理企业）；(2)主营代理报关的企业（如报关行或报关公司）
特点	(1)经海关许可并注册登记；(2)代理委托人报关，没有进出口经营权；(3)境内独立法人

2）报关单位的注册登记

报关注册登记制度是进出口货物收发货人、报关企业依法向海关提交规定的注册登记申请材料，经注册地海关依法对申请注册登记材料进行审核，准予其办理报关业务的管理制度。

3）报关企业注册登记

根据全国海关通关一体化关检业务全面融合有关工作的部署，2018年10月，海关总署发布2018年第143号公告（《关于推进关检融合优化报关单位注册登记有关事项的公告》)，进一步简化和优化报关单位注册登记。

(1)关于提交报关单位注册登记申请。自2018年10月29日起，企业在互联网上申请办理报关单位注册登记有关业务（含许可、备案、变更、注销）的，可以通过“中国国际贸易单一窗口”标准版（以下简称“单一窗口”，网址：http://www.singlewindow.cn)“企业资质”子系统或“互联网+海关”（网址：http://online.customs.gov.cn)“企业管理”子系统填写相关信息，并向海关提交申请。申请提交成功后，企业需到所在地海关企业管理窗口提交申请材料。

(2)关于“报关单位情况登记表”。企业办理报关单位注册登记时应当提交加盖企业印章的“报关单位情况登记表”。报关企业注册登记的申请条件和提交的文件见表1-3。

表1-3 报关企业注册登记的申请条件和提交的文件

序号	申请条件	许可申请资料
1	境内法人资格	企业法人营业执照副本或企业名称预先核准通知书副本
2	法定代表人无走私记录	—
3	无因走私违法行为被海关撤销注册登记许可记录	—
4	固定经营场所和设施	营业场所所有权证明、租赁证明
5	—	报关单位情况登记表
说明	提交材料是申请条件是否符合的证明	

(3)关于报关单位注册登记证书发放。自2018年10月29日起，对完成注册登记的报关单位，海关向其核发的“海关报关单位注册登记证书”自动体现企业报关、报检两项资质，原“出入境检验检疫报检企业备案表”“出入境检验检疫报检人员备案表”不再核发。

2018年10月29日前海关或原检验检疫部门核发的“出入境检验检疫报检企业备案表”“出入境检验检疫报检人员备案表”继续有效。

(4)关于信息查询。企业可以通过“单一窗口”或“互联网+海关”查询本企业在海关的注册登记信息。

4）报关企业的行为规则

（1）报关的地域范围。报关企业及其分支机构的报关专用章仅限在其取得注册登记许可或者备案的直属海关关区内使用。

（2）报关企业从事报关服务应当履行的义务。其包括：①配合海关监管工作，不得违法滥用报关权；②建立账簿和营业记录等档案，完整保留各种单证、票据、函电以备查；③代理报关必须有正式书面的代理报关委托协议并在报关时出示；④对委托人所提供资料（包括商业单证、许可手册等官方单证）的真实性、完整性进行合理审查；⑤不得出让其名义供他人报关；⑥代理报关的货物涉及走私违规情事的，应当接受或协助海关对其进行调查；⑦报关单位对报关差错记录有异议的，可以自报关差错记录之日起15日内向记录海关以书面方式申请复核。

任务实操

报关企业报关注册登记

步骤一：掌握任务方案

辽宁新红货运代理有限公司是沈阳的一家企业，为了取得报关资格，该公司需到沈阳海关办理注册登记手续。

企业相关信息如下：税号：320681760530629；统一社会信用代码：3101141016078；组织机构代码：77217795-7。

请问：该公司如何办理报关注册登记手续？

步骤二：数据录入

通过“中国国际贸易单一窗口”标准版（以下简称“单一窗口”，网址：http://www.singlewindow.cn）“企业资质”子系统或“互联网+海关”（网址：http://online.customs.gov.cn）“企业管理”子系统填写相关信息。

步骤三：提交申请

- 报关单位情况登记表（见表1-4）。
- 报关单位情况登记表（所属报关人员）（见表1-5）。
- 营业场所证明（见表1-6）。

企业办理报关单位注册登记时提交加盖企业印章的“报关单位情况登记表”。

表1-4　报关单位情况登记表

统一社会信用代码					
经营类别		行政区划		注册海关	
中文名称					
英文名称					
注册地址				邮政编码	
英文地址					
其他经营地址					
经济区划				特殊贸易区域	
组织机构类型		经济类型		行业种类	
企业类别		是否为快件运营企业		快递业务经营许可证号	

续表

法定代表人（负责人）		法定代表人（负责人）移动电话		法定代表人（负责人）固定电话	
法定代表人（负责人）身份证件类型		身份证件号码		法定代表人（负责人）电子邮箱	
海关业务联系人		海关业务联系人移动电话		海关业务联系人固定电话	
上级单位统一社会信用代码		与上级单位的关系		海关业务联系人电子邮箱	
上级单位名称					
经营范围					
序号	出资者名称	出资国别	出资金额（万）	出资金额币制	
1					
2					
3					
本单位承诺，我单位对向海关所提交的申请材料以及本表所填报的注册登记信息内容的真实性负责并承担法律责任。 （单位公章） 年　月　日					

表1-5　报关单位情况登记表（所属报关人员）

所属报关单位统一社会信用代码				
序号	姓名	身份证件类型	身份证件号码	业务种类
1				□备案　□变更　□注销
2				□备案　□变更　□注销
3				□备案　□变更　□注销
4				□备案　□变更　□注销
5				□备案　□变更　□注销
我单位承诺对本表所填报备案信息内容的真实性和所属报关人员的报关行为负责并承担相应的法律责任。 （单位公章） 年　月　日				

表1-6　营业场所证明

____(1)____：

我____(2)____公司，在地址____(3)____，有房____(4)____间，面积____(5)____平方米，产权归____(6)____所有，现（拨、借、租）给____(7)____作办公用房（产权文件、租赁文件附后）。我单位保证本证明事项符合中华人民共和国的有关法律、法规，并为此承担一切责任。

特此证明

盖章

年　月　日

（1）受理海关名称　（2）出借人公司名称、自然人姓名
（3）出借房所在地址　（4）房间数量
（5）房屋面积　（6）房屋所有权人名称、姓名
（7）出借人公司名称、自然人姓名

步骤四：海关审核

海关需要逐级审批，对于资料齐全、内容一致的，海关会给出企业的海关10位数编码。

步骤五：企业刻制报关专用章

企业根据海关给出的10位数编码，按照给定样式刻制报关专用章，然后向海关提交报关专用章备案表。

步骤六：海关过机发证

如企业提交的报关专用章备案表内容无误，海关对预录入的电子数据进行审核，审核无误的，给进出口货物收发货人颁发报关注册登记证书。

任务2　进出口货物收发货人报关注册登记

案例导入

辽宁风飞服装有限公司是商务部批准的具有进出口经营权的服装加工企业，从事各种男女服装的生产加工及贸易，产品主要销往欧洲、美国、加拿大及日本等国家和地区。为了取得报关资格，自助办理进出口报关业务，该公司需到沈阳海关办理注册登记手续。

请问：1.什么是报关？

2.该公司如何办理报关注册登记手续？

3.报关单位在报关过程中需要注意哪些事项？

4.报关员在报关过程中有哪些注意事项？

资讯

1.2.1　进出口货物收发货人的含义

进出口货物收发货人，是指依法直接进口或者出口货物的中华人民共和国关境内的法人、其他组织或个人。其范围和特点见表1-7。

表1-7　进出口货物收发货人的范围和特点

范围	国有企业、外商投资企业、民营企业和集体企业
	无备案登记按规定需要从事非贸易性进出口活动的单位（如境外企业、新闻机构、经贸机构、文化团体等依法在中国境内设立的常设代表机构，少量货样进出境的单位，国家机关、学校、科研院所等组织机构，临时接受捐赠、礼品、国际援助的单位，国际船舶代理企业等，在进出口货物时，海关也视其为进出口货物收发货人）
特点	企业数量多，但报关单量相对较少；一般有进出口经营权；必须经海关注册才能自理报关；只能为本单位报关；是经济实体，要承担法律责任

1.2.2　进出口货物收发货人注册登记

进出口货物收发货人应该按照规定到所在地海关办理报关单位注册登记手续；在海关

办理完注册登记后，可以在中华人民共和国关境内的口岸或者海关监管业务集中的地点办理企业报关业务。其流程、提交材料及证明见表1-8。

表1-8 进出口货物收发货人注册登记的流程、提交材料及证明

流程	所在地海关办理注册登记
提交材料	（1）报关单位情况登记表；（2）企业营业执照副本复印件及组织机构代码证书副本复印件；（3）对外贸易经营者登记备案表复印件；（4）其他与注册登记有关的文件材料
证明	“报关单位注册登记证书”
说明：进出口货物收发货人临时注册登记的，获得临时注册登记证明，有效期为1年	

案例分析1-1

辽宁科技学院要进口一批做实验用的设备，进口该设备时，其从事的是非贸易性的行为。

请问：辽宁科技学院应该如何报关？

案例分析1-1

答案提示

1.2.3 进出口货物收发货人的行为规则

（1）在全国范围内办理本单位的报关业务。

（2）只能办理本单位进出口货物的报关业务，不能代理其他企业的报关业务。

（3）可以自行报关，也可以委托报关企业报关。

（4）纸质报关单必须加盖报关专用章（如图1-1所示）。

（5）报关单位对报关差错记录有异议的，可以自报关差错记录之日起15日内向记录海关以书面方式申请复核。

图1-1 报关专用章示例

1.2.4 海关对报关单位分类管理的措施与AEO制度

1）海关对报关单位分类管理的措施

海关根据企业信用状况将其分为认证企业、一般信用企业和失信企业。按照“诚信守法便利、失信违法惩戒”原则，海关对上述企业分别采取相应的管理措施。概括而言，对认证企业采取具有一定激励性和便利性的管理措施，对失信企业采取具有一定约束性和惩戒性的管理措施；对于一般信用企业，海关采取常规性的管理措施。

其中，认证企业即中国海关经认证的经营者（AEO），分为高级认证企业和一般认证企业。据悉，我国海关已与8个经济体的35个国家和地区的海关实现AEO互认，主要是海关高级认证企业，相互给予互认企业包括便捷通关在内的一些相关优惠便利措施。

2）中国AEO认证互认

近年来，中国海关大力推进AEO国际互认，对中国的高信用企业在国际海关间实施联合激励，给予最优惠的贸易便利，助推企业更好地走出去。

知识链接1-3 海关总署公告2019年第101号(关于实施中国-白俄罗斯海关“经认证的经营者”(AEO)互认的公告)

(1)根据“互认安排”的规定，中白双方相互认可对方海关的“经认证的经营者”(Authorized Economic Operator，以下简称“AEO企业”)，为双方AEO企业的进出口货物提供通关便利。其中，白俄罗斯海关认可中国海关高级认证企业为互认的AEO企业，中国海关认可白俄罗斯海关“第三类AEO企业”为互认的AEO企业。

(2)中白双方海关在进出口货物通关时，相互给予对方AEO企业如下通关便利措施：减少单证审核；适用较低的查验率；对需要检查的货物给予优先查验；指定海关联络员负责即时沟通，以解决AEO企业通关中遇到的问题；实施快速通关，包括在国际贸易中断并恢复后优先通关。

(3)与白俄罗斯有进出口贸易的中国海关高级认证企业，需要将AEO编码(AEOCN+在中国海关注册的10位企业编码，如AEOCN0123456789)告知白俄罗斯进口商或出口商，由其按照白俄罗斯海关的规定填写申报，白俄罗斯海关在确认中国海关AEO企业的身份后，将会给予相关的便利。

(4)中国企业自白俄罗斯“第三类AEO企业”进口货物时，需要分别在进口货物报关单“境外发货人编码”一栏和水运、空运货运舱单中“发货人AEO编码”一栏填写白俄罗斯发货人的AEO编码；中国企业向白俄罗斯AEO企业出口货物时，需要分别在出口货物报关单“境外收货人编码”一栏和水运、空运货运舱单中的“收货人AEO编码”一栏填写白俄罗斯收货人的AEO编码。其填写方式为：“国别代码(BY)+AEO企业编码(4位数字)”，如“BY1234”。中国海关在确认白俄罗斯AEO企业的身份后，将会给予相关的便利。

1.2.5 报关单位主要的法律责任

海关实施处罚的种类包括警告、没收、暂停、撤销资格。报关单位有下列行为的，应当承担相应的法律责任：

(1)对于海关准予从事有关业务的企业，违反有关规定的，由海关责令其整改，可以给予警告处分，暂停其从事有关业务的资格，直至撤销注册。

(2)未经海关注册登记从事报关业务的企业，予以取缔，没收违法所得，并处以罚款。

(3)报关企业非法代理他人报关或者超范围报关的，责令其整改，处以罚款，暂停其执业；情节严重的，撤销报关注册登记。

(4)进出口货物收发货人、报关企业向海关行贿的，撤销报关注册登记，并处以罚款；构成犯罪的，依法追究其刑事责任，并不得重新注册登记为报关企业。

(5)报关单位、报关人员违反法律、法规的规定，构成走私行为、违反海关监管规定行为或者其他违反《海关法》行为的，由海关依据《海关法》和《海关行政处罚实施条例》的有关规定予以处理；构成犯罪的，依法追究其刑事责任。

任务实操

进出口货物收发货人报关注册登记

步骤一：掌握任务方案

辽宁风飞服装有限公司是商务部批准的具有进出口经营权的服装加工企业，从事各种男女服装的生产加工及贸易，产品主要销往欧洲、美国、加拿大及日本等国家和地区。为了取得报关资格、自助办理进出口报关业务，该公司需到沈阳海关办理注册登记手续。

请问：该公司如何办理报关注册登记手续？

步骤二：准备表格

- 报关单位情况登记表（同表1-4）。
- 报关单位管理人员情况登记表（同表1-5）。

步骤三：提交申请

需要向海关提供以下单证（原件及其复印件）：①报关单位情况登记表；②营业执照副本复印件以及组织机构代码证书副本复印件；③对外贸易经营者登记备案表；④企业章程；⑤报关单位管理人员情况登记表。

步骤四：海关审核

海关需要逐级审批，对于资料齐全、内容一致的，海关会给出企业的海关10位数编码。

步骤五：注册信息预录入

企业持已审批材料至海关数据录入机构进行预录入，然后将纸质资料交回海关。

步骤六：企业刻制报关专用章

企业根据海关给出的10位数编码，按照给定样式刻制报关专用章，然后向海关提交报关专用章备案表。

步骤七：海关过机发证

如企业提交的报关专用章备案表内容无误，海关对预录入的电子数据进行审核，审核无误的，颁发进出口货物收发货人报关注册登记证书。

任务3 报关员执业

案例导入

辽宁华阳鞋业有限公司和辽宁华东鞋业有限公司是在海关注册的两家中外合资企业，两家企业的法人代表都是孙某。考虑到两家公司都是自己的，为了节约成本，孙某决定只聘请一个报关员为这两家公司办理报关业务。

请问：孙某只聘请一个报关员的设想是否可行，为什么？

资讯

1.3.1 报关员的概念

报关员是具有专业知识、向社会提供专门智力服务的专业人才。海关将报关单位所属人员中从事报关业务的人员称作报关员。

报关员的概念主要包括三点：取得报关员从业资格、在海关注册和受雇于报关单位。总之，报关员不是自由职业者。

2013年10月，根据国务院简政放权、转变职能的要求，海关取消了报关员资格核准审批，对报关人员从业不再设置门槛和准入条件，自2014年起不再组织报关员资格全国统一考试。

1.3.2 海关对报关员的管理

（1）报关单位对其所属的报关员的报关行为承担相应的法律责任。报关员的报关行为基于报关单位的授权，并以报关单位的名义来办理，因此，是一种职业行为。

（2）报关单位与所属报关员的劳动合同关系的真实性和有效性由报关单位负责，在“报关员情况登记表”中注明并加盖公章确认。

（3）报关员只能受聘于一家报关单位。

1.3.3 备案手续

报关单位所属人员从事报关业务的，报关单位应当到海关办理备案手续，海关予以核发证明。

（1）海关不接受以个人名义提出的备案申请。

（2）海关收取“报关单位情况登记表”（所属报关人员），并验核拟备案报关人员有效身份证原件后，核发“报关人员备案证明”。

1.3.4 报关员执业

1）报关员的执业范围

报关员应当按报关单位的要求和委托人的委托依法办理下列业务：

（1）如实申报商品编码、商品名称、规格型号、实际成交价格、原产地及相应优惠贸易协定代码等与报关单有关的项目，并办理填制报关单、提交报关单证等与申报有关的事宜。

（2）申请办理缴纳税费和退税、补税事宜。

（3）申请办理加工贸易合同备案（变更）、深加工结转、外发加工、内销、放弃核销、余料结转、核销及保税监管等事宜。

（4）申请办理进出口货物减免费事宜。

（5）协助海关查验、结关等。

（6）其他报关事宜。

2）报关员的权利和义务

（1）权利。其包括：①以所在报关单位的名义执业，办理报关业务；②向海关查询报关业务情况；③拒绝海关工作人员的不合法要求；④对海关对其做出的处理决定有陈述、申辩、申诉的权利；⑤依法申请行政复议或提起行政诉讼；⑥合法权益因海关违法行为受损的，依法要求赔偿；⑦参加执业培训。

（2）义务。其包括：①熟悉所申报货物的情况，对申报内容和有关材料的真实性、完整性进行合理审查；②填制报关单、准备单证并办理报关业务及相关手续；③配合查验；④配合海关对企业的稽查和对涉嫌走私违规案件的查处；⑤按照规定参加直属海关或者直属海关授权组织举办的报关业务岗位考核；⑥协助落实海关管理的具体措施。

项目检验

随堂测1

一、单选题

取得报关单位资格的法定要求是（　　）。

A.对外贸易经营者　　B.境内法人或其他组织

C.经海关注册登记　　D.有一定数量的报关员

二、多选题

1.进出口货物的收发货人进口货物可采用的报关方式有（　　）。

A.自理报关

B.委托报关公司以委托人的名义代理报关

C.委托已在海关办理报关注册的货代公司以委托人的名义代理报关

D.委托报关公司以报关公司的名义代理报关

2.下列关于报关单位分类管理的表述，正确的有（　　）。

A.A类报关企业代理B类进出口货物收发货人开展报关业务的，采用B类管理措施

B.C类报关企业代理D类进出口货物收发货人开展报关业务的，采用D类管理措施

C.AA类报关企业代理A类进出口货物收发货人开展报关业务的，采用AA类管理措施

D.A类报关企业代理AA类进出口货物收发货人开展报关业务的，采用A类管理措施

三、判断题

1.间接代理报关只适用于经营快件业务的国际货物运输代理企业。（　　）

2.报关企业注册登记许可条件之一是企业的注册资本不低于150万元人民币，报关企业跨关区分支机构的注册资本不低于50万元人民币。（　　）

项目拓展

2019年5月，××海关连续查获大量假冒名牌出口货物。首先，查获假冒“Gucci”“Prada”“Lacoste”“Adidas”“Nike”“Ray-Ban”“Oakley”等品牌的太阳镜22万副，据初步统计，涉案金额高达60余万元人民币，上述货物已被××海关所辖海关查扣。其次，在货运出口渠道查获一批假冒的“Volvo”汽车配件。该批次货物由绍兴某公司申报出口至伊朗，共690个，外包装上均有“Volvo”标识。经鉴定，这批汽车配件已经侵犯了“Volvo”的商标权，侵权货物价值约3万元人民币。经手该案的海关人员介绍，该批涉案货物属于高端产品，具有品牌价值高、体积小、利润高的特点。

在这两起案件中，出口货物的发货人应承担什么责任？如果为报关行代理出口报关，报关行、具体办事的报关员要承担责任吗？如果承担责任，承担什么责任？

项目2

海关管理和对外贸易管制流程

知识目标

掌握海关的权力；对外贸易管制的含义、性质、分类形式、管制目的、管制特点；我国货物、技术进出口许可制度管理范围，禁止和限制进出口货物管理的含义和范围；出入境检验检疫制度、对外贸易救济措施；主要管制措施的范围、管理部门、管理证件和报关规范；熟悉我国对外贸易管制的基本框架、法律体系；了解对外贸易经营者管理制度、进出口货物收付汇管理制度；了解海关的任务、海关的组织机构；进出口许可证的申领程序、自动进口许可证的办理程序、兴奋剂进出口管理的范围和管理证件、药品进口指定口岸管理办法、音像制品成品进口业务的经营单位、药品进出口管理部门和管理证件。

能力目标

能依据海关管理规范报关，能区分对外贸易救济各措施的不同点，能申领进出口许可证。

项目介绍

成为报关员后，主要的工作对象之一就是海关，要想顺利地融入这个行业，就必须尽快熟悉海关管理和对外贸易管制。据此，学生要完成以下任务：

任务1：了解海关管理。

任务2：了解对外贸易管制。

项目任务

任务1 了解海关管理

案例导入

近日，天津海关在石家庄某公司申报出口的一批货物中，查获使用“LV及图形”商标的箱包共计300个，价值人民币96 564.61元，经相关权利人确认全部为假冒侵权商品，海关法规部门已对上述货物作暂扣处理。

资料来源　作者根据海关总署网站中的相关案例整理.

请问：1.海关任务中有监管进出境假冒货物的内容吗？

2.请分析该事件中海关部门行使了哪些权力。

资讯

2.1.1 海关的性质和任务

1）海关的性质

（1）海关是具备行政执法职能的国家行政机关，是国务院直属机构。其从属于国家行政管理体制，代表国家依法独立行使行政管理权。

（2）海关是国家的进出境监督管理机关。其监督管理对象是所有进出关境的运输工具、货物和物品。实施监督管理的范围是进出关境及与之有关的活动。

第一，国境和关境的含义。国境是指一个国家国土疆域的范围；关境是指适用于同一海关法或实行同一关税制度的领域。

第二，我国国境和关境的关系。一般情况下，关境等于国境。我国的国境（关境+单独关税区）大于关境。我国单独关境有香港、澳门和台、澎、金、马单独关税区。

（3）海关的监督管理是保证国家有关法律、法规实施的行政执法活动。其依据如下：

一级：《海关法》和其他法律、法规，是海关的执法依据。

二级：行政法规。国务院根据《宪法》和其他法律，制定行政法规。海关管理方面主要的行政法规有《中华人民共和国进出口关税条例》（以下简称《进出口关税条例》）、《海关稽查条例》、《海关行政处罚实施条例》、《海关统计条例》、《进出口货物原产地条例》等。

三级：海关规章及规范性文件。海关总署根据法律和国务院的法规、决定、命令制定规章，作为执法依据的补充。

各省、自治区、直辖市人大和政府不得制定海关法律、法规。地方法规、规章不是海关执法的依据。

2）海关的任务

（1）海关监管。海关监管是海关运用国家赋予的权力，通过一系列管理制度与管理程序，依法对运输工具、货物、物品的进出境活动所实施的一种行政管理。海关监管和海关监督管理的关系如下：①海关监管是海关的最基本任务，是一项国家职能；②海关监管不是海关监督管理的简称，监督管理是海关全部行政执法活动的统称；③海关监管分为进出境的运输工具监管、货物监管和物品监管三大体系。

（2）海关征税。其基本法律依据是《海关法》《进出口关税条例》。关税的征收主体是国家，海关代表国家征收关税和进口环节海关代征税。关税的课税对象为进出口货物、进出境物品。

（3）查缉走私。它是海关为保证顺利完成监管和征税等任务而采取的保障措施。国家实行联合缉私、统一处理、综合治理的缉私体制。海关是打击走私的主管机关，海关缉私警察负责走私犯罪的侦查、拘留、执行逮捕和预审工作。公安、市场监督、税务等部门都有缉私权力，它们查获的缉私案件要进行行政处罚的，统一移交海关处理。

（4）海关统计的范围。凡能引起我国境内物质资源储备增加或减少的进出口货物，超过自用合理数量的进出境物品均列入海关统计范围。不列入海关统计范围的货物和物品，实施单项统计。海关统计以实际进出口货物为统计对象。

知识链接2-1 **海关关徽**

海关关徽（Customs Emblem）是象征海关的职业标志。我国海关关徽由金黄色钥匙与商神手杖交叉组成。其中，两蛇相缠的商神手杖源于古希腊神话，是商神赫尔墨斯手持之物，被世人视为商业及国际贸易的象征，而钥匙则具有海关掌管国家经济大门的含义，象征着海关为祖国把关。中国海关关徽寓意着中国海关依法实施进出境监督管理，维护国家的主权和利益，促进对外经济贸易发展和科技文化交往，保障社会主义现代化建设。钥匙上的三个齿，分别代表海关的监管、征税、查私三大任务（自1987年7月1日起实施的《海关法》将海关任务改为监管、征税、查私、统计四项）。

2.1.2 海关的权力

1）海关权力的内容

（1）行政许可权。其包括报关企业登记许可、对转关运输申请的审核、对减免税的审批。

（2）税费征收权。其包括对进出口货物、物品征收关税及其他税费，对特定的进出口货物、物品减征或免征关税、补征追缴税款。

（3）进出境监管权。其检查项目、地区及条件见表2-1。其他行政检查权的内容见表2-2。

表2-1 进出境监管权之检查权的内容

检查项目	检查地区	检查条件
进出境运输工具	不受限制	不需要批准
有走私嫌疑的运输工具	“海关监管区域”内	不需要批准
	“海关监管区域”外	需经直属海关关长或其授权的隶属海关关长批准
有藏匿走私嫌疑货物、物品的场所	“海关监管区域”内	不需要批准
	“海关监管区域”外	调查走私案件时，需经直属海关关长或其授权的隶属海关关长批准
		不能对公民住所实施检查
走私嫌疑人身体	“海关监管区域”内	不需要批准

注：“海关监管区域”指海关监管区和海关附近沿海、沿边规定地区。

案例分析2-1

大连海关欲对张某的走私行为进行调查取证，经大连海关关长批准，到青岛张某个人的公司及住处进行了检查。

请问：大连海关的行为是否合理？为什么？

案例分析2-1

答案提示

表2-2 其他进出境监管权的内容

类别	对象范围	备注
查验权	进出境货物、物品	必要时，可径行提取货样
施加封志权	所有未办结海关手续、处于海关监管状态的货物、物品、运输工具	
查阅、复制权	查阅进出境人员的证件，查阅、复制相关合同、发票、账册、单据、记录、文件、业务函电、录音录像制品等	与进出境运输工具、货物、物品相关的
查问权	违法嫌疑人	对违反《海关法》及其他有关法律、行政法规的嫌疑人进行查问，并调查其违法行为
查询权	涉嫌单位、人员在金融机构、邮政企业的存、汇款	调查走私案件时，需经直属海关关长或其授权的隶属海关关长批准
稽查权	与进出口货物直接相关的人、货物、企业、单位的资料	进出口货物放行之后3年内，在保税货物、特定减免税货物海关监管期限内及其后3年内

案例分析2-2

8月，某海关对一批进口货物正常通关放行，10月，该海关发现该批货物有走私的嫌疑。企业人员以货物已正常结关海关无权调查为由将海关工作人员驱逐出企业。

案例分析2-2

答案提示

请问：该企业的做法是否合理？为什么？

（4）行政强制权。其中，扣留权的相关内容见表2-3。其他行政强制权的相关内容见表2-4。

表2-3　行政强制权之扣留权的相关内容

类别＼适用	区域	扣留条件	授权
资料	无限定	与违反《海关法》或者其他有关法律、行政法规的进出境运输工具、货物、物品有关的	不需要批准
扣留财物	“海关监管区域”内外	对违反《海关法》的进出境运输工具、货物、物品及与之有牵连的合同、发票、账册、单据、记录、文件、业务函电、录音录像制品和其他数据可以扣留	可直接行使
		海关不能以暂停支付方式实施税收保全措施时，可以扣留纳税义务人其价值相当于应纳税款的货物或者其他财产	
		进出口货物的纳税义务人、担保人超过3个月未缴纳税款的，海关可以扣留其价值相当于应纳税款的货物或者其他财产	经直属海关关长或者其授权的隶属海关关长批准
		对涉嫌侵犯知识产权的货物，海关可以依法申请扣留	可直接行使
	“海关监管区域”内	对有走私嫌疑的运输工具、货物、物品可以扣留	可直接行使
	“海关监管区域”外	对有证据证明有走私嫌疑的运输工具、货物、物品可以扣留	可直接行使
限制公民人身自由	“海关监管区域”内	走私犯罪嫌疑人，经批准可扣留，时间不超过24小时，特殊情况可延长至48小时；个人违抗海关监管逃逸的，海关可以连续追至海关监管区和海关附近沿海、沿边规定地区以外，将其带回	需经直属海关关长或其授权的隶属海关关长批准

表2-4　其他行政强制权的相关内容

类别	内容
冻结存款、汇款	进出口货物的纳税义务人在纳税期限内有明显转移、藏匿其应税货物及其他财产迹象，不能提供担保的，经过批准，海关可以通过开户银行或者其他金融机构暂停其相当于应纳税税款的存款

续表

类别	内容
封存货物或者账簿、单证	海关稽查时，发现被稽查人的进出口货物有违反《海关法》和其他法律、行政法规嫌疑的，经批准，可以封存有关进出口货物
	海关稽查时，发现被稽查人有可能篡改、转移、隐匿、毁弃账簿和单证等数据的，经批准，可以暂时封存其账簿、单证等有关资料
强制扣缴、变价抵缴税款权	纳税义务人、担保人超过规定期限未缴纳税款，经批准可以：书面通知金融机构从其存款内扣缴，将应税货物变卖抵缴税款，扣留并变卖与税款等值的货物或其他财产
抵缴、变价抵缴罚款权	逾期不履行海关处罚决定又不申请复议或起诉的
滞报、滞纳金征收权	滞报金、滞纳金
处罚担保	提供等值担保；不能提供的，扣留等值财产

（5）行政处罚权。海关有权对尚未构成走私罪的违法当事人处以行政处罚。其包括：没收走私货物、物品及违法所得；对有走私行为和违反监管规定的当事人处以罚款；对有违法情事的报关企业和报关员处以暂停或取消报关资格的处罚。

（6）走私犯罪侦查权（见表2-5）。

表2-5　走私犯罪侦查权的类别和内容

类别	内容
侦查权	海关缉私部门有权侦查有走私犯罪嫌疑的人员、货物物品和行为
扣留权	对有走私犯罪嫌疑的人员予以扣留，进行审核
执行逮捕权	对经确认有重大走私嫌疑的当事人执行逮捕，以进一步审核其行为
预审权	对走私嫌疑人进行初步审讯，确定有关犯罪事实与证据，为移送检察机关提起诉讼做准备

（7）佩戴和使用武器权。武器和警械的使用范围为：执行缉私任务时，在不能制服被追缉逃跑的走私团队或遭遇武装掩护走私，不能制止以暴力掠夺查扣的走私货物、物品和其他物品，以及以暴力抗拒检查、抢夺武器和警械、威胁海关工作人员生命安全非开枪不能自卫时。

（8）连续追缉权。进出境运输工具或者个人违抗海关监管逃逸的，海关可以连续追至海关监管区和海关附近沿海、沿边地区以外，将其带回处理。

2）海关权力行使的原则

（1）合法原则。它主要指主体资格合法，以法律规范为依据，方法、手段、步骤、时限等程序合法，一切行政违法主体都应承担相应的法律责任。

（2）适当原则。权力的行使以公平性、合理性为基础，以正义性为目标。为了自由裁量权的合理运用，监督的法律途径有两个：行政监督（行政复议程序）和司法监督（行政诉讼程序）。

（3）依法独立行使原则。

（4）依法受到保障原则。

3）海关权力的监督

海关权力的监督即海关执法监督，是内部监督和外部监督的结合。

2.1.3 海关的管理体制与组织机构

1）海关的管理体制

（1）工作方针：依法行政、为国把关、服务经济、促进发展。

（2）管理体制：①海关事务属中央事权；②采取集中统一的垂直领导体制，海关隶属关系不受行政区划的限制；③海关独立行使职权，向海关总署负责。

（3）设关原则：对外开放口岸、海关监管业务集中的地点。

2）海关的组织机构

（1）海关总署。它是国务院直属机构，下设广东分署，在上海和天津设有特派员办事处，作为其派出机构。

（2）直属海关。其共有47个，除香港、澳门、台湾地区外，分布在全国31个省、自治区、直辖市。

（3）隶属海关。它是进出境监督管理职能的基本执行单位。

（4）海关缉私警察机构。其设在海关总署，实行海关总署和公安部双重领导、以海关领导为主的体制；在广东分署和各直属海关设立分局，直属海关缉私局下辖隶属海关缉私分局。

知识链接2-2 海关管理体制和机构设置

我国海关实行集中的垂直领导体制。海关事务属于中央事权，由国务院直属机构海关总署统一管理全国海关，包括海关的各项业务工作以及财务、装备配置、人员编制、机构设置、干部任免、教育培训等。为保持海关执法的统一性，不受地方政府和有关部门的干扰，各级海关“依法独立行使职权，向海关总署负责”，各地方、各部门都应当支持海关依法行政，不得非法干预海关执法活动。

海关的机构设置与其高度统一的管理体制相适应，机构按三个层级管理，即海关总署、直属海关、隶属海关。直属海关由海关总署领导，负责管理一定区域范围内的海关业务；隶属海关由直属海关领导，负责办理具体的海关业务。海关的隶属关系不受行政区划的限制，即可以考虑在现有行政区划之外安排海关的上下级关系和海关的相互关系。

任务实操

了解海关管理

请分析下列事件中海关部门行使了哪些权力。

案例一：2019年10月29日，深圳海关所属皇岗海关在皇岗口岸客运车辆入境通道，查获一辆两地牌客车利用暗格夹藏CPU1 396个，初估案值约人民币120万元。目前，案件已交由海关缉私部门作进一步处理。

当天下午，一辆客车从皇岗口岸客运车辆入境通道入境，在经过海关自动核放系统时被列为查验对象。关员通过X光机图像发现，该车辆太平门（后门）扶手夹板处有可疑阴影，存在重大藏匿走私嫌疑。现场关员依法对该部位进行开拆检查，在暗格内查获若干包装盒，盒中整齐地摆放着大量崭新的CPU。经清点，共1 396个，初估案值约人民币120万元。

案例二：2019年10月29日，经过前期的情报搜集，贵阳海关查获一起国际邮寄渠道走私毒品案，抓获犯罪嫌疑人1名，现场查获毒品大麻及制品200余克。该案系犯罪嫌疑人通过网络渠道购买大麻后，由境外毒贩从美国将大麻伪装成普通包裹邮寄入境。目前，该案正在进一步侦办中。

任务2 了解对外贸易管制

案例导入

某陆地邻国（内陆国）研究机构欲海运进口核技术实验研究设备和资料，船到天津港后委托我国A国际货运代理公司转铁路运输至其国内。

请问：A国际货运代理公司的报关员应该提醒货物所有人办理哪些许可证件？

分析：根据《两用物项和技术进出口许可证管理办法》的规定，《两用物项和技术进出口许可证管理目录》中的两用物项和技术以任何方式进口或出口，以及过境、转运、通运，均应申领两用物项和技术进口或出口许可证；在境外与保税区、出口加工区等海关特殊监管区域、保税场所之间进出的，也应申领两用物项和技术进口或出口许可证；在境内与保税区、出口加工区等海关特殊监管区域、保税场所之间进出的，或者在上述海关特殊监管区域、保税场所之间进出的，无须办理两用物项和技术进出口许可证。因此，报关员应提醒货主办理两用物项和技术进出口许可证。

资讯

子任务1：了解对外贸易管制的基本内容

2.2.1.1 对外贸易管制概述

对外贸易管制的内容见表2-6。

表2-6 对外贸易管制的内容

含义	一国政府为了国家宏观调控的利益、国内外政策的需要以及履行所缔结或加入国际条约的义务，确立实行各种管制制度、设立相应管制机构和规范对外贸易活动的总称
性质	各国政府为保护和促进国内生产发展、适时限制进出口而采取的鼓励或限制措施，或为政治目的采取的禁止或限制措施
分类	按照管理目的分为进口贸易管制和出口贸易管制；按照管制手段分为关税措施管制和非关税措施管制；按照管制对象分为货物进出口贸易管制、技术进出口贸易管制、国际服务贸易管制
管制目的	保护本国经济发展、推行本国外交政策、行使国家职能
管制特点	一国对外政策的体现；具有因时间、形势而变化的特性；以进口管制为重点

2.2.1.2 我国对外贸易管制的基本框架与法律体系

（1）法律。我国现行的与对外贸易管制有关的法律主要有《对外贸易法》《海关法》《进出口商品检验法》《进出境动植物检疫法》《固体废物污染环境防治法》《国境卫生检疫法》《野生动物保护法》《药品管理法》《文物保护法》等。

（2）行政法规。我国现行的与对外贸易管制有关的行政法规主要有《货物进出口管理条例》《技术进出口管理条例》《进出口关税条例》《知识产权海关保护条例》《野生植物保护条例》《外汇管理条例》《反补贴条例》《反倾销条例》《保障措施条例》等。

（3）部门规章。我国现行的与对外贸易管制有关的部门规章很多，如《货物进口许可证管理办法》《货物出口许可证管理办法》《货物自动进口许可管理办法》《出口收汇核销管理办法》《进口药品管理办法》等。

（4）国际条约、协定。我国目前所缔结或者参加的各类国际条约、协定，虽然不属于我国国内法的范畴，但就其效力而言，可视为我国的法律渊源之一。其主要包括加入世界贸易组织（WTO）所签订的有关双边或多边的各类贸易协定、《关于简化和协调海关业务制度的国际公约》（亦称《京都公约》）、《濒危野生动植物种国际贸易公约》（亦称《华盛顿公约》）、《关于消耗臭氧层物质的蒙特利尔议定书》、关于麻醉品和精神药物的国际公约、《关于化学品国际贸易资料交换的伦敦准则》、《关于在国际贸易中对某些危险化学品和农药采用事先知情同意程序的鹿特丹公约》、《控制危险废物越境转移及其处置巴塞尔公约》和《建立世界知识产权组织公约》等。

子任务2：了解我国货物、技术进出口许可管理主要制度

2.2.2.1 禁止进出口管理

1）禁止进口管理

（1）禁止进口货物管理规定。我国政府明令禁止进口的货物包括：列入由国务院商务主管部门或由其会同国务院有关部门制定的《禁止进口货物目录》中的商品，国家有关法律、法规明令禁止进口的商品及其他因各种原因停止进口的商品。禁止进口货物管理情况见表2-7。

表2-7 禁止进口货物管理情况

禁止进口原因	禁止进口情况
列入《禁止进口货物目录》中的商品	列入《禁止进口货物目录》的商品共6批： 第一批：为了保护我国的自然生态环境和生态资源禁止进口的商品 第二批：旧机电产品类 第三、第四、第五批：对环境有污染的固体废物类 第六批：为保护人类的健康、维护环境安全而淘汰的落后产品
国家有关法律、法规明令禁止进口的商品	（1）来自动植物疫情流行的国家和地区的有关动植物及其产品和其他检疫物 （2）动植物病源（包括菌种、毒种等）及其他有害生物、动物尸体、土壤 （3）带有违反“一个中国”原则内容的货物及其包装 （4）以氯氟烃物质为制冷剂、发泡剂的家用电器产品和以氯氟烃物质为制冷工质的家用电器用压缩机 （5）滴滴涕、氯丹等
其他	（1）停止进口以CFC-12为制冷工质之汽车及以CFC-12为制冷工质之汽车空调压缩机（含汽车空调器） （2）停止进口属右置方向盘之汽车 （3）停止进口旧服装 （4）停止进口Ⅷ因子制剂等血液制品 （5）停止国产手表复进口

（2）禁止进口技术管理规定。根据我国《对外贸易法》、《技术进出口管理条例》以及《禁止进口限制进口技术管理办法》的有关规定，国务院商务主管部门会同国务院其他有关部门，制定、调整并公布禁止进口的技术目录。属于禁止进口之技术不得进口。目前，《中国禁止进口限制进口技术目录》所列明之禁止进口之技术涉及钢铁冶金、有色金属冶金、化工、石油炼制、消防、电工、轻工、印刷、医药、建筑材料生产技术等技术领域。

2）禁止出口管理

（1）禁止出口货物管理规定。我国政府明令禁止出口的货物主要有列入《禁止出口货物目录》中的商品，国家有关法律、法规明令禁止出口的商品以及因其他各种原因停止出口的商品。禁止出口货物管理情况见表2-8。

表2-8 禁止出口货物管理情况

禁止出口原因	禁止出口情况
列入《禁止出口货物目录》中的商品	列入《禁止出口货物目录》中的商品共5批： 第一批：为了保护我国自然生态环境和生态资源禁止出口的商品 第二批：为了保护我国匮乏之森林资源禁止出口的商品 第三批：为了保护人类的健康、维护环境安全而淘汰的落后产品 第四批：硅砂及石英砂等 第五批：无论是否经过化学处理的森林凋落物以及泥炭
国家有关法律、法规明令禁止出口的商品	（1）未定名或者新发现并有重要价值之野生植物 （2）原料浆纸 （3）野生红豆杉及其部分和产品的商业性出口 （4）劳改产品 （5）以氯氟烃物质为制冷剂、发泡剂的家用电器产品和以氯氟烃为制冷工质的家用电器用压缩机 （6）滴滴涕、氯丹等

（2）禁止出口技术管理规定。目前，《中国禁止出口限制出口技术目录》所列明之禁止出口的技术包括：畜牧品种的繁育技术、微生物肥料技术、中国特有的物种资源技术、蚕类品种繁育和蚕茧采集加工利用技术、水产品种的繁育技术、绿色植物生长调节剂制造技术、采矿工程技术、肉类加工技术、饮料生产技术、造纸技术、烟火爆竹生产技术、化学合成及半合成咖啡因生产技术、核黄素生产工艺、中药材资源及生产技术、中药饮片炮制技术、化学合成及半合成药物生产技术、非晶态无机非金属材料生产技术、低维无机非金属材料生产技术、有色金属冶金技术、稀土的提炼加工和利用技术、农用机械制造技术、航天器测控技术、航空器设计与制造技术、集成电路制造技术、机器人制造技术、地图制图技术、书画墨及八宝印泥制造技术、中国传统建筑技术、计算机网络技术、空间数据传输技术、卫星应用技术、大地测量技术和中医医疗技术等。

2.2.2.2 限制进出口管理

1）限制进口管理

（1）限制进口货物管理规定。

其一，许可证件管理。它主要包括进口许可证、两用物项和技术进口许可证、濒危物种进口、限制类可利用固体废物进口、药品进口、音像制品进口、黄金及其制品进口等管理。

其二，关税配额管理。它是指一定时期内（一般是1年）国家针对部分商品的进口制定关税配额税率，并规定该商品进口数量总额，在限额内，经国家批准后允许按照关税配额税率征税进口；如超出限额，则按照配额外税率征税进口。

（2）限制进口技术管理规定。进口属于限制进口的技术，应当向国务院商务主管部门提出申请；商务主管部门收到申请后，会同国务院有关部门对申请进行审查。技术进口申请经批准后，由国务院商务主管部门发给技术进口许可意向书。经营者取得技术进口许可意向书后，可以对外签订技术进口合同。签订技术进口合同后，经营者应当向国务院商务主管部门申请技术进口许可证。经审核符合发证条件的，由国务院商务主管部门颁发技术进口许可证，凭以向海关办理进口通关手续。

目前，《中国禁止进口限制进口技术目录》中列明属限制进口之技术包括生物技术、化工技术、石油炼制技术、石油化工技术、生物化工技术和造币技术。

2）限制出口管理

（1）限制出口货物管理规定。对限制出口货物的管理，我国《货物进出口管理条例》规定，国家规定有数量限制的出口货物，实行配额管理；其他限制出口货物，实行许可证件管理。实行配额管理的限制出口货物，由国务院商务主管部门和国务院有关经济管理部门按照国务院规定的职责划分进行管理。我国货物限制出口按照其限制方式可分为出口配额限制、出口非配额限制。

第一，出口配额限制。

A.出口配额许可证管理。国家对部分商品的出口，在一定时期内（一般是1年）规定数量总额，经国家批准获得配额的允许出口，否则不准出口。

出口配额许可证管理是通过直接分配的方式，由国务院商务主管部门或国务院有关部门在各自的职责范围内根据申请者的需求并结合其进出口实绩、能力等条件，按照效益、公正、公开和公平竞争的原则进行分配。国家各配额主管部门对经申请有资格获得配额的申请者发放各类配额证明。申请者取得配额证明后，应到国务院商务主管部门及其授权发证机关，凭配额证明申请出口许可证。

B.出口配额招标管理。国家对部分商品的出口，在一定时期内（一般是1年）规定数量总额，采取招标分配的原则，经招标获得配额的允许出口，否则不准出口。

国家各配额主管部门对中标者发放各类配额证明。中标者取得配额证明后，到国务院商务主管部门及其授权发证机关，凭配额证明申领出口许可证。

第二，出口非配额限制。它是国家各主管部门以签发许可证件的方式来实现限制出口的措施。目前，我国出口非配额限制管理主要包括出口许可证管理以及濒危物种出口、两用物项出口、黄金及其制品出口等许可管理。

（2）限制出口技术管理规定。限制出口技术实行目录管理，国务院商务主管部门会同国务院有关部门，制定、调整并公布限制出口的技术目录。属于目录范围内的限制出口的技术，实行许可证管理，未经国家许可，不得出口。我国目前限制出口的技术目录主要有《两用物项和技术进出口许可证管理目录》和《中国禁止出口限制出口技术目录》等。

出口属于上述限制出口的技术，应当向国务院商务主管部门提出申请，经商务主管部门审核批准后取得技术出口许可证件，企业持证向海关办理出口通关手续。

对限制进出口管理内容的总结见表2-9。

表 2-9 对限制进出口管理内容的总结

<table>
<tr><th colspan="4">限制进出口管理</th></tr>
<tr><td rowspan="3">进口</td><td rowspan="2">货物</td><td colspan="2">许可证</td></tr>
<tr><td colspan="2">关税配额</td></tr>
<tr><td>技术</td><td colspan="2">许可证</td></tr>
<tr><td rowspan="4">出口</td><td rowspan="3">货物</td><td rowspan="2">出口配额</td><td>配额许可证</td></tr>
<tr><td>配额招标</td></tr>
<tr><td colspan="2">出口非配额</td></tr>
<tr><td>技术</td><td colspan="2">许可证</td></tr>
</table>

2.2.2.3 自由进出口管理

基于监测进出口情况的需要，国家对部分属于自由进口的货物实行自动进口许可管理；对所有自由进出口的技术实行技术进出口合同登记管理。

（1）货物自动进口许可管理。它是在任何情况下对进口申请一律予以批准的进口许可制度。这种进口许可制度实际上是一种在进口前具有自动登记性质的许可制度，通常用于国家对这类货物的统计和监督。

进口属于自动进口许可管理之货物，经营者应当在办理海关报关手续前，向国务院商务主管部门或者国务院有关经济管理部门提交自动进口许可申请，凭相关部门发放的自动进口许可证向海关办理报关手续。

（2）技术进出口合同登记管理。进出口属于自由进出口之技术，应当向国务院商务主管部门或者其委托的机构办理合同备案登记。国务院商务主管部门应当自收到规定的文件之日起3个工作日内，对技术进出口合同进行登记，颁发技术进出口合同登记证。申请人凭技术进出口合同登记证办理外汇、银行、税务、海关等相关手续。

自动进口许可证见样例2-1。

子任务3：了解其他贸易管理制度

2.2.3.1 对外贸易经营者管理制度

对外贸易经营者，是指依法办理工商登记或者其他执业手续，依照《对外贸易法》和其他有关法律、行政法规、部门规章的规定从事对外贸易经营活动的法人、其他组织或者个人。

目前，我国对对外贸易经营者的管理实行备案登记制。为对关系国计民生的重要进出口商品实行有效的宏观管理，国家对部分货物的进出口实行国营贸易管理。实行国营贸易管理的货物的进出口业务只能由经授权的企业经营，但是，国家允许部分数量的国营贸易管理货物的进出口业务由非授权企业经营的除外。目前，我国实行国营贸易管理的商品主要包括玉米、大米、煤炭、原油、成品油、棉花、锑及锑制品、钨及钨制品、白银等。

2.2.3.2 出入境检验检疫制度

（1）出入境检验检疫的职责、范围。我国出入境检验检疫制度实行目录管理，即根据对外贸易需要，公布并调整《出入境检验检疫机构实施检验检疫的进出境商品目录》（又称《法检目录》）。《法检目录》所列明的商品称为法定检验商品，即国家规定实施强制性检验的进出境商品。

样例2-1

自动进口许可证

中华人民共和国自动进口许可证

AUTOMATIC IMPORT LICENCE OF THE PEOPLE' S REPUBLIC OF CHINA

NO.

<table>
<tr><td colspan="3">1.进口商:
Importer</td><td colspan="3">3.自动进口许可证号:
Automatic import license No.</td></tr>
<tr><td colspan="3">2.进口用户:
Consignee</td><td colspan="3">4.自动进口许可证有效截止日期:
Automatic import license expiry date</td></tr>
<tr><td colspan="3">5.贸易方式:
Terms of trade</td><td colspan="3">8.出口国(地区):
Country/Region of exportation</td></tr>
<tr><td colspan="3">6.外汇来源:
Terms of foreign exchange</td><td colspan="3">9.原产地国(地区):
Country/Region of origin</td></tr>
<tr><td colspan="3">7.报关口岸:
Place of clearance</td><td colspan="3">10.商品用途:
Use of goods</td></tr>
<tr><td colspan="3">11.商品名称:
Description of goods</td><td colspan="3">商品编码:
Code of goods</td></tr>
<tr><td>12.规格、型号
Specification</td><td>13.单位
Unit</td><td>14.数量
Quantity</td><td>15.单价(　)
Unit price</td><td>16.总值(　)
Amount</td><td>17.总值折美元
Amount in USD</td></tr>
<tr><td></td><td></td><td></td><td></td><td></td><td></td></tr>
<tr><td></td><td></td><td></td><td></td><td></td><td></td></tr>
<tr><td></td><td></td><td></td><td></td><td></td><td></td></tr>
<tr><td>18.总计:
Total</td><td></td><td></td><td></td><td></td><td></td></tr>
<tr><td colspan="3" rowspan="2">19.备注:
Supplementary details</td><td colspan="3">20.发证机关签章
Issuing authority's stamp & signature</td></tr>
<tr><td colspan="3">21.发证日期
License date</td></tr>
</table>

对关系国计民生、价值较高、技术复杂或涉及环境卫生、疫情标准的重要进出口商品，收货人应当在对外贸易合同中约定在出口国装运前进行预检验、监造或监装，以及保留到货后最终检验和索赔的条款。

（2）出入境检验检疫制度的组成。我国出入境检验检疫制度包括进出口商品检验制度、进出境动植物检疫制度和国境卫生监督制度。这三种制度的区别见表2-10。

进出口商品检验制度是根据《进出口商品检验法》及其实施条例的规定，海关对进出口商品进行品质、质量检验和监督管理的制度。

进出境动植物检疫制度是根据《进出境动植物检疫法》及其实施条例的规定，海关对进出境动植物及其产品的生产、加工、存放过程实行检疫监督的制度。

国境卫生监督制度是海关根据《国境卫生检疫法》及其实施细则，以及其他的卫生法律、法规和卫生标准，在进出口口岸对出入境的交通工具、货物、运输容器以及口岸辖区的公共场所、环境、生活设施、生产设备所进行的卫生检查、鉴定、评价和采样检验制度。

表 2-10　出入境检验检疫三种制度的区别

制度组成	法律依据	检验检疫的范围和检查的重点	检查要求
进出口商品检验制度	《进出口商品检验法》《进出境动植物检疫法》《国境卫生检疫法》《食品安全法》等	动植物检疫、国境卫生检疫小于进出口商品检验 检查重点：进出口商品检验侧重于商业性要求；动植物检疫、国境卫生检疫侧重于卫生要求	进出口商品检验可以分成法定检验和非法定检验，检验主体可以是海关，也可以是海关许可的检验机构 动植物检疫、国境卫生检疫只能由海关实施
进出境动植物检疫制度			
国境卫生监督制度			

2.2.3.3　对外贸易救济措施

反倾销、反补贴和保障措施都属于贸易救济措施（见表 2-11）。反倾销和反补贴针对的是价格歧视这种不公平贸易行为，保障措施针对的则是进口产品激增的情况。

表 2-11　对外贸易救济措施

措施	适用对象	实施形式	实施期限
反倾销	不公平贸易或不公平竞争	现金保证金、价格承诺、保函	自临时反倾销措施决定公告规定实施之日起，不超过4个月，在特殊情况下延长至9个月
反补贴	同上	同上	自临时反补贴措施决定公告规定实施之日起，不超过4个月
保障	公平条件下数量猛增的进口产品	加征关税、实行配额数量限制或最终加征关税或实行关税配额等	临时性措施的实施期限不得超过200天，最终保障措施一般不超过4年，也可相应延长，但不得超过10年

1）反倾销措施

反倾销措施包括临时反倾销措施和最终反倾销措施。

（1）临时反倾销措施。它是指进口方主管机构经过调查，初步认定被指控产品存在倾销，并对国内同类产业造成损害，据此依据 WTO 所规定的程序进行调查，在全部调查结束之前，采取临时性的反倾销措施，以防止在调查期间国内产业继续受到损害。

（2）最终反倾销措施。如终裁确定倾销成立并由此对国内产业造成损害，可以征收反倾销税。征收反倾销税应当符合公共利益。

举例 2-1　**反倾销案例**

商务部消息，2018年10月8日，阿根廷生产和劳动部发布决议，决定继续对原产于中国的弹簧减震器进行反倾销调查并征收临时反倾销税，税率为涉案产品FOB报关价的34.18%，有效期6个月。涉案产品南共市税号为：87141000和87149990。

资料来源　佚名.商务部：阿根廷发布对华弹簧减震器反倾销初裁［EB/OL］.［2018-10-15］. https://finance.sina.com.cn/china/2018-10-15/doc-ifxeuwws4550034.shtml.

2）反补贴措施

反补贴措施与反倾销措施相同，也分为临时反补贴措施和最终反补贴措施。

（1）临时反补贴措施。初裁确定补贴成立并由此对国内产业造成损害的，可以采取临时反补贴措施。

（2）最终反补贴措施。在为完成磋商的努力没有取得效果的情况下，终裁确定补贴成立并由此对国内产业造成损害的，可以征收反补贴税。征收反补贴税应当符合公共利益。

3）保障措施

保障措施也分为临时保障措施和最终保障措施。

（1）临时保障措施。它是指在有明确证据表明进口产品数量增加将对国内产业造成难以补救的损害的紧急情况下，进口国与成员国之间可不经磋商而做出初裁决定，并采取临时保障措施。临时保障措施采取提高关税的形式。如果事后调查不能证实进口激增对国内有关产业已经造成损害，已征收之临时关税应当予以退还。

（2）最终保障措施。它可以采取提高关税、数量限制和关税配额等形式。但保障措施应当限于防止、补救严重损害并便利调整国内产业所必要的范围内。

保障措施的实施期限一般不超过4年，在此基础上如果继续采取保障措施，则必须同时满足4个条件，即对防止或者补救严重损害仍有必要；有证据表明相关国内产业正在进行调整；已经履行了有关对外通知、磋商的义务；延长后的措施不严于延长前的措施。

子任务4：了解我国贸易管制的主要措施

2.2.4.1 进出口许可证管理

1）进出口许可证的管理机构

（1）商务部是全国进出口许可证管理的归口单位。

（2）商务部授权配额许可证事务局（以下简称许可证局）统一管理全国进出口许可证的签发工作；许可证局及商务部驻各地特派员办事处和各省、自治区、直辖市的商务主管部门以及计划单列市和经商务部授权的其他省会城市的商务主管部门为许可证的发证机构。

2）进出口许可证的管理范围

（1）进口许可证管理的商品范围。其包括：

第一，消耗臭氧层物质：①商品：三氯氟甲烷（CFC-11）、二氯二氟甲烷（CFC-12）、二氯四氟乙烷（CFC-114）或者它们的混合物等49个商品编号的商品编号；②发证机构：所在地省级商务主管部门所属的发证机构，在京中央企业由国务院商务主管部门授权的发证机构签发；③实行进口配额许可证管理。

第二，重点旧机电产品：①商品：旧化工设备类、旧金属冶炼设备类、旧工程机械类、旧造纸设备类、旧电力设备类、旧食品加工及包装设备、旧农业机械类、旧印刷机械类、旧纺织机械类、旧船舶类、旧硒鼓；②发证机构：商务部许可证局；③实行进口许可证管理。

（2）出口许可证管理的商品范围。其包括：

第一，实行出口配额许可证管理的货物有玉米、大米、小麦、玉米粉、大米粉、小麦粉、棉花、锯材、活牛（对港澳）、活猪（对港澳）、活鸡（对港澳）、煤炭、原油、成品油、白银。

第二，实行出口配额招标的货物有蔺草及蔺草制品、甘草及甘草制品。

第三，实行出口许可证管理的货物有活牛（对港澳以外市场）、活猪（对港澳以外市场）、活鸡（对港澳以外市场）、牛肉、猪肉、鸡肉、天然砂（含标准砂）、矾土、镁砂、滑石块（粉）、氟石（萤石）、稀土、锡及锡制品、钨及钨制品、钼及钼制品、锑及锑制品、焦炭、消耗臭氧层物质、柠檬酸、维生素C、青霉素工业盐、铂金（以加工贸易方式出口）、铟及铟制品、摩托车（含全地形车）及其发动机和车架、汽车（包括成套散件）及其底盘等。

对港、澳、台地区出口的天然砂实行出口许可证管理，对标准砂实行全球出口许可证管理。

3）进出口许可证的申请

（1）消耗臭氧层物质和实行出口许可证管理的商品：①时间：组织该类进出口应证商品前；②申领形式：网上和书面两种形式；③提交材料：与加盖经营者公章相对应的许可证申请表、主管机关签发的进出口批准文件、合同正本复印件和商务部规定的其他应当提交的材料。

年度内初次申请还应提交营业执照、加盖对外贸易经营者登记专用章的经营者备案登记表或进出口企业资格证书。经营者为外商投资企业的，还应提交外商投资企业批准证书。

进口许可证办理流程如图2-1所示。进口许可证见样例2-3。

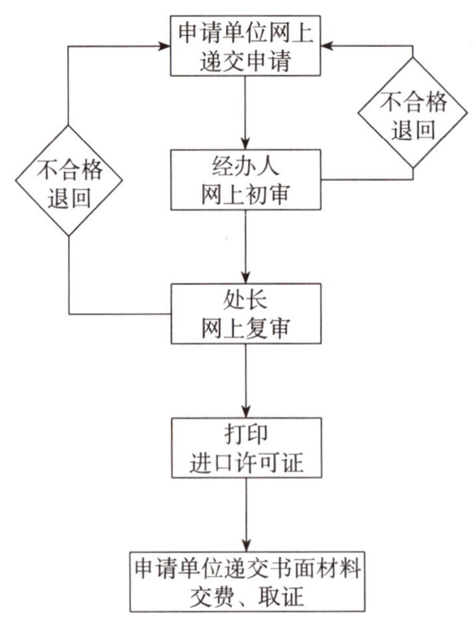

申请单位提交的书面材料包括：
1.进口许可证申请表
2.主管部门批准文件（正本）
3.进口合同（正本复印件）
4.领证人员身份证或单位介绍信
5.属于委托代理进口的，应提交委托代理进口协议（正本复印件）
6.进出口资格证书、备案登记表或外商投资企业批准证书（年内首次申领）

资料来源 商务部进口许可系统.

图2-1 进口许可证办理流程

（2）进口重点旧机电产品：①时间：组织进口列入《重点旧机电产品进口目录》的旧机电产品前；②申领形式：网上和书面两种形式；③提交材料：由旧机电产品最终用户提交的用途说明、机电产品进口申请表、营业执照复印件、制造年限证明材料和设备状况说明。

属于翻新业务的，要提交资质证明文件；属于旧船舶进口的，还要提交旧船舶进口技术鉴定书或者旧渔业船舶进口技术评定书。

4）报关规范

（1）进口许可证有效期1年，当年有效，跨年度使用不得超过次年3月31日。

（2）出口许可证最长不得超过6个月，且有效期截止时间不得超过当年12月31日。

样例2-2 进口许可证

中华人民共和国限制进口类可用做原料的固体废物进口许可证

IMPORT LICENCE OF THE PEOPLE'S REPUBLIC OF CHINA FOR RESTRICTED SOLID WASTES THAT CAN BE USED AS RAW MATERIALS

1. 进口商： Importer ……回收有限公司	2. 进口许可证号： Import licence No. SEP……1043794
3. 利用商： Recycler ……回收有限公司	4. 进口许可证有效截止日期： Import licence expiry date ……年12月31日
5. 商品名称： Description of goods 乙烯聚合物的废碎料及下脚料	6. 商品编码： Code of goods ……100000
7. 数量： Quantity 1000000	8. 计量单位： Unit 千克
9. 报关口岸： Place of clearance	10. 贸易方式： Terms of trade 一般贸易
11. 备注： Supplementary details	12. 发证机关盖章： Issuing authority's stamp 中华人民共和国环境保护部 Ministry of Environmental Protection of the People's Republic of China 13. 发证日期：2011年1月21日 Licence date

第一联 报关凭证

中华人民共和国环境保护部监制（2008）

（3）许可证一经签发，不得擅自更改证面内容。如需更改，经营者应当在有效期内提出更改申请，并将许可证交回原发证机构，由原发证机构重新换发新许可证。

（4）进口许可证实行“一证一关”管理。一般情况下，为“一批一证”。如要实行“非一批一证”，应当同时在备注栏内打印“非一批一证”字样，但最多不超过12次，由海关在许可证背面“海关验放签注栏”内逐批签注核减进出口数量。

（5）对于实行“一批一证”的大宗、散装货物，其溢装数量在货物总量3%以内的原油、成品油予以免证，其他货物溢装数量在货物总量5%以内的免证；对于实行“非一批一证”的大宗、散装货物，在每批货物出口时，按其实际出口数量进行许可证证面数量核扣，在最后一批货物出口时，应按该许可证实际剩余数量溢装上限，即在5%（原油、成品油在溢装上限3%）以内计算免证数额。

（6）部分货物实行出口报关口岸管理。其包括：①锑，黄埔、北海、天津海关。②镁砂，大连、青岛、天津、长春、满洲里海关。③甘草，天津、上海、大连海关；甘草制品，天津、上海海关。④锯材，黑龙江指定大连、绥芬河报关；内蒙古指定满洲里、二连浩特、大连、天津、青岛报关；新疆指定阿拉山口、天津、上海报关；福建指定福州、厦门、莆田、漳州报关。

2.2.4.2 两用物项和技术进出口许可证管理

1）管理部门

商务部指导全国各发证机构的两用物项和技术进出口许可证发放工作。商务部配额许可证局和受商务部委托的省级商务主管部门为两用物项和技术进出口许可证发证机构。

2）管理范围

（1）实施两用物项和技术进口许可证管理的商品包括3类：《监控化学品管理条例》名录所列物项（67种）、易制毒化学品（48种）和放射性同位素（10种）。

（2）实施两用物项和技术出口许可证管理的商品包括核出口管制清单所列物项和技术（159种）、核两用品及相关技术出口管制清单所列物项和技术（202种）、生物两用品及相关设备和技术管制清单所列物项和技术（144种）、《监控化学品管理条例》名录所列物项（67种）、有关化学品及相关设备和技术出口管制清单所列物项和技术（37种）、导弹及相关物项和技术出口管制清单所列物项和技术（186种）、易制毒化学品（65种）、计算机（6种）共8类。

3）报关规范

（1）两用物项和技术进口许可证实行“非一批一证”制和“一证一关”制，并在其备注栏内打印“非一批一证”字样；两用物项和技术出口许可证实行“一批一证”制和“一证一关”制。

（2）许可证有效期1年，最多用到次年3月31日。

（3）许可证不得买卖、转让、涂改、伪造和变造。

（4）不得更改证面内容，如需更改，则重新申请，换发新证；同时，要做到证单相符。

知识链接2-3 **什么是两用物项和技术？**

两用物项和技术是指《核出口管制条例》、《核两用品及相关技术出口管制条例》、《导弹及相关物项和技术出口管制条例》、《生物两用品及相关设备和技术出口管制条例》、《监控化学品管理条例》、《易制毒化学品管理条例》及《有关化学品及相关设备和技术出口管制办法》所规定的相关物项及技术。

2.2.4.3 密码产品和含有密码技术的设备进口许可证管理

1）管理范围

管理范围为列入《密码产品和含有密码技术的设备进口管理目录》以及暂未列入目录但含有密码技术的进口商品。

2）管理部门

国家密码管理局下属的相关部门负责签发进口许可证。

3）报关规范

（1）免领情形。其包括：①加工贸易项下为复出口而进口的；②由海关监管，暂时进口后复出口的；③从境外进入保税区、出口加工区及其他海关特殊监管区域和保税监管场所，或在海关特殊监管区域、保税监管场所之间进出的。

（2）从海关特殊监管区域、保税监管场所进入境内区外，需交验密码进口许可证。

（3）进口单位知道商品含密码技术，但暂未列入目录，也应当主动申请并提交进口许可证。

（4）海关在进口环节发现应交而未交许可证的应进行处理。

2.2.4.4 自动进口许可管理

1）实施自动进口许可管理的商品范围

实施自动进口许可管理的商品包括非机电类货物、机电类货物两种。

2）免交自动进口许可证的情形

进口列入《自动进口许可管理货物目录》中的商品，在办理报关手续时，需向海关提交自动进口许可证，但下列情形可以免交：

（1）加工贸易项下进口并复出口的（原油、成品油除外）。

（2）外商投资企业作为投资进口或者投资额内生产自用的（旧机电产品除外）。

（3）货样、广告品、实验品进口，每批次价值不超过5 000元人民币的。

（4）暂时进口的海关监管货物。

（5）进入保税区、出口加工区等海关特殊监管区域及进入保税仓库、保税物流中心属自动进口许可管理的货物。

（6）加工贸易项下进口的不作价设备监管期满后留在原企业使用的。

（7）国家法律、法规规定其他免领自动进口许可证的。

3）报关规范

（1）自动进口许可证的有效期为6个月，但仅限公历年度内有效。

（2）原则上实行“一批一证”管理，对部分货物也可实行“非一批一证”管理。实行“非一批一证”管理的，在有效期内可以分批次累计报关使用，但累计使用不得超过6次。同一进口合同项下，收货人可以申请并领取多份自动进口许可证。

（3）对于实行“一批一证”的自动进口许可管理的大宗、散装货物，对溢装数量在货物总量3%以内的原油、成品油、化肥、钢材等4种货物予以免证，其他货物溢装数量在货物总量5%以内的予以免证；对于实行“非一批一证”的大宗、散装货物，每批货物进口时，按其实际进口数量核扣自动进口许可证额度数量，最后一批货物进口时，应按该自动进口许可证实际剩余数量的允许溢装上限，即在5%（原油、成品油、化肥、钢材在溢装上限3%）以内计算免证数额。

2.2.4.5 固体废物进口管理

国家禁止进口不能用作原料的固体废物，限制进口可以用作原料的固体废物。

（1）分类。我国《固体废物污染环境防治法》管理范围内的废物包括：工业固体废物、城市生活垃圾、危险废物、液态废物以及置于容器中的气态废物。

（2）管理范围。生态环境部会同国家发展和改革委员会、商务部、海关总署、国家市场监督管理总局制定、调整并公布了《限制进口类可用作原料的固体废物目录》及《自动进口许可管理类可用作原料的废物目录》，未列入上述两个目录的固体废物禁止进口。

（3）办理程序。废物进口单位或者废物利用单位直接向生态环境部提出废物进口申请，由生态环境部审查批准，取得其签发的“自动许可进口类可用作原料的固体废物进口许可证”（以下统称为废物进口许可证）后才可组织进口。

进口废物运抵口岸后，口岸检验检疫机构凭生态环境部签发的废物进口许可证及其他必要单证受理报验，经审核未发现不符合环境保护要求的，向报验人出具入境货物通关单，海关凭有效废物进口许可证及入境货物通关单办理通关手续；对不符合环境保护要求的，向报验人出具检验证书并及时以检验证书副本通知口岸海关和当地环保部门，海关会同地方环保部门依法对废物进行处理。

（4）报关规范。

第一，向海关申报进口列入《限制进口类可用作原料的固体废物目录》和《自动进口许可管理类可用作原料的废物目录》中的废物时，报关单位应主动向海关提交有效的废物进口许可证、口岸检验检疫机构出具的入境货物通关单及其他有关单据。

第二，对于未列入《限制进口类可用作原料的固体废物目录》和《自动进口许可管理类可用作原料的废物目录》或虽列入上述目录但未取得有效废物进口许可证的废物，一律不得进口或存入保税仓库。

第三，废物进口许可证实行“非一批一证”管理。

第四，进口的废物不能转关（废纸除外），只能在口岸海关办理申报进境手续。

2.2.4.6 进口关税配额管理

关税配额管理是一种相对数量的进口限制，对外贸易经营者经国家批准取得关税配额证后，允许按照关税配额税率征税进口，如超出限额，则按照配额外税率征税进口。

1）实施进口关税配额管理的农产品

（1）管理部门和范围：糖、羊毛及毛条由商务部公布并由商务部授权机构负责办理本地区的申请；小麦、玉米、大米、棉花由国家发展和改革委员会授权机构负责本地区的申请。

（2）管理措施：海关凭商务部、国家发展和改革委员会各自授权机构向最终用户发放的加盖“商务部农产品进口关税配额证专用章”和“国家发展和改革委员会农产品进口关税配额证专用章”的“农产品进口关税配额证”办理验放手续。

（3）报关规范：实行“一证多批”。“农产品进口关税配额证”的有效期为每年1月1日至当年12月31日。如需要延期，应向原发证机构申请办理换证，但延期最迟不得超过下一年的2月底。“农产品进口关税配额证”的正面内容不得更改，如需更改，应到发证部门换发新证。

2）实施进口关税配额管理的工业品

（1）管理部门：商务部负责全国化肥的配额管理工作。商务部的化肥进口关税配额管理机构负责管辖范围内化肥进口关税配额的发证、统计、咨询和其他授权工作。

（2）管理范围：尿素、磷酸氢二铵、复合肥3种农用肥料。

（3）报关规范：关税配额内化肥进口时，海关凭进口单位提交的“化肥进口关税配额证明”（有效期为3个月）按配额内税率征税，并验放货物。

2.2.4.7 野生动植物种进出口管理

我国是《濒危野生动植物种国际贸易公约》的成员国。我国进出口管理的濒危物种包括该公约的成员国（地区）应履行保护义务的物种，以及为保护我国珍稀物种而自主保护的物种。

濒危物种进出口管理是依据《进出口野生动植物种商品目录》和“《濒危野生动植物种国际贸易公约》允许进出口证明书”（以下简称“公约证明”）、“中华人民共和国濒危物种进出口管理办公室野生动植物允许进出口证明书”（以下简称“非公约证明”）或“非《进出口野生动植物种商品目录》物种证明”（以下简称“物种证明”），对列明的依法受保护的珍贵、濒危野生动植物及其产品实施的进出口限制管理。

凡进出口列入《进出口野生动植物种商品目录》中的野生动植物或其产品，必须严格申报和审批，并在进出口报关前取得国家濒危物种进出口管理办公室或其授权的办事处签发的“公约证明”、“非公约证明”或“物种证明”后，向海关办理进出口手续。野生动植物种进出口管理的范围及报关规范见表2-12。

表2-12 野生动植物种进出口管理的范围及报关规范

项目 证件	管理范围划分	报关规范
公约证明	列入《进出口野生动植物种商品目录》中属于《濒危野生动植物种国际贸易公约》成员国（地区）应履行保护义务的物种	“一批一证”制
物种证明	对于进出口列入《进出口野生动植物种商品目录》中、除适用“公约证明”“非公约证明”物种以外的其他野生动植物及相关货物或物品和含野生动植物成分的纺织品，均需事先申领“物种证明”	1.一次使用的“物种证明”有效期自签发之日起不得超过6个月 2.多次使用的“物种证明”只适用于同一物种、同一货物类型、在同一报关口岸多次进出口的野生动植物。多次使用的“物种证明”有效期截至发证当年12月31日。持证者需于1月31日之前将上一年度使用多次“物种证明”进出口有关野生动植物标本的情况汇总上报给发证机关

2.2.4.8 进出口药品管理

进出口药品管理是我国进出口许可管理制度的重要组成部分，属于国家限制进出口管理范畴，实行分类和目录管理。国家药品监督管理局会同国务院对外贸易主管部门对相关药品依法制定并调整管理目录，以签发许可证件的形式对其进出口加以管制。

药品必须经由国务院批准的允许其进口的口岸进口。截至2018年年底，允许进口药品的口岸城市共19个，即北京、天津、上海、大连、青岛、成都、武汉、重庆、厦门、南京、杭州、宁波、福州、广州、深圳、珠海、海口、西安、南宁。

1）精神药品进出口管理

（1）管理范围：列入《精神药品管制品种目录》中的药品，包括精神药品及其标准品、对照品，如肾上腺素、咖啡因、去氧麻黄碱等的进出口。对于列入《精神药品管制品种目录》中的药品可能存在的盐、酯、醚，虽未列入该目录，但仍属于精神药品管制范围。

（2）管理证件：精神药品进出口准许证。其仅限在该证注明的口岸海关使用，并实行“一批一证”制度。

2）麻醉药品进出口管理

（1）管理范围：列入《麻醉药品管制品种目录》中的麻醉药品，包括鸦片类、可卡因类、大麻类、合成麻醉药类及其他易成瘾的药品、药用植物及其制剂。对于列入《麻醉药品管制品种目录》中的麻醉药品可能存在的盐、酯、醚，虽未列入该目录，但仍属于麻醉药品管制范围。

（2）管理证件：麻醉药品进出口准许证。其仅限在该证注明的口岸海关使用，并实行“一批一证”制度。

3）兴奋剂进出口管理

（1）管理范围：列入《兴奋剂目录》中的药品，包括蛋白同化制剂品种、肽类激素品种、麻醉药品品种、刺激剂（含精神药品）品种、药品类易制毒化学品品种、医疗用毒性药品品种、其他品种共7类。

（2）管理证件：对于《兴奋剂目录》中的“其他品种”，海关暂不按照兴奋剂实行管理。根据《蛋白同化制剂、肽类激素进出口管理办法（暂行）》的相关规定，国家对进出口蛋白同化制剂和肽类激素分别实行“进口准许证”和“出口准许证”管理。

4）一般药品进出口管理

（1）管理范围：进口列入《进口药品目录》中的药品、进口列入《生物制品目录》中的商品、首次在我国境内销售的药品、进口暂未列入《进口药品目录》中的原料药的单位，必须遵守《进口药品管理办法》中的各项有关规定，主动到各口岸药品检验所报验。

（2）管理证件：进口药品通关单。进口药品通关单仅限在该单注明的口岸海关使用，并实行“一批一证”制度。

2.2.4.9 其他货物进出口管理

1）黄金及其制品进出口管理

（1）使用证件：黄金及其制品进出口准许证。

（2）主管及发证部门：中国人民银行是黄金及其制品进出口主管部门。

（3）适用范围：《黄金及黄金制品进出口管理商品目录》中的黄金及其制品，主要包括氰化金钾（含金40%）、非货币用金粉、非货币用半制成金、非货币用未锻造金、货币用未锻造金（包括镀铂的金）、金的废碎料、其他黄金制首饰及其零件、其他贵金属制金器及其零件、金质铸币（金质贵金属纪念币）、黄金表壳（按重量计含金量80%以上）、黄金表带（按重量计含金量80%以上）等。

（4）报关规范：提供有效的黄金及其制品进出口准许证。

2）音像制品进口管理

（1）使用证件：音像制品进口批准单。它是音像制品合法进口的证明文件。

（2）主管及发证部门：国家广播电视总局。

（3）适用范围：音像制品成品。

（4）报关规范：由指定单位经营，未经指定的任何单位或个人均不得从事音像制品成品进口业务，但可以委托进口。

3）有毒化学品管理

（1）使用证件：有毒化学品环境管理放行通知单。它是列入《中国禁止或严格限制的有毒化学品名录》中的化学品合法进出口的证明文件。

（2）主管及发证部门：生态环境部。

（3）适用范围：列入《中国禁止或严格限制的有毒化学品名录》中的化学品。

（4）报关规范：提供有毒化学品环境管理放行通知单。

4）农药进出口管理

（1）使用证件：农药进出口登记管理放行通知单。它是列入《进出口农药管理名录》中的农药合法进出口的证明文件。

（2）主管及发证部门：农业农村部。

（3）适用范围：列入《进出口农药管理名录》中的农药。

（4）报关规范：实行“一批一证”制，进出口一批农药产品，办理一份通知书。

5）兽药进口管理

（1）使用证件：进口兽药通关单。它是列入《进口兽药管理目录》中的兽药合法进出口的证明文件。

（2）主管及发证部门：进口口岸所在地省级人民政府兽医行政管理部门。

（3）适用范围：列入《进口兽药管理目录》中的兽药。

（4）报关规范：实行“一单一关”，在30日有效期内只能一次性使用。

任务实操

了解对外贸易管制

2019年5月，济南某医科大学欲快递空运进口少量甲型H1N1流感疫苗进行研究分析，该医科大学能在济南机场进口该疫苗吗？如果进口空港为青岛可以吗？为什么？进口少量甲型H1N1流感疫苗要受我国哪些进口管理措施的限制？如何办理这些许可文件？

项目检验

一、单选题

随堂测2

1. 某报关企业接到客户关于以一般贸易方式进口旧汽车有关政策的咨询，下列答复正确的是（　　）。

A. 申领进口许可证和入境货物通关单

B. 申领自动进口许可证和入境货物通关单

C. 只需申领入境货物通关单

D. 禁止进口

2.保障措施是对外贸易救济措施的一种方式，其实施期限最长不得超过（　　）。

A.200天　　B.4个月　　C.4年　　D.10年

3.2019年实行进口许可证管理的货物有消耗臭氧层物质和重点旧机电产品，其中重点旧机电产品的发证机构为（　　）。

A.计划单列市及商务部授权的其他省会城市的商务主管部门

B.各省、自治区、直辖市的商务主管部门

C.商务部驻各地特派员办事处

D.商务部配额许可证事务局

4.某企业持一份证面数量为200吨的化肥自动进口许可证（非一批一证），以海运散装的形式分两批进口化肥200吨，在第一批实际进口数量100吨的情况下，该企业可凭该份自动进口许可证最多进口（　　）吨化肥。

A.210　　B.205　　C.203　　D.206

二、多选题

1.我国对外贸易管制的法律渊源包括（　　）。

A.由国家最高权力机关制定并由国家主席颁布实施的规范性文件

B.由国家最高行政机关制定并由国务院总理颁布实施的规范性文件

C.由我国民族自治区政府制定的地方条例和单行条例

D.我国加入或缔结的相关国际条约

2.货物、技术进出口许可管理制度是我国进出口管理制度的主体，其管理范围包括（　　）。

A.禁止进出口的货物和技术　　B.限制进出口的货物和技术

C.自由进出口的技术　　D.自由进出口中部分实行自动许可管理的货物

3.目前，列入我国《禁止出口货物目录》中的商品有（　　）。

A.麝香　　B.麻黄草　　C.木炭　　D.硅砂

4.2019年我国实行出口许可证管理的商品有45类，分别实行出口配额许可证、出口配额招标和出口许可证管理，其中实行出口配额许可证管理的商品有（　　）。

A.大米　　B.棉花　　C.石蜡　　D.煤炭

三、判断题

1.我国目前所签订生效的各类国际条约，虽然不属于我国国内法的范畴，但就其效力而言可视为我国法律渊源之一。（　　）

2.自动进口许可管理是在任何情况下对进口申请一律予以批准的进口许可制度。（　　）

项目3

海关监管货物报关程序

知识目标

掌握海关监管货物分类、报关的基本程序；掌握一般进出口货物的报关程序；掌握电子化手册和电子账册管理下保税加工货物的报关程序；掌握出口加工区货物的报关程序；掌握保税物流货物管理的要点；掌握保税仓库和出口监管仓库货物的报关；掌握保税物流中心和园区存放货物的范围、期限、管理要点、报关程序；了解保税港区货物报关的程序；掌握特定减免税货物的报关；掌握暂准进出境货物的报关；熟悉转关运输货物申报单证的法律效力、转关程序；熟悉进出境快件的概念；掌握跨境电商零售进出口业务类型。

能力目标

能办理一般进出口货物的报关；能办理电子化手册、电子账册和电子化手册管理下保税加工货物的报关；能办理出口加工区货物的报关；能办理保税仓库和出口监管仓库货物的报关；能办理保税物流中心和园区货物的报关；能办理保税区和保税港区货物的报关；能办理特定减免税货物的报关；能办理暂准进出境货物的报关；能办理转关运输货物的报关。

项目介绍

通关是指进出境运输工具的负责人、货物的收发货人及其代理人、物品的所有人向海关申请办理货物的进出境手续，海关依法对其呈交的单证和实际进出口货物进行审核、查验、征收税费、批准进出口的全过程。本项目主要讲解不同类型进出口货物的通关。据此，学生要完成以下任务：

任务1：一般进口货物报关。

任务2：一般出口货物报关。

任务3：保税加工货物报关。

任务4：保税物流货物报关。

任务5：特定减免税货物报关。

任务6：暂准进出境货物报关。

任务7：其他进出境货物报关。

任务8：海关监管货物的特殊申报。

任务9：跨境电商零售进出口通关。

项目任务

任务1 一般进口货物报关

案例导入

福州机械设备加工有限公司委托福建福路通有限公司（350191××××）代理进口一批不锈钢板材（属法检和自动进口许可管理货物），载货船舶（Queen/125）于2019年8月19日申报进境，8月30日由中外运福州公司（350198××××）持相关证件向海关申报（法定计量单位：千克，运费：USD19/MT，保险费率：2.5%）。

问题一：该批板材是否为一般进出口货物？

问题二：进口申报应注意哪些问题？

问题三：如何进行进口申报？

问题四：如何修改申报内容或撤销申报？

资讯

3.1.1 海关监管货物

（1）含义。海关监管货物指应当接受海关监管的货物。进口货物：进境—办结海关手续；出口货物：申报—装运出境；过境、转运、通运货物：进境—出境。

（2）分类。海关监管货物包括一般进出口货物、保税货物（保税加工货物和保税物流货物）、特定减免税货物、暂准进出境货物（原状复运进出境）和其他进出境货物（继续运往境外）。

3.1.2 报关程序概述

（1）含义。报关程序是指进出口货物收发货人、运输工具负责人、物品所有人或其代理人按照海关规定，办理货物、运输工具、物品进出境及相关海关事务的手续和步骤。

（2）基本程序。不同类别进出境货物的报关程序见表3-1。

表3-1 不同类别进出境货物的报关程序

货物类别	前期阶段	进出境阶段	后续阶段
一般进出口货物	无	进出口申报 配合查验 缴纳税费 提取或装运货物	无
保税进出口货物	加工贸易备案和申领登记手册		保税货物核销申请
特定减免税货物	特定减免税货物备案登记和申领减免税证明		解除海关监管申请
暂准进出境货物	暂准进出境备案申请		暂准进出境货物销案申请

效果检测3-1

所有的货物进出口都要经过前期的申报备案阶段吗？

效果检测3-1

答案提示

（3）不同运输方式下进出境报关的特点。进出境运输分为实际进出境运输和无实际进出境运输两种方式。

实际进出境运输包括水路运输、铁路运输、公路运输、航空运输、邮件运输及其他运输（包括人扛、畜驮、管道、输送带和输电网）等方式。

无实际进出境运输包括特殊监管区域、保税监管场所进出区以及其他境内流转的货物（包括特殊监管区域内的流转、调拨货物，特殊监管区域、保税监管场所之间流转的货物，特殊监管区域外的加工贸易余料结转、深加工结转、内销等货物）的运输。

3.1.3 一般进出口货物概述

1）含义

一般进出口货物指在进出口环节缴纳了应征的进出口税费并办结了所有必要的海关手续，海关放行后不再进行监管，可以直接进入生产和消费领域流通的进出口货物。

一般进出口货物不等同于一般贸易。一般贸易是国际贸易中的一种交易方式。以一般贸易方式进出口的货物既可以是一般进出口货物，也可以是保税货物或特定减免税货物等。一般进出口货物既可以一般贸易方式进口，也可以别的贸易方式进口。

2）基本特征

一般进出口货物具有以下一些特征：①进出境环节缴纳进出口税费；②进出口时提交相关的许可证件；③海关放行即办结海关手续。

3）范围

实际进出口的货物（不再复出进口），除特定减免税货物外，都属于一般进出口货物。其主要包括以下几种：

（1）一般贸易进出口货物。

（2）转为实际进口的原保税货物、转为实际出进口的暂准进出境货物、转为实际出口的暂准出境货物。

案例分析3-1

大连某加工企业从缅甸购进一批橡胶进行车轮胎的加工，原本属进料加工业务，后因大连市场车轮胎价格上涨，该企业将生产的有关产品在当地直销。

请问：这笔贸易适用于哪种报关制度？为什么？

案例分析3-1

答案提示

（3）易货贸易、补偿贸易进出口货物。

案例分析3-2

大连某服装厂与英国某纺织品公司开展了服装与布匹的交换贸易，由于服装与布匹的交换同时进行且价格等值，进（布）与出（服）相抵，所以可适用一般进出口货物报关制度。

请问：该笔贸易适用一般进出口货物报关制度是否合理？

案例分析3-2

答案提示

（4）不批准保税的寄售代销贸易货物。

（5）因承包工程项目而进出口的货物。

（6）驻华商业机构进出口陈列用的样品。

（7）外国旅游者小批量订货出口的商品。

（8）随展览品进出境的小卖品、展卖品。

（9）免费提供的进口货物。其包括外商在经贸活动中赠送的物品、免费提供的试车材料，以及我国在境外的企业、机构向国内单位赠送的进口货物。

3.1.4 申报概述

1）申报地点（见表3-2）。

表3-2 申报地点

报关方式	申报地点
口岸海关报关	进出境地海关
属地海关报关	主管地海关
在除口岸海关及属地海关外的其他海关报关	实际进出境口岸海关
转关报关	按照规定办妥转关手续后，再按照报关单填制规范及申报管理规定向海关申报出口
以保税货物、特定减免税货物和暂准进出境货物申报进境的，因故改变使用目的从而改变性质转为一般进口时	应当在货物所在地的主管海关申报

2）申报期限（见表3-3）。

表3-3 申报期限

货物类型	申报期限
一般进口货物	自运输工具申报进境之日起14日内（从第二天开始算）
进口集中申报货物	自运输工具申报进境之日起1个月内
备注：自运输工具申报进境之日起超过3个月仍未申报的货物，作变卖处理；不宜长期保存的货物，可提前处理	

3）申报日期（见表3-4）。

表3-4 申报日期

申报情况	申报日期
正常申报	收到“接受申报”报文或“现场交单”或“放行交单”通知的日期
计算机检查遭退单	为再次申报被接受日
人工审核需修改	为海关原接受申报的日期
先纸质后补报电子数据或只纸质申报	为海关工作人员在报关单上作登记处理的日期

4）滞报金。

（1）滞报金起征日（见表3-5）。起征日如遇节假日，则顺延至其后的第一个工作日。

表3-5 滞报金起征日

申报情况	滞报金起征日
申报成功	以运输工具申报进境日的第15日始
计算机检查遭退单	进口货物收货人申请并经海关同意，滞报金的征收，以自撤销原电子数据报关单之日起的第15日为起始日
超过3个月未申报	海关作变卖处理，收货人申请发还余款的，要扣除相关的费用（如仓储费等）；滞报金的征收，以运输工具自申报进境之日起的第15日为起始日

（2）滞报金的计算。其按每天0.05%（万分之五）计算到元，不足1元的部分免于征收，50元起征。其公式为：

滞报金=完税价格×0.5‰×滞报天数

案例分析 3–3

西安某公司进口了一批价值5 000美元的货物，从法国巴黎的戴高乐机场起运，2019年10月30日至西安申报进境。该公司11月20日去西安海关申报，并在当日收到回执。

请问：该公司是否应该缴纳滞报金？如果需要缴纳，应缴纳多少？（美元汇率1美元=6.36元人民币，16日为周六）

案例分析3–3

答案提示

3.1.5 申报步骤

1）申报前看货取样

进口货物的收货人向海关申报前，因确定货物品名、规格、型号、归类等原因，可以书面向海关提出查看货物或提取货样，海关开具取样记录与清单，海关关员与取样人同时签字确认。对于法检货物，尚需取得检验检疫许可证明。

2）报关准备

（1）单证。

第一，报关单（证）。其包括进出口报关单、ATA单证册、保税区进出境货物备案清单、过境货物报关单、快件报关单、集中申报清单等。

第二，基本单证。其包括进出口合同、商业单据（如商业发票、装箱单）和货运单据（如进口货物提货单、出口货物装货单）等。

第三，特殊单证。其包括进出境贸易管理单证（进出口许可证等）和海关单证（特定减免税证明、加工贸易电子化手册和电子账册、原产地证明书、原进出口货物报关单等）。另外，还有其他一些单证，如报关委托书、溢短装证明等。

（2）报关准备作业实施。

第一，接单。首先，接单人员应该获取与申报货物相关的信息，确定商品的归类、品名、规格、数量等信息；其次，检查报关随附单据是否齐全，主要是确定基本单证和特殊单证是否齐全；再次，进行接单处置，主要是针对各类单证进行签署、登记及核实单证数据；最后，换取及申领单据，主要是将提单正本换成能够从港区或仓库提取货物的提货单。

第二，理单。该工作主要是通过对报关随附单据的审核，保证其“齐全、有效和一致性”。

第三，制单。其主要是完成报关单草单的填制。

第四，复核。其主要是对填制完的报关单草单进行再次核对。

3）现场作业

（1）申报。报关人员通过QP系统录入报关单数据，形成电子报关单，校验审核后点击“申报”按钮，完成报关单审核申报操作。

海关计算机系统对报关单电子数据进行审核后，自动对外发送处理结果，主要有：①等待处理：通知报关人员报关单数据正在审核或者等待审核。②现场交单：通知报关人员报关单数据已经通过计算机审核，请报关人员向隶属海关现场接单审核、征收税费环节递交纸质报关单及随附单据。③放行交单：通知报关人员报关单数据已经通过计算机审核，请报关人员携带所有纸质单据前往隶属海关放行环节办理交单和放行手续。

（2）现场交单。审单中心完成电子数据报关单审核后，企业收到“接受申报”或“现场交单”“放行交单”通知，即表示申报成功。收到海关报文后，应在10日内，持各单、证到货物所在地海关办理相关手续。

（3）修改申报内容或撤销申报。海关接受申报后，报关单不得修改或撤销；确有理由的，经批准可以修改或撤销，主要有以下两种情况：

第一，企业提出申请。

- 报关人员操作或书写错误，未发现有走私违规或违法嫌疑的。
- 装运、配载、溢短装。出口货物放行后，因配载、装运等原因造成部分或全部货物退关需要换运输工具的。
- 进出口货物在装载、运输、存储过程中因溢短装、不可抗力、短损等原因造成原申报数据与实际货物不符的。
- 按照贸易惯例先行采用暂定价格成交，实际结算时按商检品质认定或国际市场实际付款方式需要修改原申报单据的。
- 由于计算机、网络系统等原因导致电子数据申报错误的。
- 其他特殊情况经海关核准同意的。

修改或撤销进出口货物报关单的，应提交“进出口货物报关单修改/撤销申请表”（见样例3-1），并提交如下单证：可以证明进出口实际情况的单证（合同、发票、装箱单），外汇管理、税务、海关、银行等部门出具的单证，应税货物的“海关专用缴款书”及其他相关单证。

样例3-1　　进出口货物报关单修改/撤销申请表（适用审查程序专用）

编号：　　海关〔××××年〕××××号

<table>
<tr><td>报关单编号</td><td></td><td colspan="2">进口货物放行/出口货物办结海关手续时间</td><td>年　月　日</td></tr>
<tr><td>经营单位名称</td><td colspan="2"></td><td>报关单类别</td><td>进口　出口</td></tr>
<tr><td>报关单位名称</td><td colspan="2"></td><td>申请事项</td><td>修改　撤销</td></tr>
<tr><td colspan="5">修改/撤销内容</td></tr>
<tr><td colspan="2">报关单数据项（进口/出口）</td><td>原填报内容</td><td colspan="2">应当填报内容</td></tr>
<tr><td rowspan="8">需按审查程序办理的项目</td><td>商品编号</td><td></td><td colspan="2"></td></tr>
<tr><td>商品名称及规格型号</td><td></td><td colspan="2"></td></tr>
<tr><td>币制</td><td></td><td colspan="2"></td></tr>
<tr><td>单价</td><td></td><td colspan="2"></td></tr>
<tr><td>总价</td><td></td><td colspan="2"></td></tr>
<tr><td colspan="2">原产国（地区）/最终目的国（地区）</td><td colspan="2"></td></tr>
<tr><td>贸易方式（监管方式）</td><td></td><td colspan="2"></td></tr>
<tr><td>成交方式</td><td></td><td colspan="2"></td></tr>
</table>

续表

<table>
<tr><td colspan="2">修改或者撤销原因：

兹声明以上申请理由和申请内容无讹，随附证明资料真实有效，如有虚假，愿承担法律责任。
申请人签字：　　　　　　　　　　申请日期：
申请单位（公章）：</td></tr>
<tr><td rowspan="3">海关
审查栏</td><td>现场海关意见：
经审核，同意修改（　　）　　　　同意删除（　　）
其他意见：

经办关员：　　　　　　科长：　　　　　　处长：
年　月　日</td></tr>
<tr><td>审单处批注：
经审核，同意修改（　　）　　　　同意删除（　　）
其他意见：

经办关员：　　　　　　科长：　　　　　　处长：
年　月　日</td></tr>
<tr><td>备注</td></tr>
</table>

小提示3-1

海关已决定布控、查验以及涉案的进出口货物的报关单在“办结”前不得修改或撤销。改单或撤单再重报时需要变更、补办许可证件的，应当补办提交。

第二，海关发现报关单需要修改和撤销。进出口货物收发货人或其代理人未提出申请的，海关应通知当事人填写“进出口货物报关单修改/撤销确认书”。

3.1.6　配合查验

1）海关查验

（1）查验地点：查验一般在监管区内进行。特殊情况下，经货主申请，海关可派员到监管区以外查验。

（2）查验时间：海关正常工作时间内。但允许有例外，“紧急验放”货物可以优先安排查验。

（3）查验方法：彻底查验或抽查、人工查验和设备查验。

（4）复验：查验和复验不得为同一关员。有下列情况可以复验：①经初次查验未能查明货物的真实属性，需要对已查验货物的某些性状做进一步确认的；②货物涉嫌走私违规，需要重新查验的；③进出口货物收发货人对海关查验结论有异议，提出复验要求并经海关同意的；④其他海关认为必要的情形。

（5）径行开验：必须有监管场所经营人或者运输工具负责人到场，并在查验记录上签名确认。可以径行开验的情形有：涉嫌违规走私的；查验时，收发货人或其代理人未到场的。

案例分析3-4

海关查验已报关的进出口货物时，收发货人或其代理人必须到场，并按海关要求负责搬运、拆装箱等工作；海关不能在未经收发货人或其代理人同意的情况下自行开箱验货或者提取货样。

请问：这种说法对吗？为什么？

2）配合查验工作

（1）配合查验准备。其包括：①了解海关查验作业的方式、分类；②确认海关查验的时间、地点：报关人员应及时到达指定查验作业区配合海关查验，超过规定期限又无合理理由的，海关将径行查验；③掌握货物及装箱单明细等信息；④评估查验可能产生的货损风险等。

（2）配合查验实施。进出口货物的收发货人或其代理人配合查验时，应做好如下工作：①提前向海关说明待查货物情况；②按要求搬移货物、开拆和重封货物包装；③如实回答询问及提供相关资料；④协助海关提取货样。

（3）确认查验记录。查验结束后，海关查验人员如实填写查验记录并签名，陪同查验的报关人员也应在查验记录单上签名确认。

3）货物损坏赔偿

（1）直接经济损失。

举例3-1

一个花瓶成本价为300元，销售价为600元，如果出现索赔情况，只需赔偿其直接经济损失，即成本价300元。

（2）修理费。事后发现货物有损的，海关不负责赔偿，必须在查验现场提出。不属于海关赔偿的范围包括：①进出口货物收发货人造成的；②在正常时间内发生变质或失效的；③海关正常查验时产生的不可避免的磨损；④在海关查验之前或之后发生的损失；⑤不可抗力造成的损失。

案例分析3-5

海关检查完一批贵重的精密仪器，交给发货人或其代理人时，发货人或其代理人未发现货物有损坏，后来又发现了货损且证实是海关造成的，发货人要求海关负责赔偿。

请问：这种说法对吗？为什么？

3.1.7 缴纳税费

海关对报关单进行审核，对需要查验的货物先进行查验，然后核对计算机系统计算的税费，开具税款缴款书和收费票据。进出口货物的收发货人或其代理人应在规定的时间内，持缴款书或收费票据缴纳税费，可以向指定银行柜台办理税费缴付手续，也可以通过电子支付系统缴纳税费。在中国电子口岸网上缴税和付费的海关，进出口货物收发货人或其代理人可以通过电子口岸接收海关发出的税款缴款书和收费票据，在网上向指定银行进行电子税费支付。

小提示3-2 **开展网上支付业务应当注意**

资格要求：

- 企业应是“中国电子口岸”入网用户，取得了企业法人卡及操作员卡，具备联网办理业务条件。
- 通过“中国电子口岸”向海关、银行提出企业备案、操作员备案及授权的申请，并经海关、银行审批通过。
- 已在银行开立用于支付税费的预储账户，开户行及账户对海关不保密。
- 网上支付作为现行支付方式的一种补充，实行自愿原则。
- 企业必须在申报当日向海关确定税款支付方式。若确定采取网上支付方式，必须在当日完成税款的预扣。

3.1.8 提取货物

1）海关放行与结关的区别

海关放行指海关对进出口货物做出结束海关进出境现场监管的决定。它分为结关式放行和非结关式放行。结关是指办结所有的海关手续，海关不再监管。

知识链接3-1 **放行≠结关**

一般进出口货物放行即结关；保税货物、特定减免税货物、暂准进出境货物、部分其他进出境货物放行时并未办完所有的海关手续，海关在一定期限内还需对其进行监管，这类货物进出境现场放行不等于结关。

2）货物获得放行的条件

（1）先税后放：货物放行前先缴纳税费或提供足额担保。

（2）先放后税：缴纳税费或提供足额担保前放行货物。为体现守法便利原则，对通过海关审核的高级认证企业，海关会给予其先提取或装运货物的通关便利。

3）一般进口货物获取（货物）放行信息

报关人员在海关放行窗口领取加盖“海关放行章”的进口货物提货单，以及（或）通过电子口岸、报关现场电子信息系统等获取电子放行信息。

监管场站凭盖章的提货单放行。目前，全国主要港口海关和监管场站对进口货物放行操作已逐步改为凭电子放行指令作业的形式。

4）提取货物现场作业

（1）确认船舶到港信息。

（2）码头交费。提取货物前，需要按照要求缴纳相应的费用，办妥场站所有手续。同时，按照车辆情况和码头提货计划表，预约提货时间。

（3）持出卡口证明，将进口货物运离海关卡口。

纸质放行模式下报关人员凭盖章的提货单，换发场站签发的出卡口证明。仅凭电子放行指令操作的海关及场站，则无须出示海关纸质放行单据。

5）进口货物报关单证明联

报关人员办理完结关手续后，可以向海关申请签发“进口货物报关单进口付汇证明联”；加工贸易货物需要领取进口货物报关单加工贸易核销联（海关对报关单证明联加盖

“验讫章”）；进口车辆在放行手续后一律签发“货物进口证明联”，便于加强国家对进口车辆的管理。

任务实操

一般进口货物报关

步骤一：掌握任务方案

福州机械设备加工有限公司委托福建福路通有限公司（350191××××）代理进口一批不锈钢板材（属法检和自动进口许可管理货物），载货船舶（Queen/125）于2019年8月19日申报进境，8月30日由中外运福州公司（350198××××）持相关证件向海关申报（法定计量单位：千克；运费：USD19/MT；保险费率：2.5%）。相关资料见表3-6和表3-7。

表3-6 PACKING LIST

Cable Address：NMHK TOKYO
13.22.3. Chome，Nishi.Oizumi.Nerima-KU.TOKYO，JAPAN
NANKYO CO.，LTD

TO：
FUJIAN FULUTONG CO.，LTD
11/F.18 BEIJING RD.，FUZHOU，
TEL：58217798 FAX：58218182

PACKING USED NO. DATE：
CHINA KFQE-97-0207 AUG.10，2019

FROM YOKOHAMA JAPAN
SHIPPED PER “BULE SEA”
VIA.
TO FUZHOU，CHINA
SAILING ON OR ABOUT AUG.10，2019
MARKS & NOS.
7E07W48250124JP
FUZHOU/SPEC SIZE
G/WT N/WT
COAT
B/NO.1-57

#SUMITOMO MADE IN JAPAN
DESCRIPTIONS：STAINLESS STEEL SHEET，SGCC-Z27
APPEARANCE ACCORDING TO JIS G3302（1979）5.5.1
PACKING： WOODEN CASES.GROSS MAX.5 M/T
CONTRACT NO.7EO7W48250124JP

P'KG-NO.	QUANTITY OF P'KGS	CONTENTS	NET WEIGHT	GROSS WEIGHT
1-57	57 CASES	11232 SHEETS	96 210KGS	100 884KGS
TOTAL：	57 CASES	11232 SHEETS	96 210KGS	100 884KGS

3 CONTAINERS×20'
NO.TEXU3621232 TRLU3569596 TRLU3617056
SIZE（MM）SGCC-Z27 0.5×1 000×2 000MM

表3-7 INVOICE

Cable Address：NMHK TOKYO

13.22.3. Chome，Nishi.Oizumi.Nerima-KU.TOKYO，JAPAN

NANKYO CO.，LTD

FOR ACCOUNT AND RISK OF　　INVOICE NO.：　　DATE：

FUJIAN FULUTONG CO.，LTD

11/F.18 BEIJING RD.，FUZHOU，CHINA　KFQE-97-0207　AUG.10，2019

TEL：58217798　FAX：58218182　　L/C NO.LC312970679　DATE JUL.19，2019

ISSUED BY INDUSTRIAL AND COMMERCIAL BANK OF CHINA，FUZHOU BRANCH

SHIPPED PER　　REFERENCE NO. CONTRACT NO.7E07W48250124JP

"BLUE SEA" E013　　SAILING ON OR ABOUT AUG.10，2019

B/L NO.：SS-021

FROM　　VIA.　　TO

YOKOHAMA JAPAN　　FUZHOU，CHINA

DESCRIPTIONS　　QUANTITY　　MARKS & NOS.

STAINLESS STEEL SHEET，SGCC-Z27　　7E07W48250124JP

FUZHOU

APPEARANCE ACCORDING TO JIS G3302（1979）5.5.1　SPEC.SIZE

PACKING：WOODEN CASES .GROSS MAX.5 M/T　　G/WT N/WT

COAT

MANUFACTURE：SUMITOMO METALS INDUSTRIES，CO.，LTD，JAPAN

B/NO.1-57

HEAT NO.

H.S.CODE 72191419

PRICE AMOUNT

FOB YOKOHAMA

（INCLUDING PACKING CHARGES）

（PER M/T OF ACTUAL NET WEIGHT）

SIZE

SGCC-Z27 0.5×1 000×2 000MM

57 CASES 11232 SHEETS 96.2M/T

@US$627.50 US$35 767.50

步骤二：电子申报

填写进口货物报关单（见表3-8）。

表 3-8　　　　海关进口货物报关单

预录入编号：　　　　海关编号：（××海关）　　　　页码/页数：

<table>
<tr><td>境内收货人</td><td colspan="2">进境关别</td><td colspan="2">进口日期</td><td>申报日期</td><td colspan="2">备案号</td></tr>
<tr><td>境外发货人</td><td colspan="2">运输方式</td><td colspan="2">运输工具名称及航次号</td><td>提运单号</td><td colspan="2">货物存放地点</td></tr>
<tr><td>消费使用单位</td><td colspan="2">监管方式</td><td colspan="2">征免性质</td><td>许可证号</td><td colspan="2">起运港</td></tr>
<tr><td>合同协议号</td><td colspan="2">贸易国（地区）</td><td colspan="2">起运国（地区）</td><td>经停港</td><td colspan="2">入境口岸</td></tr>
<tr><td>包装种类</td><td>件数</td><td>毛重（千克）</td><td>净重（千克）</td><td>成交方式</td><td>运费</td><td>保费</td><td>杂费</td></tr>
<tr><td colspan="8">随附单证
随附单证 1：　　　　随附单证 2：</td></tr>
<tr><td colspan="8">标记唛码及备注</td></tr>
<tr><td colspan="8">项号　商品编号　商品名称及规格型号　数量及单位　单价/总价/币制　原产国（地区）最终目的国（地区）境内目的地　征免</td></tr>
<tr><td colspan="8">1</td></tr>
<tr><td colspan="8">2</td></tr>
<tr><td colspan="8">3</td></tr>
<tr><td colspan="8">4</td></tr>
<tr><td colspan="8">5</td></tr>
<tr><td colspan="8">6</td></tr>
<tr><td colspan="8">7</td></tr>
<tr><td colspan="8">特殊关系确认：　　价格影响确认：　　支付特许权使用费确认：　自报自缴：</td></tr>
<tr><td colspan="6">申报人员　　　　申报人员证号　　　　电话
兹申明以上内容承担如实申报、依法纳税之法律责任。</td><td colspan="2">海关批注及签章</td></tr>
<tr><td colspan="6">申报单位
申报单位（签章）</td><td colspan="2"></td></tr>
</table>

步骤三：现场交单

递交与电子数据报关单内容一致的纸质报关单及以下单证：发票、装箱单、提运单、代理报关授权委托协议书、自动进口许可证、入境货物通关单。

步骤四：查验货物

报关员负责开拆和重封货物的包装，并如实回答查验人员的询问以及提供必要的资料。办理进出境货物查验，需向海关提供以下单证：进出口货物报关单、发票、装箱单、提运单。

查验结束后，在场的进出口货物收发货人或其代理人应当在查验记录上签名确认。

步骤五：征收税款

可以选择两种税款支付方式：一是柜台支付，即取得税款专用缴款书后到银行柜台以现金或者转账等方式缴纳；二是电子支付。

步骤六：放行货物

任务2 一般出口货物报关

案例导入

上海新生摩托车有限公司（311093××××）于2019年7月9日持出口收汇核销单出口摩托车一批。

请问：1.出口货物如何申报？

2.出口货物如何缴纳税费？

3.出口货物如何装运？

资讯

3.2.1 申报概述

（1）申报地点（见表3-9）。

表3-9 申报地点

货物类型	申报地点	授权
一般出口货物	出境地海关	无
转关出口货物	启运地海关	海关同意

（2）申报期限。出口货物的发货人除海关特准的以外，应当在货物运抵海关监管区后、装货的24小时以前向海关申报。

3.2.2 配合查验和缴纳税费

配合查验和缴纳税费同一般进口货物报关。

3.2.3 装运货物

1）一般出口货物获取（货物）放行信息

报关人员在海关放行窗口领取加盖“海关放行章”的出口装运单，以及（或）通过电子口岸、报关现场电子信息系统等获取电子放行信息。

出口货物的发货人或其代理人签收加盖“海关放行章”戳记的出口装货凭证，凭以到货物出境地的港区、机场、车站、邮局等海关监管仓库办理将货物装上运输工具离境的手续。

目前，全国主要港口海关和监管场站对出口货物放行操作已逐步改为凭电子放行指令作业的形式。

2）出口装运现场作业

（1）获取海运出口货物运抵信息。根据海关的规定，海关对申报出口货物实行运抵报告管理。出口单位应向监管场所确认货物运抵报告已发送。

（2）场站实际装运货物。出口货物放行后，报关人员凭海关签发的放行单（或电子放行指令）到场站安排出口货物装运。

3）出口货物报关单证明联

报关人员办理完结关手续后，可以向海关申请签发“出口货物报关单出口收汇证明联”“出口货物报关单出口退税证明联”（海关对报关单证明联加盖“验讫章”）。

任务实操

一般出口货物报关

步骤一：掌握任务方案

上海新生摩托车有限公司（311093××××）于2019年7月9日持出口收汇核销单出口摩托车一批，相关资料见表3-10至表3-13。

表3-10 装货单

NLC

Shipper(发货人)
（编号）
SHANGHAI XINSHENG MOTORCYCLE CO.,

APLS062500081 D/R No.

装货单

第五联
场站收据副本

Consignee（收货人） TO ORDER

Notify Party（通知人）SAME AS CONSIGNEE

Pre-carriage by（前程运输） Place of Receipt（收货地点）

Ocean Vessel（船名）Voy.No.（航次） Port of Loading（装货港）
TONG HAI JI 18 HAO 7027F SHANGHAI

Port of Discharge（卸货港）
Place of Delivery（交货地点）
Final Destination for the Merchant's Reference 目的地

Received by the Carrier the total number of containers or other packages or units stated below to be transported subject to the terms and conditions of the Carrier's regular form of Bill of Lading (for Combined Transport or Port to Port shipment) which shall be deemed to be incorporated herein Date（日期）:

Container No.（集装箱号）	Seal No.（封志号）Marks & Nos.（标志与号码）	No. of Containers or p'kgs（箱数或件数）	Kind of Package; Description of Goods（包装种类与货名）	Gross Weight 毛重（千克）	Measurement 尺码（立方米）
		16CTNS	摩托车	1 680	9 732

TOTAL NUMBER OF CONTAINERS OR PACKAGES (IN WORDS) 集装箱数或件数合计（大写）: SAY SIXTEEN CTNS ONLY

Container No.（集装箱号）
APLU2976537 1*20GP/2350 LCL

续表

<table>
<tr><td></td><td colspan="5">Received（实收）By Terminal Clerk（场站员签字）×××</td></tr>
<tr><td rowspan="2">FREIGHT
&
CHARGES</td><td>Prepaid at（预付地点）</td><td>Payable at（到付地点）</td><td>Place of Issue（签发地点）</td><td rowspan="2" colspan="2"></td></tr>
<tr><td>Total Prepaid
（预付总额）</td><td>No. of Original
B（s）/L
（正本提单份数）</td><td>Booking（订舱确认）</td></tr>
<tr><td>Service Type on Receiving
☐ -CY ☐-CFS ☐-DOOR</td><td>Service Type on Delivery
☐ -CY ☐-CFS ☐-DOOR</td><td>Reefer Temperature
（冷藏温度）</td><td></td><td>F</td><td>C</td></tr>
<tr><td rowspan="2">TYPE OF GOODS
（种类）</td><td colspan="2">☐ Ordinary（普通）☐ Reefer（冷藏）
☐ Dangerous（危险品）☐Auto（裸装车辆）</td><td rowspan="2">危险品</td><td rowspan="2" colspan="2">Class:
Property:
IMDG Code:
Page:
UN No.:</td></tr>
<tr><td colspan="2">☐ Liquid（液体）☐ Live Animal（活动物）
☐ Bulk（散货） ☐________</td></tr>
</table>

表3-11 INVOICE & PACKING LIST

TO ORDER

<table>
<tr><td colspan="2">装船口岸　　目的地
From SHANGHAI　　To LE HAVRE France</td><td colspan="3">INVOICE No.　　Date
270552　　JUL.03，2019</td></tr>
<tr><td colspan="2">Order No.
FR0020140707</td><td colspan="2">L/C</td><td>Issued by</td></tr>
<tr><td>Marks & Nos.</td><td>Descriptions</td><td>Quantity</td><td>Unit Price</td><td>Amount</td></tr>
<tr><td>N/M</td><td>FOB SHANGHAI
XS50Q-5 MOTORCYCLE
摩托车整车</td><td>16UNIT（S）</td><td>430.00</td><td>6 880</td></tr>
<tr><td colspan="5">TOTAL SAY US DOLLARS SIX THOUSAND EIGHT HUNDRED AND EIGHTY ONLY
TOTAL SIXTEEN（16）CARTON ONLY
NET/WEIGHT: 1 200.00KGS
GROSS/WEIGHT: 1 680.00KGS
MEAS.: 9 732m^3</td></tr>
</table>

表 3-12　中华人民共和国出口许可证

EXPORT LICENCE OF THE PEOPLE'S REPUBLIC OF CHINA　NO.7018172

<table>
<tr><td colspan="3">1.出口商：Exporter
上海新生摩托车有限公司（311093××××）</td><td colspan="3">3.出口许可证号：Export licence No.
19-××-601308</td></tr>
<tr><td colspan="3">2.发货人：Consignor
上海新生摩托车有限公司（311093××××）</td><td colspan="3">4.出口许可证有效截止日期：Export licence expiry date</td></tr>
<tr><td colspan="3">5.贸易方式：Terms of trade
一般贸易</td><td colspan="3">8.进口国（地区）：Country /Region of purchase
法国</td></tr>
<tr><td colspan="3">6.合同号：Contract No.
FR0020140707</td><td colspan="3">9.付款方式：Payment type
信用证</td></tr>
<tr><td colspan="3">7.报关口岸：Place of clearance
浦东海关</td><td colspan="3">10.运输方式：Mode of transport
海上运输</td></tr>
<tr><td colspan="6">11.商品名称：Description of goods　　商品编码：Code of goods
微马力摩托车及脚踏两用车（排气量≤50CC）　8711100010</td></tr>
<tr><td>12.规格、等级
Specification</td><td>13.单位
Unit</td><td>14.数量
Quantity</td><td>15.单价
Unit price</td><td>16.总值
Amount</td><td>17.总值折美元
Amount in USD</td></tr>
<tr><td>XS50Q-5</td><td>辆</td><td>16.0</td><td>430.00</td><td>6 880</td><td>$6 880</td></tr>
<tr><td></td><td></td><td></td><td></td><td></td><td></td></tr>
<tr><td></td><td></td><td></td><td></td><td></td><td></td></tr>
<tr><td></td><td></td><td></td><td></td><td></td><td></td></tr>
<tr><td>18.总计
Total</td><td>辆</td><td>16.0</td><td></td><td>6 880</td><td>$6 880</td></tr>
<tr><td colspan="3">19.备注
Supplementary details</td><td colspan="3">20.发证机关签章
Issuing authority's stamp & signature
21.发证日期
Licence date 2019年6月29日</td></tr>
</table>

表 3-13　中华人民共和国出入境检验检疫出境货物通关单

<table>
<tr><td colspan="3">1.发货人
上海新生摩托车有限公司</td><td rowspan="3">5.标记及号码
N/M</td></tr>
<tr><td colspan="3">2.收货人
***</td></tr>
<tr><td colspan="2">3.合同/信用证号
FR0020140707/***</td><td>4.输往国家或地区
法国</td></tr>
<tr><td colspan="2">6.运输工具名称及号码
海运集装箱***</td><td>7.发货日期
***</td><td>8.集装箱规格及数量
***</td></tr>
<tr><td>9.货物名称及规格
XS50Q-5摩托车
***
（以下空白）</td><td>10.H.S.编码
8711100010
***
（以下空白）</td><td>11.申报总值
*6 880美元
***
（以下空白）</td><td>12.数量、重量、包装及种类
*16箱
*16纸箱
（以下空白）</td></tr>
<tr><td colspan="4">13.证明
上述货物业已经检验检疫，请海关予以放行。
本通关单有效期至2019年9月1日
签字：×××　　日期：2019年7月3日</td></tr>
<tr><td colspan="4">14.备注
电子通关</td></tr>
</table>

步骤二：电子申报

填写出口货物报关单（见表3-14）。

表3-14 中华人民共和国海关出口货物报关单

预录入编号： 海关编号： 页码/页数：

<table>
<tr><td>境内发货人</td><td colspan="2">出境关别</td><td colspan="2">出口日期</td><td>申报日期</td><td colspan="2">备案号</td></tr>
<tr><td>境外收货人</td><td colspan="2">运输方式</td><td colspan="2">运输工具名称及航次号</td><td colspan="3">提运单号</td></tr>
<tr><td>生产销售单位</td><td colspan="2">监管方式</td><td colspan="2">征免性质</td><td colspan="3">许可证号</td></tr>
<tr><td>合同协议号</td><td colspan="2">贸易国（地区）</td><td colspan="2">运抵国（地区）</td><td colspan="3">指运港</td></tr>
<tr><td>包装种类</td><td>件数</td><td>毛重（千克）</td><td>净重（千克）</td><td>成交方式</td><td>运费</td><td>保费</td><td>杂费</td></tr>
<tr><td colspan="8">随附单证
随附单证1： 随附单证2：</td></tr>
<tr><td colspan="8">标记唛码及备注</td></tr>
<tr><td colspan="8">项号 商品编号 商品名称及规格型号 数量及单位 单价/总价/币制 原产国（地区） 最终目的国（地区） 境内货源地 征免</td></tr>
<tr><td colspan="8">1</td></tr>
<tr><td colspan="8">2</td></tr>
<tr><td colspan="8">3</td></tr>
<tr><td colspan="8">4</td></tr>
<tr><td colspan="8">5</td></tr>
<tr><td colspan="8">6</td></tr>
<tr><td colspan="8">7</td></tr>
<tr><td colspan="8">特殊关系确认： 价格影响确认： 支付特许权使用费确认： 自报自缴：</td></tr>
<tr><td colspan="7">申报人员 申报人员证号 电话
兹申明以上内容承担如实申报、依法纳税之法律责任。</td><td>海关批注及签章</td></tr>
<tr><td colspan="7">申报单位 申报单位（签章）</td><td></td></tr>
</table>

步骤三：现场交单

递交与电子数据报关单内容相一致的纸质报关单及以下单证：发票、装箱单、提运单、代理报关授权委托协议书、出口许可证、出境货物通关单。

步骤四：查验货物

报关员负责开拆和重封货物的包装，并如实回答查验人员的询问以及提供必要的资料。办理进出境货物查验，需向海关提供以下单证：进出口货物报关单、发票、装箱单、提运单。查验结束后，在场的进出口货物收发货人或其代理人应当在查验记录上签名确认。

步骤五：征收税款

可以选择两种支付方式：一是柜台支付，即取得税款专用缴款书后到银行柜台以现金或者转账等方式缴纳；二是网上支付，即通过中国电子口岸网上支付系统完成税款缴纳业务。

步骤六：装运货物

任务3 保税加工货物报关

案例导入

北京纺织品进出口公司从韩国进口了一批尼龙面料，制成滑雪裤出口到德国，请分析一下尼龙面料属何种性质货物。

资讯

子任务1：了解保税加工货物

1）保税加工货物的概念

在对外贸易中，加工贸易是指境内企业进口全部或者部分原辅材料、零部件、元器件、包装物料（统称料件），经过加工或者装配后，将制成品复出口的经营活动。一般将加工贸易称为“保税加工”，但是加工贸易不等同于保税加工。

保税加工称为“海关保税加工监管”或者“海关保税加工管理”，是经营者经海关批准，对未办理纳税手续进境的进口料件和加工后出口的成品实施一系列特定关务操作的加工贸易管理方式。

小提示3-3

保税加工货物不完全等同于加工贸易货物，经海关批准准予保税进口的加工贸易货物才是保税加工货物。

2）保税加工货物的形式

（1）来料加工：境外企业提供料件，经营企业无须付汇进口，按境外企业的要求进行加工、装配，收取加工费，成品运出境。

（2）进料加工：经营企业付汇购买料件，成品复运出境。

来料加工和进料加工的区别见表3-15。

表3-15 来料加工和进料加工的区别

项目 \ 形式	来料加工	进料加工
原料	由境外厂商提供，不需要用外汇购买	由我方企业用外汇从国外购买原料
交易	进出口为一笔有关联的交易	两笔货，多笔交易
双方的关系	双方为委托加工关系	双方为买卖关系
货物处理	货物未发生所有权的转移，由委托方规定加工品种和技术要求	货物发生了所有权的转移，企业自定加工要求
利润	企业不负责产品销售，只收取加工费	企业自行销售，自负盈亏

3）保税加工货物的特征

保税加工货物的特征可总结为以下三点：

(1) 两头在外。用以加工成品的全部或者部分料件采购自境外，而加工成品又销往境外。

(2) 加工增值。通过加工使进口料件增值，从中赚取差价或者工缴费。

(3) 料件保税。对加工贸易进口料件实施海关监管下的暂缓缴纳进口税，免受贸易管制。

4) 保税加工货物的范围

(1) 专为加工、装配出口产品而从国外进口且海关准予保税的原材料、零部件、元器件、包装物料、辅助材料（简称料件）。

(2) 用进口保税料件生产的成品、半成品。

(3) 在保税加工生产过程中产生的副产品、残次品、边角料和剩余料件。

5) 保税加工货物的监管模式

(1) 电子化手册。以“电子化手册+自动核算”的模式进行管理，以保税加工手册为监管单元，实行海关事务担保措施，实现“电子申报、网上备案、无纸通关、无纸报核”。

(2) 电子账册。海关对符合联网监管条件的企业实施电子账册管理，即以“电子底账+联网核查”的模式进行管理，将企业作为监管单元，按照生产能力备案。

(3) 以企业为单元的加工贸易监管模式。其简称“新监管模式”，即以企业为单元，以账册为主线，以与企业物料编码对应的海关商品编号（料号）或经企业自主归并后形成的海关商品编号（项号）为基础，周转量控制，定期核销的加工贸易监管模式。

6) 保税加工货物的管理制度

保税加工企业包括保税加工经营企业和加工企业。经营企业和加工企业可能是同一企业，也可能不是同一企业。

经营企业是指负责对外签订加工贸易进出口合同的各类进出口企业和外商投资企业，以及经批准获得来料加工经营许可的对外加工装配服务公司。

加工企业是指接受经营企业的委托，负责对进口料件进行加工或者装配，且具有法人资格的生产企业，以及由经营企业设立的虽不具有法人资格，但实行相对独立核算并已经办理企业营业执照的工厂。

小提示3-4

到海关办理手续前，需要确认申请企业已经具备以下条件：

(1) 经营单位必须具有进出口经营权（自营权）。

(2) 已经取得商务主管部门的批准文书，并已经在海关登记备案。

(3) 开展的加工贸易业务必须符合其营业执照规定的经营范围，并具备相应的加工生产能力。

7) 保税加工基本流程

(1) 保税加工设立登记。企业开展保税加工必须经商务主管部门审批。商务主管部门审批后，保税加工经营企业需通过设立保税加工手册/账册等形式向海关报备，报备的主要内容包括进口料件、出口成品、加工单耗等数据。目前，海关对保税加工备案分为以保税加工手册（加工贸易合同）为单元和以企业为单元两种形式。

(2) 保税加工执行。加工过程需按照海关监管规定进行储存、生产以及处置边角料、残次品、副产品、剩余料件，办理进出口报关手续，办理外发加工、深加工结转、保税货物退运、料件内销征税等进出口相关业务。料件进境时无须办理缴纳税费手续，除国家另有规定外，属于国家对进口有限制性规定的，经营企业免予向海关提交进口许可证件；出口成品属于应当征收出口关税的，应该按照有关规定缴纳出口关税；属于国家对出口有限制性规定的，应当向海关提交出口许可证件。

（3）保税加工中后期核查管理。在保税加工货物的生产过程中或生产完成后，海关按照相关规定到加工企业对保税加工货物的进、出、转、存及生产的全过程进行核查。

海关对保税加工货物的监管无论是地点还是时间，都需要延伸。

（4）保税加工核销结案管理。保税加工经营活动完成后，经营企业需在规定的时间内向海关申请报核，经海关核销，办结全部海关手续后，海关结束对保税加工的监管。

子任务2：电子化手册管理的保税加工货物报关

目前，无纸化通关手册（电子化手册）已经全面应用，适用电子化手册管理的保税加工业务也是最为常见的保税加工业务形态。

3.3.2.1 电子化手册的特点

（1）以合同为单元进行监管。

（2）以电子数据取代传统纸质加工贸易手册，以企业IC卡或I-Key卡作为系统操作的身份认证。

（3）企业的加工贸易电子化手册设立、进出口数据申报、数据报核大部分通过网络办理。一般情况下，仅当企业需提交资料、样品或领取相关单证时，才需要到海关业务现场。

（4）备案资料库管理。通过对加工贸易料件及成品进行预处理，建立企业备案资料库。企业在进行电子化手册设立时可直接调用备案库数据，以节省自身在办理电子化手册时的审批时间。

其基本程序如图3-1所示。

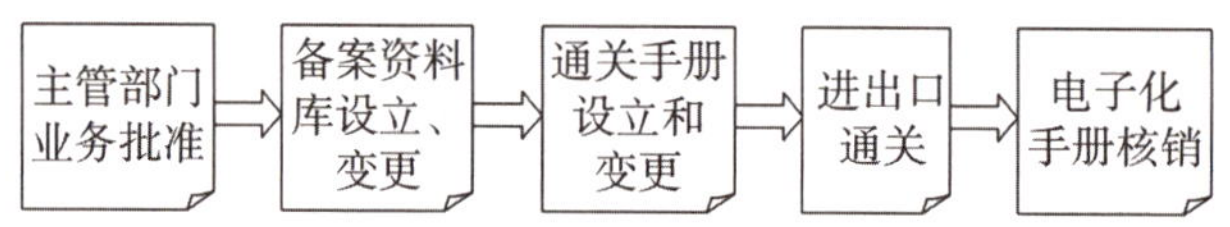

图3-1 电子化手册管理的保税加工作业流程

3.3.2.2 主管部门业务批准

2018年12月29日，商务部、海关总署发布2018年第109号公告，即关于取消《加工贸易企业经营状况及生产能力证明》的公告：

根据国务院“放管服”工作部署和《国务院关于促进加工贸易创新发展的若干意见》（国发〔2016〕4号）的精神，为深化加工贸易管理体制改革，进一步提高便利化水平，完善事中事后监管，在全国范围内取消“加工贸易企业经营状况及生产能力证明”（以下简称“生产能力证明”），由加工贸易企业自主承诺具备相应生产经营能力。

（1）自2019年1月1日起，企业从事加工贸易业务不再申领“生产能力证明”，商务主管部门不再为加工贸易企业出具“生产能力证明”。

（2）企业开展加工贸易业务，需具备相应的生产经营能力。加工企业应具有与业务范围相适应的工厂、加工设备和工人，经营企业应具有进出口经营权。企业应自觉履行安全生产、节能低碳、环境保护等社会责任。

（3）企业开展加工贸易业务，需登录“加工贸易企业经营状况及生产能力信息系统”（https://ecomp.mofcom.gov.cn），自主填报“加工贸易企业经营状况及生产能力信息表”（以下简称“信息表”），并对信息真实性作出承诺。“信息表”有效期为自填报（更新）之日起1年，到期后或相关信息发生变化，企业应及时更新“信息表”。

（4）已在网上填报“信息表”的企业到主管海关办理加工贸易手（账）册设立（变更）手续，无须提交纸质“信息表”。

（5）企业在2019年1月1日前已取得“生产能力证明”且信息无变化的，仍可凭有效期内的“生产能力证明”到主管海关办理加工贸易手续。

（6）企业作出不实承诺的，将被记入企业诚信记录，并依法采取降低海关信用等级等措施。

3.3.2.3 备案资料库的设立

（1）备案资料库的内容。其包括：成品和料件的H.S.编码、成品和料件的名称、成品和料件的计量单位、最近一年的加工贸易业绩（以进口总值计）。

（2）料件归并。对同时符合下列条件的料件，原则上可以归并：①10位H.S.编码相同的；②申报计量单位相同的；③商品相同，或者虽然商品名称不同，但商品属性或用途相近，可替代使用的；④商品名称、申报计量单位、H.S.编码相同，并且能满足口岸海关查验和海关核销要求，价格相近的。商品归并关系见表3-16。

表3-16 商品归并关系

归并前料件				归并后料件			
货号	料件名称	商品编码	计量单位	序号	料件名称	商品编码	计量单位
screw1	1mm螺丝	76161000	个	1	螺丝	76161000	个
screw2	5mm螺丝	76161000	个				
screw3	7mm螺丝	76161000	个				
screw4	8mm螺丝	76161000	个				
screw5	8mm铝螺丝	76161000	个	2	铝螺丝	76161000	个

资料来源 中国电子口岸数据中心.

（3）成品归并。对同时符合下列条件的成品，原则上可以归并：①10位H.S.编码相同的；②申报计量单位相同的；③成品名称相同的；④对应料件单耗相同的。

（4）备案资料库信息申报。备案资料库相关资料准备完毕后，加工贸易经营企业需通过QP系统向主管海关申报相关信息，主要包括基本信息、进口料件信息和成品出口信息。

3.3.2.4 通关手册的设立和变更

（1）通关手册的内容。其包括：①进口料件的H.S.编码、名称、规格、计量单位、单价、数量；②出口成品的H.S.编码、名称、规格、计量单位、单价、数量；③出口成品的单耗情况。

加工贸易企业在备案、货物进出口、内销以及报核中应向海关如实申报单耗情况。

单耗是指加工贸易企业在正常加工条件下加工单位成品所耗用的料件量，包括净耗和工艺损耗。净耗是指在加工后，料件通过物理变化或者化学反应存在或者转化到单位成品中的量。工艺损耗指因加工工艺原因，料件在正常加工过程中除净耗外所必须耗用，但不能存在或者转化到成品中的量，包括有形损耗和无形损耗。工艺损耗率是指工艺损耗占所耗用料件的百分比。

单耗=净耗÷（1－工艺损耗率）

（2）通关手册设立信息申报。加工贸易企业可通过QP系统进行通关备案表头、表体的录入及申报（表体录入时调用备案数据库数据，企业只需根据提示填写料件、成品的部分数据及单耗数据）。海关审核通过后，向企业返回通过信息。

3.3.2.5 进出境通关

1）加工贸易保税货物进出境报关

加工贸易保税货物进出境由加工贸易经营单位或其代理人向海关申报。由于加工贸易企业在主管海关备案的情况在计算机系统中已生成电子底账，有关电子数据通过网络已传输到相应的口岸海关，因此企业在口岸海关报关时提供的有关单证内容必须与电子底账数据相一致。

（1）进出口许可证件管理（具体内容见表3-17）。

表3-17 进出口许可证件管理

货物类型	许可证件管理
进口料件	一般免交（易制毒及监控化学品、消耗臭氧层物质、原油、成品油不能免），但涉及公共道德、公共卫生、公共安全的进出口管制证件不能免
出口成品	国家规定需要交的，不能免

（2）进出口税收征管（具体内容见表3-18）。

表3-18 进出口税收征管

货物类型	税收征管
进口料件	暂缓纳税
出口成品	（1）全部用进口料件加工的，免交；（2）有国产料件的，涉及出口关税，则必须交；（3）“未锻铝”从价征关税（不论是否含国产料件）

出口关税的计算公式为：

出口关税=出口货物完税价格×出口关税税率×出口产（成）品中使用的国产料件占全部料件的价值比例

（3）报关单填制。料件进口报关单填制的具体内容见表3-19。成品出口报关单填制的具体内容见表3-20。

表3-19 料件进口报关单填制

填制项目	填制要求
进境关别	填报接受申报的海关名称及代码
境内发货人	与加工贸易手册的“经营企业”一致
消费、使用单位	与加工贸易手册的“加工企业”一致
备案号	手册号 注：B代表来料加工号、C代表进料加工号、F代表分册号；78种客供辅料5 000元以下免填
监管方式	来料加工（0214）或进料对口（0615） 注：78种客供辅料5 000元以下填低值辅料代码，为0851
征免性质	来料加工（502）或进料加工（503）
项号	第二行填报货物在“加工贸易手册”中的项号
征免	全免

表3-20 成品出口报关单填制

填制项目	填制要求
出境关别	填报接受申报的海关名称及代码
境内发货人	与加工贸易手册的“经营企业”一致
生产销售单位	与加工贸易手册的“加工企业”一致
备案号	手册号 注：B代表来料加工号、C代表进料加工号、F代表分册号；78种客供辅料5 000元以下免填
监管方式	来料加工（0214）或进料对口（0615） 注：78种客供辅料5 000元以下填低值辅料代码，为0851
征免性质	来料加工（502）或进料加工（503）
备注	来料加工需填报料件费、工缴费
项号	第二行填报货物在“加工贸易手册”中的项号
征免	一般为“全免”，应征出口税的，为“照章征税”

2）加工贸易外发加工

外发加工是指经营企业因自身工序、工艺或技术限制，委托承揽企业对产品的个别工序进行加工，然后运回本企业继续加工。

（1）外发加工备案。企业应当自货物首次外发之日起3个工作日内向主管海关备案外发加工基本情况。

（2）外发加工收发货登记。企业应当自货物外发之日起10个工作日内向海关申报实际收发货情况。

举例3-2

上海一家企业主营服装加工贸易，将裁剪这道工序交给了上海的另外一家加工企业来加工，或者是委托给苏州的某家企业进行加工。

3）深加工结转货物报关

深加工结转是指加工贸易企业将用保税进口料件加工的产品转至另一加工贸易企业进一步加工后复出口的经营活动。其程序包括深加工结转申报、收发货登记、结转报关三个环节。

案例分析3-6

某企业购进生产原料一批，其中80%的加工产品直接返销境外，20%的加工产品结转给另一关区其他加工贸易企业继续加工后返销境外。

案例分析3-6

答案提示

请问：后一种做法在海关管理中称为什么？

（1）程序。

第一，深加工结转申报。转出入企业应向各自主管海关进行深加工结转申报。申报数据通过“深加工结转预录入系统”或通过标准数据接口向海关发送。

案例分析 3-7

北京加工贸易企业A进口料件生产半成品后转给南京加工贸易企业B继续深加工，最终产品由B企业出口。A、B企业都需要向海关提交加工贸易保税货物深加工结转申报表，办理结转申报。

请问：两家企业该如何办理？

第二，收发货登记。企业应当在每批实际发货及收货后的规定时间内通过“深加工结转预录入系统”向主管海关申报“保税货物深加工结转收发货单”。

第三，结转报关——先入后出。转入、转出企业实际收发货后，应当按照规定办理结转报关手续

（2）报关单填制。深加工结转报关单的填制见表3-21。

表3-21 深加工结转报关单的填制

填制项目	填制要求	
	形式进口	形式出口
监管方式	来料深加工（0255）/进料深加工（0654）	
征免性质	免于填报	
备案号	转入手册号	转出手册号
运输方式	其他运输	
起运国/运抵国	中国	
随附单据	K：深加工结转申报表编号	
备注	转出手册号	转入进口报关单号；转入手册号
项号	第二行为手册对应进口料件项号	
原产国、最终目的国	中国	
征免	全免	

4）其他保税加工货物的报关

其他保税加工货物是指履行加工贸易合同过程中产生的剩余料件、边角料、残次品、副产品、受灾保税货物。

（1）定义。剩余料件：加工贸易企业在从事加工复出口业务的过程中剩余的、可以继续用于加工制成品的加工贸易进口料件。

边角料：加工贸易企业从事加工复出口业务，在海关核定的单耗标准内、加工过程中产生的、无法再用于加工该合同项下出口制成品的数量合理的废、碎料及下脚料。

残次品：加工贸易企业从事加工复出口业务，在生产过程中产生的有严重缺陷或者达不到出口合同标准，无法复出口的制成品（包括完成品和未完成品）。

副产品：加工贸易企业从事加工复出口业务，在生产出口合同规定的制成品过程中同时产生的，且出口合同未规定应当复出口的一个或一个以上的其他产品。

受灾保税货物：加工贸易企业从事加工复出口业务，因不可抗力或其他经海关审核认

可的正当理由造成损毁、灭失、短少等导致无法复出口的保税进口料件和加工制成品。

（2）处理方式。其包括内销、结转、退运、放弃、销毁等。除销毁处理外，其他处理方式都必须填制报关单报关。相关报关单是企业报核的必要单证。

第一，内销报关。保税加工货物转内销应经商务主管部门审批，加工贸易企业凭“加工贸易保税进口料件内销批准证”办理内销料件正式进口报关手续，缴纳进口税和缓税利息。其基本程序如图3-2所示。

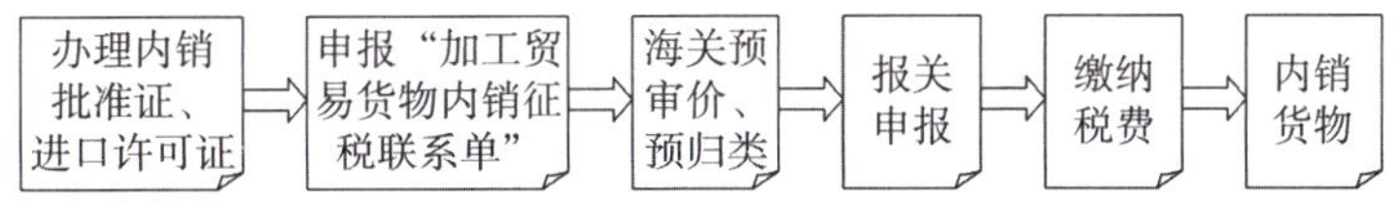

图3-2 加工贸易货物内销流程

征税的税率：经批准正常的转内销征税，适用海关接受申报办理纳税手续之日实施的税率。内销商品属关税配额管理而在办理纳税手续时又没有配额证的，应当按该商品配额外适用的税率缴纳进口税。内销报关注意事项见表3-22。料件内销报关单填制见表3-23。

表3-22 内销报关注意事项

货物类型	征税数量	完税价格	缓税利息
剩余料件	按申报数量计征	进料加工：以原进口成交价格为基础；原进口成交价不能确定的，以接受内销申报的同时或大约同时进口的、与料件相同或类似的货物的进口成交价格为参考 来料加工：以接受内销申报的同时或大约同时进口的、与料件相同或类似的货物的进口成交价格为基础	要征税的，需加征缓税利息。计息期限：起始日为内销料件或制成品所对应的加工贸易合同项下首批料件进口之日，终止日为海关填发税款缴款书之日
制成品	根据单耗关系折算耗用掉的保税进口料件数量计征		
残次品			
副产品	按申报时实际状态的数量计征	内销价	
边角料	按申报数量计征	内销价	免缓税利息

表3-23 料件内销报关单填制

填制项目	填制要求
	形式进口
监管方式	来料料件内销（0245）/进料料件内销（0644）
征免性质	一般征税（101）
备案号	手册号
运输方式	其他运输
运输工具名称	免于填报
起运国/运抵国	中国
备注	“活期”
项号	第二行为手册对应进口料件项号
原产国、最终目的国	原进口料件原产国
征免	照章征税

小提示3-5

经批准允许转内销的保税加工货物属进口许可证管理的，企业还应按规定向海关补交进口许可证件。对于剩余料件，金额占实际进口料件总额3%以下及总值在1万元人民币以下（含1万元）的，免审批、免许可证。

第二，结转，即加工贸易企业向海关申请将剩余料件结转到另一个加工贸易合同上使用。结转的条件：同一经营单位、同样的进口料件、同一加工形式。申请结转提交的单证：企业申请剩余料件结转的书面材料、企业拟结转的剩余料件清单、海关按规定需收取的其他单证和材料。

符合规定的，海关会做出准予结转的决定，并向企业签发加工贸易剩余料件结转联系单，由企业在转出手册的主管海关办理出口报关手续，在转入手册的主管海关办理进口报关手续。余料结转报关单填制见表3-24。

表3-24 余料结转报关单填制

填制项目	填制要求	
	形式进口	形式出口
监管方式	来料余料结转（0258）/进料余料结转（0657）	
征免性质	免于填报	
备案号	转入手册号	转出手册号
运输方式	其他运输	
运输工具名称	免于填报	
起运国/运抵国	中国	
用途	加工返销	—
备注	转出手册号	转入报关单号；转入手册号
项号	第二行为手册对应进口料件项号	
原产国、最终目的国	中国	
征免	全免	

第三，退运。加工贸易企业因故申请将剩余料件、边角料、残次品、副产品等保税加工货物退运出境的，应持登记手册等有关单证向口岸海关报关，办理出口手续，留存有关报关单证，准备报核。料件复出报关单填制见表3-25。

第四，放弃。企业放弃剩余料件、边角料、残次品、副产品等交由海关处理的，需提交书面申请。对符合规定的，海关将做出准予放弃的决定，开具加工贸易企业放弃加工贸易货物交接单，企业凭以在规定的时间内将放弃的货物运至指定仓库，并办理报关手续，留存有关报关单证以备报核。下列情形不准放弃：①申请放弃的货物属于国家禁止或限制进口的货物；②申请放弃的货物属于会对环境造成污染的；③法律、行政法规、规章规定不予放弃的其他情形。

表3-25 料件复出报关单填制

填制项目	填制要求
	出境
监管方式	来料料件复出（0265）/进料料件复出（0664）
征免性质	其他法定（299）
备案号	手册号
运输方式	实际运输方式
运输工具名称	实际运输工具名称
起运国/运抵国	实际运抵国
备注	原进口报关单号
项号	第二行为手册对应进口料件项号
原产国、最终目的国	原产国或最终目的国
征免	全免

第五，销毁。被海关做出不予结转决定或不予放弃决定的加工贸易货物或因知识产权等原因企业要求销毁的加工贸易货物，企业可以向海关提出销毁申请，海关经核实同意销毁的，由企业按规定销毁，必要时海关可以派员监督销毁。货物销毁后，企业应当收取有关部门出具的销毁证明材料，以备报核。

第六，受灾保税加工货物的报关。加工贸易企业应在灾后7日内向海关书面报告，提交下列材料：①商务主管部门的签注意见；②有关主管部门出具的证明文件；③保险公司出具的保险赔款通知书或检验检疫部门出具的证明文件。受灾保税加工货物的处理见表3-26。

表3-26 受灾保税加工货物的处理

情况		处理方法
不可抗力	货物灭失，无价值的	由海关审定，予以免税
	货物失去原有价值，但可以再利用的	按审定的货物价格纳税并交缓税利息，对应的进口料件属于关税配额管理的，按关税配额税率征税
	受灾保税货物内销	如属进口许可证件管理的，免于交验许可证件
非不可抗力		按原进口货物成交价格审定完税价征税
		属于关税配额管理但无配额证的，按配额外税率征税
		原进口料件内销，属于许可证件管理的，应交验进口许可证件

3.3.2.6 合同报核

1）报核的含义

核销：加工贸易经营企业在制成品复出口（深加工结转转出）或者加工贸易货物办理

内销等海关手续后，按照规定向海关如实申报进口料件、出口成品、边角料、剩余料件、残次品、副产品以及单耗等情况，提交相关单证，海关实施核查以后办理解除加工贸易货物监管手续的行为。

2）报核的时间

最后一批成品出口或者自加工贸易手册到期之日起30日内；合同因故提前终止的，自合同终止之日起30日内。

案例分析 3-8

某医药进出口公司与外商签订了一项血液透析机来件装配合同，该合同已于4月20日执行完毕，装配成品已全部出口。

请问：该企业办理合同的海关手续和银行保证金台账核销手续的时间是哪天（该企业采用的是纸质手册）?

案例分析 3-8

答案提示

3）报核的内容

报核时，经营企业应当向海关如实申报进口料件、出口成品、边角料、剩余料件、残次品、副产品及其单耗等情况，并且按照规定提交相关单证。企业可以通过QP系统（电子化手册企业端系统）的数据报核模块，向海关申报电子化手册报核数据；向海关发送数据成功后，持有关单证到主管海关加工贸易监管部门办理核销结案手续。

4）海关核销的方法及时限

（1）海关核销可以采取单证核销的方法，必要时可以下场核查，企业应当予以配合。

（2）经营企业因故将加工贸易进口料件退运出境的，海关凭有关退运单证核销。

（3）经营企业在生产过程中产生的边角料、剩余料件、残次品、副产品和受灾保税货物按照海关对加工贸易边角料、剩余料件、残次品、副产品和受灾保税货物的管理规定办理，海关凭有关单证核销。

（4）海关应当自受理报核之日起30日内予以核销。特殊情况，经直属海关关长或者其授权的隶属海关关长批准可以延长30日。

（5）对经核销结案的加工贸易手册，海关向经营企业签发“核销结案通知书”。

子任务3：电子账册管理下的保税加工货物报关

案例分析 3-9

广州阳光电机有限公司从香港购进加工贸易项下（电子账册第14项）的料件一批，包括连接器（列账册第14项）、集成块（分列账册第23、33项）和风扇（列账册第46项），货柜车于2019年4月6日申报进境，企业持入境货物通关单向进境地海关申报。

请问：报关员如何办理报关?

案例分析 3-9

答案提示

1）电子账册管理概述

（1）含义。电子账册管理是加工贸易联网监管中海关以加工贸易企业的整体加工贸易业务为单元对保税加工货物进行监管的一种模式。海关为联网企业建立电子底账，联网企业只设立一个电子账册。根据联网企业的生产情况和海关的监管需要确定核销周期，并按照该核销周期对实行电子账册管理的联网企业进行核销。

（2）特点。电子账册管理的特点包括：①一次审批：不对加工贸易合同逐票审批。②分段备案：先备案进口料件，生产成品出口前（包括深加工结转）再备案成品及申报实际单耗。③滚动核销：180天报核一次。④控制周转：根据企业能力控制总额。⑤联网核查：通过计算机网络办理审批、备案、变更等手续。⑥实行保证金台账制。⑦全额保税。⑧凭电子身份认证卡实现全国口岸的通关。

（3）电子账册的建立。企业可以根据行业特点、生产规模、管理水平等因素选择以料号或者项号设立账册；账册的最大进口量为生产能力证明所承载能力，即进口料件对应金额。

"便捷通关电子账册"用于加工贸易货物的备案、通关和核销。电子账册的编码为12位。"经营范围电子账册"第一、二位标记代码为"IT"，因此它也叫"IT账册"；"便捷通关电子账册"第一位标记代码为"E"，因此它也叫"E账册"。

2）报关程序

（1）备案。备案内容见表3-27。备案变更见表3-28。

表3-27 备案内容

备案账册	备案内容	备案方法
经营范围电子账册（IT）	（1）经营单位名称及代码；（2）加工单位名称及代码；（3）批准证件编号；（4）加工生产能力；（5）加工贸易进口料件和成品范围（商品编码前4位）	企业凭主管部门的批准证通过网络向海关办理手续
便捷通关电子账册（E）	（1）企业基本情况表，包括经营单位及代码、加工企业及代码、批准证编号、经营范围账册号、加工生产能力等；（2）料件、成品部分，包括归并后的料件、成品名称、规格、商品编码、备案计量单位、币制、征免方式等；（3）单耗关系，包括成品版本号、对应料件的净耗、损耗等	企业通过网络向海关办理手续 备注：其他部分可同时申请备案，也可分阶段申请备案，但料件必须在进口前备案，成品和单耗关系最迟在相关成品出口前备案；电子账册进口料件加上剩余料件的金额、数量，不得超过最大周转金额和最大周转数量。一般每个企业只能申请建立一份

表3-28 备案变更

备案账册	备案变更	备案方法
经营范围电子账册	经营范围、加工能力等变更	经商务主管部门批准后，企业可通过网络向海关申请，海关予以审核通过，并收取商务主管部门出具的"联网监管企业加工贸易业务批准证变更证明"等材料
便捷通关电子账册	最大周转金额、核销期限等变更	企业向海关提交申请，海关批准后直接变更；账册的基本情况表中的内容、料件成品等发生变化，未超出经营范围和加工能力的，可通过网络由海关直接审批

（2）进出口报关。

第一，进出境货物报关。

• 报关清单的生成。使用“便捷通关电子账册”办理报关手续，企业应先根据实际进出口情况，从企业管理系统中导出料号级数据，生成归并前的报关清单，通过网络发送到电子口岸。报关清单应按照加工贸易合同填报监管方式，进口报关清单填制的总金额不得超过电子账册最大周转金额的剩余值，其余项目的填制参照报关单填制规范。

• 报关单的生成。联网企业进出口保税加工货物，应使用企业内部的计算机，采用计算机原始数据形成报关清单，报送中国电子口岸。电子口岸将企业报送的报关清单根据归并原则进行归并，并分拆成报关单后发送回企业，由企业填报完整的报关单内容后，通过网络向海关正式申报。

• 报关单的修改、撤销。不涉及报关清单的报关单内容可直接进行修改，涉及报关清单的报关单内容的修改必须先修改报关清单，再重新进行归并。

报关单经海关审核通过后，一律不得修改，必须进行撤销重报。带报关清单的报关单撤销后，报关清单一并撤销，不得重复使用。报关单放行前进行修改，不涉及报关单表体内容的，经海关同意可直接修改报关单；涉及报关单表体内容的，企业必须撤销报关单重新申报。

• 填制报关单的要求。其包括：实际申报内容与备案底账一致；进口报关单总金额不得超过电子账册最大周转金额的剩余值；备案号为“便捷通关电子账册”号Exxxxx；其他按保税加工货物来填。

• 申报方式的选择。联网企业可以根据需要和海关规定分别选择有纸、无纸两种方式申报。

第二，深加工结转与纸质手册管理下的深加工结转一样。

第三，其他保税加工货物的报关基本上同纸质手册。经主管海关批准，联网监管企业可按月度集中办理内销手续。缓税利息计息日为上次核销之日。

（3）报核和核销。其实施滚动核销，以180天为一个报核周期。

第一，企业报核。其包括：①预报核。自电子账册本次核销周期到期之日起30天内，将本核销期内申报的所有的电子账册进出口报关数据按海关要求，包括报关单号、进出口岸、扣减方式、进出标志等，以电子报文形式向海关申请报核。②正式报核。企业预报核通过海关审核后，以预报核海关核准的报关数据为基础，准确、详细地填报本期保税进口料件的应当留存数量、实际留存数量等内容，以电子数据形式向海关正式申请报核。

第二，海关核销。其目的是掌握企业在某个时段所进口的各项保税加工料件的使用、流转、损耗情况，以确认是否符合以下平衡关系：

进口保税料件（含深加工结转）= 出口成品折料（含深加工结转出口）+ 内销料件 + 内销成品折料 + 剩余料件 + 损耗 − 退运成品折料

子任务4：出口加工区进出货物报关程序

1）出口加工区简介

（1）含义。出口加工区是国务院批准在我国境内设立的，由海关对保税加工进出口货物实行封闭式监管的特定区域。

（2）功能。出口加工区专门制造、加工、装配出口商品。其功能包括：①保税加工；

设立出口加工企业，开展出口加工业务。②保税物流：设立保税物流企业，开展境内外保税货物仓储、转口、简单加工等业务。③研发、检测、维修：可以开展研发、检测、维修业务。

（3）管理。

第一，设施。设置隔离设施、闭路电视监控系统，设立卡口，建立符合海关监管要求的电子计算机管理数据库，并与海关实行计算机联网，进行电子数据交换。

第二，货物。出口加工区货物管理见表3-29。

表3-29 出口加工区货物管理

货物流向	报关	许可证	出口退税	税费
境内区外入区	出口报关	交	入区：可以办理（除基建物资外）	交
与境外之间	进口报关电子账册管理	免（除另有规定外）	—	入境：加工贸易货物全额保税；无台账；自用的生产、管理所需设备、物资，免税；交通车辆和生活用品不免
备注	国家禁止进出口的货物，不得进出区。因国内技术无法达到产品要求，需将国家禁止出口或统一经营的商品运至区内进行某项工序加工的，应报商务主管部门批准，海关比照出料加工管理方法进行监管，其运入加工区的货物，不予签发出口退税报关单			

第三，其他。不准开展商业零售、转口贸易，不得在加工区居住，不得建立营业性的生活消费设施。除安全人员和企业值班人员外，其他人不得居住在区内。

2）报关程序

出口加工区内的企业在进出口货物前，应向主管海关申请建立电子账册。出口加工区电子账册包括“加工贸易电子账册（H账册）”和“企业设备电子账册”。出口加工区进出境货物和进出区货物通过电子账册办理报关手续。

（1）出口加工区与境外之间进出货物的报关。出口加工区企业从境外运进货物或运出货物到境外，由收发货人或其代理人填写进、出境货物备案清单，向出口加工区海关报关。对于跨关区进出境的出口加工区货物，除邮递物品、个人随身携带物品、跨越关区进口车辆和出区在异地口岸拼箱出口的货物外，可以按照转关运输中的直转转关方式办理转关。对于同一直属海关关区内的出口加工区进出境货物，可以进行直通式报关。

其一，境外货物运入出口加工区的报关程序（如图3-3所示）。

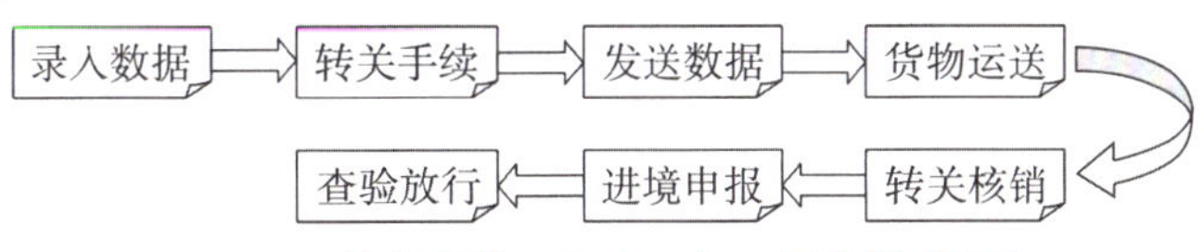

图3-3 境外货物运入出口加工区的报关程序

知识链接3-2 电子申报

电子申报需按海关规定填制纸质出口加工区进出境货物备案清单，备齐随附单证并签章，通过以下两种方式向海关录入报关单电子数据：

G终端录入：需前往报关大厅委托预录入企业使用连接海关计算机系统的终端录入；

A电子口岸方式录入：可以在本企业办公地点使用EDI方式自行录入。

第一步：录入数据。在口岸海关，企业录入申报数据。

第二步：转关手续。在口岸海关物流监控部门，企业持“进口转关货物申报单”“汽车载货登记簿”办理转关手续。

第三步：发送数据。口岸海关向出口加工区海关发送转关申报电子数据，并对运输车辆加封。

第四步：货物运送。货物运抵出口加工区。

第五步：转关核销。在出口加工区海关，企业办理转关核销手续。出口加工区海关物流监控部门核销“汽车载货登记簿”并向口岸海关发送核销电子回执。

第六步：进境申报。在出口加工区海关，企业录入“出口加工区进境货物备案清单”，提交运单、发票、装箱单、电子账册编号、相应的许可证件等。

第七步：查验放行。出口加工区海关审核单证，进行必要的查验，办理放行，签发有关备案清单证明联。

其二，出口加工区货物运往境外的报关程序（如图3-4所示）。

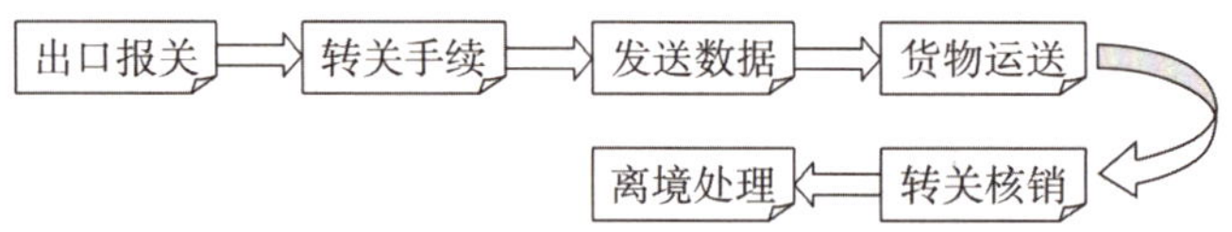

图3-4 出口加工区货物运往境外的报关程序

第一步：出口报关。在出口加工区海关，企业录入备案清单，提交运单、发票、装箱单、电子账册编号等。

第二步：转关手续。在出口加工区海关物流监控部门，企业持“出口加工区出境货物备案清单”“汽车载货登记簿”办理出口转关手续。

第三步：发送数据。出口加工区海关审核同意企业转关申请后，向口岸海关发送转关申报电子数据，并对运输车辆进行加封。

第四步：货物运送。货物运抵出境地海关。

第五步：转关核销。出境地海关核销“汽车载货登记簿”并向出口加工区海关发送转关核销电子回执。

第六步：离境处理。货物离境后，出境地海关核销清洁载货清单并反馈给出口加工区海关，出口加工区海关凭以签发有关备案清单证明联。

出口加工区进出境货物备案清单的填制方法见表3-30。

表3-30 出口加工区进出境货物备案清单的填制方法

填制项目	填制方法
备案号	H××××××××（保税货物）H×××××D××××（出入区的征免税货物） 区内企业的维修、测试、检验、展览及暂准进出口货物运往区外的，不填
收发货人	编码第五位为5的加工区内企业
监管方式	5015区内加工货物（料件、成品出口），5033区内仓储货物（供区内企业加工的仓储货物），5335境外设备进口（设备物资），5361区内设备退运
征免性质	贸易方式为5015——进料加工503，贸易方式为5033——允许为空

注：由区内企业填制进出境货物备案清单。

（2）出口加工区与境内区外其他地区之间进出货物的报关。

其一，出口加工区货物运往区内境外（先进口报关后出口报关）。

A.程序。在出口加工区海关办理的手续如图3-5所示。

进口报关 ⇒ 出区报关 ⇒ 签证明联

图3-5 出口加工区货物运往区内境外报关的程序

第一步：进口报关。区外企业录入进口货物报关单，凭发票、装箱单、相应许可证件等单证向出口加工区海关办理进口报关手续。

第二步：出区报关。区内企业填制“出境货物备案清单”，凭发票、装箱单、电子账册编号等向出口加工区海关办理出口报关手续。

第三步：签证明联。放行货物后，海关向区外企业签发报关单付汇证明联，向区内企业签发备案清单收汇证明联。

B.税收和许可证件。其管理办法见表3-31。

表3-31 税收和许可证件管理办法

货物	处理方法	税收管理	许可证件管理
加工贸易制成品	内销	以接受内销申报的同时或大约同时进口的相同或类似货物的进口成交价格为基础确定完税价格	按照对区外其他加工贸易货物内销的相关规定办理
副产品	内销	区外企业按内销价格缴纳有关税费，免缓税利息	属于许可证管理的，需提交
边角料、废品	内销	海关按照报验状态归类后适用的税率和审定的价格计征税款	免于提交许可证件
	以处置方式销毁的	按照对区外其他加工贸易货物内销的相关规定办理	属于禁止进口的固体废物需出区进行利用或者处置的，区内企业持处置单位的“危险废物经营许可证”复印件以及出口加工区管委会和所在地地（市）级环保部门的批准文件向海关办理有关手续
	以其他方式销毁的	海关予以免税	凭出口加工区管委会的批件，向主管海关办理出区手续，并免于验核进口许可证件
残次品	内销	按成品（内销价格）征收进口关税和进口环节代征税	属于进口许可证件管理的应提交；属于《法检目录》内的，经海关按照国家技术规范的强制性要求检验合格后，方可内销

注：边角料、残次品、废品等原则上应复运出境。如出区内销，应按照对区外其他加工贸易货物内销的相关规定办理。

C.委托加工。出口加工区内的企业在需要时，可将有关模具、半成品运往区外进行加工，经加工区主管海关的关长批准，由接受委托的区外企业，向加工区主管海关缴纳与货物应征关税和进口环节增值税等值的保证金或银行保函后方可办理出区手续。加工完毕后，加工产品应按期（一般为6个月）运回加工区，区内企业向加工区主管海关提交运出加工区时填写的“委托区外加工申请书”及有关单证，办理验放核销手续。加工区主管海关办理验放核销手续后，应退还保证金或撤销保函。

D.维修、测试、检验和展示。出口加工区区内企业经主管海关批准，可在境内区外进行产品的测试、检验和展示等。测试、检验和展示的产品，应比照海关对暂时进口货物的管理规定办理出区手续。区内使用的机器、设备、模具和办公用品经主管海关批准可运往境内区外维修、测试或检验，但不得用于境内区外加工生产和使用，并自运出之日起60天内运回区内，特殊情况应于届满前7天申请，最多可延期30天。

出口加工区货物运往区内境外时进口报关单的填制方法见表3-32，出口加工区货物运往区内境外时出境备案清单的填制方法见表3-33。

表3-32　出口加工区货物运往区内境外时进口报关单的填制方法

填制项目	填制方法
监管方式	实际监管方式
征免性质	按实际填写
运输方式	Z出口加工区
原产国	未加工为原进口国；已加工，按增值数额判断是原进口国还是中国

注：由境内区外企业填制进口报关单。

表3-33　出口加工区货物运往区内境外时出境备案清单的填制方法

填制项目	填制方法
监管方式	5000料件，5100成品，5200边角料，5300设备
征免性质	按实际填写
运输方式	9其他

注：由区内企业填制出境备案清单。

其二，境内区外货物运入出口加工区（先出口报关后进口报关）。在出口加工区海关办理的手续如图3-6所示。

图3-6　境内区外货物运入出口加工区的报关程序

第一步：出口报关。区外企业录入出口货物报关单，凭购销合同（协议）、发票、装箱单等单证向出口加工区海关办理出口报关手续。

第二步：进区报关。区内企业填制“进境货物备案清单”，凭购销发票、装箱单、电子账册编号等向出口加工区海关办理进区报关手续。

第三步：签证明联。查验放行货物后，海关向区外企业签发报关单付汇证明联；向区内企业签发备案清单收汇证明联。

境内区外货物运入出口加工区时出口报关单的填制方法见表3-34。进境备案清单的填制方法见表3-35。

表3-34 境内区外货物运入出口加工区时出口报关单的填制方法

填制项目	填制方法
监管方式	实际监管方式
征免性质	按实际填写
运输方式	Z出口加工区
最终目的国和运抵国	中国

注：由境内区外企业填制出口报关单。

表3-35 境内区外货物运入出口加工区时进境备案清单的填制方法

填制项目	填制方法
监管方式	5000料件，5100成品，5300设备
征免性质	允许为空
运输方式	9其他

注：由区内企业填制进境备案清单。

小提示3-6

从境内区外进入加工区供区内企业使用的国产机器、设备、原材料、零部件、元器件、包装物料以及建造基础设施、加工企业和行政管理部门生产、办公用房所需合理数量的国产基建物资等，按照对出口货物的管理规定办理出口报关手续，海关签发出口货物报关单退税证明联（除不予退税的基建物资外）。境内区外企业依据出口货物报关单退税证明联向税务部门申请办理出口退（免）税手续。

其三，出口加工区货物出区深加工结转。它是指出口加工区内的企业经海关批准并办理相关手续后，将本企业加工生产的产品直接或者通过保税仓库转入其他出口加工区、保税区等海关特殊监管区域及区外加工贸易企业进一步加工后复出口的经营活动。出口加工区货物出区深加工结转的注意事项见表3-36。

表3-36 出口加工区货物出区深加工结转的注意事项

项目	转入其他海关特殊监管区域	转入非其他海关特殊监管区域
批复	转出企业凭出口加工区管委会的批复；转入企业凭其所在区域管委会的批复	转出企业凭出口加工区管委会的批复；转入企业凭商务主管部门的批复
许可证	无表述	属于加工贸易项下进口许可证件管理的，企业提交许可证件
结转手续办理地点	转出、转入企业分别在自己的主管海关办理	转出、转入企业在转出地主管海关办理

注：对转入特殊监管区域的深加工结转货物，除特殊情况外，比照转关运输方式办理结转手续；不能比照转关运输方式办理结转手续的，在向主管海关提供相应的担保后，由企业自行运输。

出口加工区结转货物报关程序如图3-7所示。

计划备案 → 实际收发货登记 → 结转报关

图3-7 出口加工区结转货物报关程序

• 计划备案。转入企业在"海关出口加工区货物出区深加工结转申请表"中填写本企业的转入计划，凭申请表向转入地海关备案。转出企业自转入地海关备案之日起30日内向主管海关备案。

• 实际收发货登记。转出、转入企业办理完结转备案后，凭双方海关核准的申请表进行实际收发货。

转出企业的每批次发货记录应当在一式三联的"出口加工区货物实际结转情况登记表"上如实登记，转出地海关在"卡口"签注登记表后，货物出区。

• 结转报关。转入、转出企业每批实际收、发货后，可以凭申请表和转出地卡口海关签注的登记表分批或集中办理报关手续；转入、转出企业应当自实际收、发货之日起30日内办结该批货物的报关手续，转入企业填报结转进口报关单，转出企业填报结转出口备案清单，一份结转进口报关单对应一份结转出口备案清单。

纸质手册管理下的货物与出口加工区货物的深加工结转区别见表3-37。

表3-37 深加工结转区别：纸质手册管理下的货物与出口加工区货物

项目	区别	
	纸质手册管理	出口加工区
计划申报顺序	先转出，再转入	先转入，再转出
备案时间	转出备案后20天内，转入企业备案	转入备案后30天内，转出企业备案
办结报关手续的时间期限	自实际发货、收货之日起90日内	自实际发货、收货之日起30日内

任务实操

保税加工货物

步骤一：掌握任务方案

深圳申临实业有限公司是深圳特区内的一家港资企业，海关注册代码为4403148028，主要生产电脑周边产品，产品100%外销，外商公司为太阳科技（香港）有限公司。2019年2月，太阳科技（香港）有限公司发出一批订单，订单内容为数码相机镜头/电脑用，2 000PCS，单价为FOB深圳USD4，交货日期最晚不得超过2020年3月9日。

2019年3月3日，深圳申临实业有限公司开始着手订单的生产。因生产需要，有一部分料件从太阳科技（香港）有限公司采购，因数量较少，采用自带的方式从罗湖海关入关；太阳科技（香港）有限公司提供装箱单明细表，深圳申临实业有限公司备好国内采买的其他料件开始生产。2019年3月生产完成后，深圳申临实业有限公司请你公司负责将货物运至香港，负责运输的车辆的车牌号是粤ZH037港，2吨散货车。其中，深圳申临实业有限公司是B类企业，企业手册号为C5354300215。相关资料见表3-38至表3-41。

试分析：作为报关员，应该如何完成保税货物报关。

表3-38 Sales Contract No.2019-01

Sellers：太阳科技（香港）有限公司

Tel：0085-256-22622322/33 Fax：

To：（Buyers）深圳申临实业有限公司

Tel：0086-765-34151222 Place：深圳市中山西路1500号

This Sales Contract is made out as per the following terms and conditions mutually confirmed by both parties：

Name of Commodity	Quantity	Unit Price	Amount
单片数字集成电路，线宽 > 0.35μm	8 000PCS	0.36	2 880.00
单片数字集成电路/0.18μm < 线宽≤0.35μm	2 000PCS	0.17	340.00
单层双面空白的印刷电路板	2 000PCS	0.22	440.00
镜头/Lens	2 000PCS	0.45	900.00
Total	14 000 PCS	—	4 560.00
Quantity allowance： ±5%			

表3-39 Sales Contract No.2019-02

Sellers：深圳申临实业有限公司

Tel：0086-765-34151222 Place：深圳市中山西路1500号

Buyers：太阳科技（香港）有限公司

Tel：0085-256-22622322/33

This Sales Contract is made out as per the following terms and conditions mutually confirmed by both parties：

Name of Commodity	Quantity	Unit Price	Amount
数码相机镜头	2 000PCS	4.00	8 000.00
Total	2 000PCS	—	8 000.00
Quantity allowance： ±5%			

表3-40 装箱单

合同号：

品名、规格	数量	总净重	总毛重	件数
单片数字集成电路，线宽 > 0.35μm	8 000PCS			
单片数字集成电路/0.18μm < 线宽≤0.35μm	2 000PCS			
单层双面空白的印刷电路板	2 000PCS			
镜头/Lens	2 000PCS			
Total：	14 000PCS	21.2KG	22.2KG	1件

步骤二：系统填报

登录“加工贸易企业经营状况及生产能力信息系统”（https：//ecomp.mofcom.gov.cn），自主填报“加工贸易企业经营状况及生产能力信息表”。

表 3-41　　BOM 表——物料清单

序号	工厂编号	品名、规格	单价	产地	单耗	损耗	单位
1	I588	单片数字集成电路，线宽 > 0.35μm	0.36	美国	4	0	个
2	I0304	单片数字集成电路/0.18μm < 线宽≤0.35μm	0.17	印度尼西亚	1	0	个
3	P1214	单层双面空白的印刷电路板	0.22	中国台湾	1	0	块
4	J5011	镜头/Lens	0.45	美国	1	0	个
5	I2082	单片数字集成电路，线宽 > 0.35μm/国内购买	0.13	—	2	0	个
6	D1344	插座/国内购买	0.05	—	1	0	个
7	D3863	晶振/国内购买	0.01	—	1	0	个
8	D2476	片式电容/国内购买	0.01	—	2	0	个
9	D5366	片式电阻/国内购买	0.01	—	4	0	个
10	Z1047	塑胶外壳/国内购买	5	—	0.018	0	千克
11	Z3218	铁螺丝/国内购买	4	—	0.0005	0	千克
12	D4369	二极管/国内购买	0.01	—	1	0	个
13	D6639	电子线/国内购买	3	—	0.081	0	千克

步骤三：完成加工贸易业务批准证（见表 3-42）

加工地主管海关：罗湖海关

加工企业生产能力审查单位：深圳市商务局

经营企业银行基本账户账号：022825-1003619526300032917

发证日期：2019 年 3 月 10 日（同意申请）

表 3-42　　加工贸易业务批准证

批准证号：

<table>
<tr><td colspan="3">1.经营企业名称：</td><td colspan="3">3.加工企业名称：</td></tr>
<tr><td colspan="3">2.经营企业类型：</td><td colspan="3">4.加工企业类型：</td></tr>
<tr><td colspan="3">经营企业编码：</td><td colspan="3">加工企业编码：</td></tr>
<tr><td colspan="3">5.加工贸易类型：</td><td colspan="3">6.出口制成品返销截止日期：</td></tr>
<tr><td rowspan="3">进料加工</td><td>7.进口合同号：</td><td rowspan="3">来料加工</td><td colspan="3">10.合作外商：</td></tr>
<tr><td>8.出口合同号：</td><td colspan="3">11.合同号：</td></tr>
<tr><td>9.客供辅料合同号：</td><td colspan="3">12.加工费（美元）：</td></tr>
<tr><td colspan="3">13.进口主要料件（详细目录见清单）：</td><td colspan="3">16.出口主要制成品（详细目录见清单）：</td></tr>
<tr><td colspan="3">14.进口料件总值（美元）：
（其中限制类：　）</td><td colspan="3">17.出口制成品总值（美元）：
（其中限制类：　）</td></tr>
<tr><td colspan="3">15.进口口岸：</td><td colspan="3">18.出口口岸：</td></tr>
<tr><td colspan="3">19.加工企业地址、联系人、电话：</td><td colspan="3">20.加工地主管海关：</td></tr>
<tr><td colspan="3">21.加工企业生产能力审查单位：</td><td colspan="3">22.经营企业银行基本账户账号：</td></tr>
<tr><td colspan="3" rowspan="2">23.国产料件总值（美元）：$</td><td rowspan="2">24. 深 加 工 结转金额</td><td>转入（美元）</td><td></td></tr>
<tr><td>转出（美元）</td><td></td></tr>
<tr><td colspan="3">25.备注：
（1）凭此证批准一个月内办理海关备案及有关事项
（2）批准证内容变更的，需在原审批单位办理批准手续
（3）涂改无效</td><td colspan="3">26.发证机关签章：
27.发证日期：</td></tr>
</table>

商务部监制

步骤四：完成备案

加工贸易合同备案申请表见表3-43。进口料件备案申请表见表3-44。出口成品备案申请表见表3-45。单耗备案申请表见表3-46。

表3-43 加工贸易合同备案申请表

编号：

1.经营单位名称：	2.经营单位编码：
3.经营单位地址：	
4.联系人：	5.联系电话：
6.加工企业名称：	7.加工企业编码：
8.加工企业地址：	
9.联系人：	10.联系电话：
11.外商公司名称：	12.外商经理：
13.贸易方式：	14.征免性质：进料加工
15.贸易国别：	
16.进口合同号：	
17.进口总值：	18.币制：
19.出口合同号：	
20.出口总值：	21.币制：
22.进出口岸：	
23.进口期限：	24.出口期限：
25.申请人：	26.申请日期：
27.原产国：	
备注：	
经营单位（盖章） 年 月 日	加工单位（盖章） 年 月 日

表3-44 进口料件备案申请表

序号	商品编号	商品名称	规格型号	数量	单位	单价	总价	原产国

表3-45 出口成品备案申请表

序号	商品编号	商品名称	规格型号	数量	单位	单价	总价	原产国

表3-46 单耗备案申请表

产品序号	成品名称	对应料件序号	单耗量	损耗率	对应料件序号	单耗量	损耗率

步骤五：料件进口

填制进口货物报关单（见表3-47）。

表3-47 中华人民共和国海关进口货物报关单

预录入编号： 海关编号：（××海关） 页码/页数：

<table>
<tr><td>境内收货人</td><td colspan="2">进境关别</td><td colspan="2">进口日期</td><td>申报日期</td><td colspan="2">备案号</td></tr>
<tr><td>境外发货人</td><td colspan="2">运输方式</td><td colspan="2">运输工具名称及航次号</td><td>提运单号</td><td colspan="2">货物存放地点</td></tr>
<tr><td>消费使用单位</td><td colspan="2">监管方式</td><td colspan="2">征免性质</td><td>许可证号</td><td colspan="2">起运港</td></tr>
<tr><td>合同协议号</td><td colspan="2">贸易国（地区）</td><td colspan="2">起运国（地区）</td><td>经停港</td><td colspan="2">入境口岸</td></tr>
<tr><td>包装种类</td><td>件数</td><td>毛重（千克）</td><td>净重（千克）</td><td>成交方式</td><td>运费</td><td>保费</td><td>杂费</td></tr>
<tr><td colspan="8">随附单证
随附单证1： 随附单证2：</td></tr>
<tr><td colspan="8">标记唛码及备注</td></tr>
<tr><td colspan="8">项号 商品编号 商品名称及规格型号 数量及单位 单价/总价/币制 原产国（地区） 最终目的国（地区） 境内目的地 征免</td></tr>
<tr><td colspan="8">1</td></tr>
<tr><td colspan="8">2</td></tr>
<tr><td colspan="8">3</td></tr>
<tr><td colspan="8">4</td></tr>
<tr><td colspan="8">5</td></tr>
<tr><td colspan="8">6</td></tr>
<tr><td colspan="8">7</td></tr>
<tr><td colspan="8">特殊关系确认： 价格影响确认： 支付特许权使用费确认： 自报自缴：</td></tr>
<tr><td colspan="6">申报人员 申报人员证号 电话
兹申明以上内容承担如实申报、依法纳税之法律责任。
申报单位 申报单位（签章）</td><td colspan="2">海关批注及签章</td></tr>
</table>

步骤六：成品出口

填制出口货物报关单（见表3-48）。

表3-48 中华人民共和国海关出口货物报关单

预录入编号： 海关编号： 页码/页数：

<table>
<tr><td>境内发货人</td><td colspan="2">出境关别</td><td colspan="2">出口日期</td><td colspan="2">申报日期</td><td colspan="2">备案号</td></tr>
<tr><td>境外收货人</td><td colspan="2">运输方式</td><td colspan="2">运输工具名称及航次号</td><td colspan="4">提运单号</td></tr>
<tr><td>生产销售单位</td><td colspan="2">监管方式</td><td colspan="2">征免性质</td><td colspan="4">许可证号</td></tr>
<tr><td>合同协议号</td><td colspan="2">贸易国（地区）</td><td colspan="2">运抵国（地区）</td><td colspan="4">指运港</td></tr>
<tr><td>包装种类</td><td>件数</td><td>毛重（千克）</td><td>净重（千克）</td><td>成交方式</td><td>运费</td><td colspan="2">保费</td><td>杂费</td></tr>
<tr><td colspan="9">随附单证
随附单证1： 随附单证2：</td></tr>
<tr><td colspan="9">标记唛码及备注</td></tr>
<tr><td colspan="9">项号 商品编号 商品名称及规格型号 数量及单位 单价/总价/币制 原产国（地区） 最终目的国（地区） 境内货源地 征免</td></tr>
<tr><td colspan="9">1</td></tr>
<tr><td colspan="9">2</td></tr>
<tr><td colspan="9">3</td></tr>
<tr><td colspan="9">4</td></tr>
<tr><td colspan="9">5</td></tr>
<tr><td colspan="9">6</td></tr>
<tr><td colspan="9">7</td></tr>
<tr><td colspan="9">特殊关系确认： 价格影响确认： 支付特许权使用费确认： 自报自缴：</td></tr>
<tr><td colspan="7">申报人员 申报人员证号 电话
兹申明以上内容承担如实申报、依法纳税之法律责任。
申报单位 申报单位（签章）</td><td colspan="2">海关批注及签章</td></tr>
</table>

步骤七：进口料件转内销

进口料件转内销的报关办理步骤如图3-8所示。

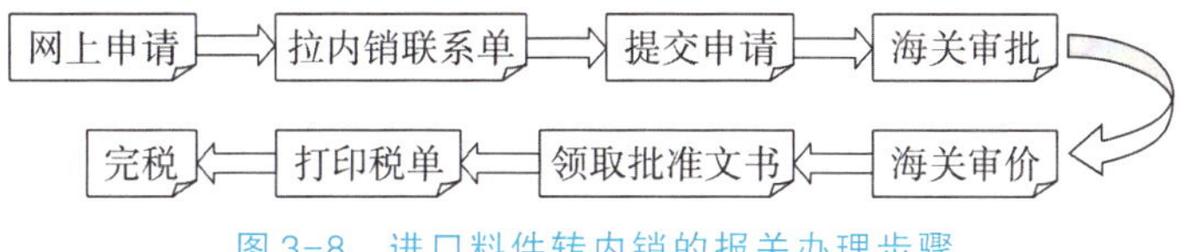

图3-8 进口料件转内销的报关办理步骤

第一步：网上申请。企业通过加工贸易网上审批系统向经济发展局提交内销申请，海关从网上打印经济发展局签发的加工贸易进口料件内销批准证。

第二步：打印内销联系单。企业持保税货物内销资料及内销正式申报单到海关现场审核，海关审核通过后，在系统打印加工贸易内销征税联系单。

第三步：海关预归类、预审价。

第四步：报关单数据申报。

第五步：缴纳税费。

第六步：企业签收税单后完成纳税手续。

步骤八：余料结转

第一步：提交申请。向海关提交一式三份的“余料结转申请表”，数据与核销平衡表一致（这一工作已经在手册报核时完成）。

第二步：海关审核。经办关员应主要审核品名、规格、数量、价格等，经批准后在“余料结转申请表”上加盖“行政许可专用章”，留存一联交内勤，一联交企业申报用，另一联交监管处接单岗位。

第三步：领取批准文书。委托报关公司领取批准文书。

步骤九：核销

企业全面收集相关报核资料、自行核算，对手册项下的剩余有价值料件，可先期申请内销或余料结转，并针对下列情况书面提出申请处理意见：①对边角料、结余料件、残次品、副产品和受灾保税货物的处理；②对边角余料及生产设备退运、放弃等情况的处理；③加工贸易登记手册进口料件核销时报废料件在核定的合理范围内。

第一步：数据员接受报核。

第二步：数据核对。海关数据核对关员调阅电子数据，审核企业报核的进口料件、出口成品等各项数据是否与海关电子数据底账相吻合。对符合要求的手册，数据核对关员在H2000系统中执行接受报核申请的操作后，交给核销专管员。

第三步：手册初审。核销核算人员受理报核手册及随附单证后，调阅合同备案及中期管理等环节的各种资料，同时确定核销方法。

第四步：手册复审。

第五步：核销结案。

加工贸易合同核销申请见表3-49。

表3-49　加工贸易合同核销申请表

<table>
<tr><td>企业名称</td><td></td><td>企业管理类别</td><td></td><td>企业编码</td><td></td></tr>
<tr><td>手册编号</td><td></td><td>合同号</td><td></td><td>合同有效期</td><td></td></tr>
<tr><td>进口总金额</td><td></td><td>出口总金额</td><td></td><td>进口报关单份数</td><td></td></tr>
<tr><td>内销金额</td><td></td><td>内销补税税额</td><td></td><td>内销补税税单号</td><td></td></tr>
<tr><td>内销批准证号</td><td></td><td>余料金额</td><td></td><td>转入余料的手册编号</td><td></td></tr>
<tr><td colspan="2">是否重点敏感商品合同</td><td colspan="2"></td><td>合同总金额</td><td></td></tr>
<tr><td colspan="6">以上由企业填写</td></tr>
<tr><td colspan="3">商务主管部门意见
签名：
年　月　日　盖章</td><td colspan="3">海关核销意见：
签名：
年　月　日　盖章</td></tr>
</table>

任务4 保税物流货物报关

案例导入

中商华联贸易有限公司代理湖南长沙家佳纺织品有限公司进口了一批未梳棉花，货物于2019年4月由合同卖方台湾某公司在棉花原产国采购后运输进境，并存放于某公用型保税仓库。2019年8月20日，华联公司与台湾公司签订合同后，自上述保税仓库提取合同约定数量的棉花出库并办理进口报关手续，海关放行后，华联公司安排将货物运至境内目的地，交由家佳公司用于生产内销成品。

请问：（1）上述案例中的货物是否属于保税物流货物？

（2）货物入仓库时如何报关？

（3）货物内销如何报关？

资讯

子任务1：保税仓库货物报关程序

3.4.1.1 保税物流货物概述

1）含义

保税物流货物是指经海关批准未办理纳税手续进境，在境内进行分拨、配送或储存后复运出境的货物，也称保税仓储货物。已办结海关出口手续尚未离境，经海关批准存放在海关保税监管场所或特殊监管区域的货物，具有保税物流货物的性质。

2）特征

保税物流货物的特征包括：①进境时暂缓缴纳进口关税及进口环节税，复运出境免税；内销应该缴纳进口关税和进口环节税，不征收缓税利息。②进出境时一般免予交验进出口许可证。③进境海关现场放行不是结关。

3）范围

（1）经批准进境存入海关保税监管场所，存储后转口境外的货物。

（2）已办理海关出口手续尚未离境，海关批准存放在海关保税监管场所或特殊监管区域的货物。

（3）经海关批准进入海关保税监管场所或特殊监管区域的加工贸易货物；供应国际航行船舶和航空器的油料、物料和维修用零部件；供维修外国产品所进口寄售的零配件；外商进境暂存货物。

（4）海关批准存放在海关保税监管场所或特殊监管区域的其他未办结海关手续的进境货物。

4）管理

保税物流货物的监管模式有两大类：一类是非物理围网监管模式，包括保税仓库、出口监管仓库；另一类是物理围网监管模式，包括保税物流中心、保税物流园区、保税区、保税港区。

（1）设立审批。保税物流货物必须存放在经过法定程序审批设立的专用场所或特殊区域。海关审批：保税仓库、出口监管仓库、保税物流中心；国务院审批：保税物流园区、保税区、保税港区。

（2）准入保税。按批准存放范围准予货物进入监管场所或者区域，不符合规定存放范围的货物不准存入。

（3）纳税暂缓。进境时不办理纳税手续，运离时才办理。

（4）监管延伸。进境货物从进境地海关监管现场、已办结海关出口手续尚未离境的货物从出口申报地海关现场，延伸到专用监管场所或者特殊监管区域。监管时间见表3-50。

表3-50 监管时间

<table>
<tr><th>货物类型</th><th>存放时间</th><th>延长时间</th></tr>
<tr><td>保税仓库货物</td><td>1年</td><td>1年</td></tr>
<tr><td>出口监管仓库货物</td><td>6个月</td><td>6个月</td></tr>
<tr><td>保税物流中心货物</td><td>2年</td><td>1年</td></tr>
<tr><td>保税物流园区、保税区、保税港区货物</td><td colspan="2">—</td></tr>
</table>

（5）运离结关。除外发加工和暂准运离（维修、测试、展览等）需要继续监管以外，每一批货物运离专用监管场所或者特殊监管区域，都必须根据其实际流向办结海关手续。各种监管形式下的保税物流货物管理要点比较见表3-51。

表3-51 保税物流货物管理要点比较

<table>
<tr><th rowspan="2">名称</th><th rowspan="2">存货范围</th><th rowspan="2">服务功能</th><th rowspan="2">注册资本不低于</th><th colspan="2">面积（不低于）</th><th rowspan="2">审批权限</th><th rowspan="2">入区退税</th><th rowspan="2">备注</th></tr>
<tr><th>东部</th><th>中西部</th></tr>
<tr><td>保税仓库</td><td>进口</td><td>储存</td><td rowspan="2">300万元人民币</td><td colspan="2">公用/维修2 000m^2；液体5 000m^2</td><td>直属海关</td><td>否</td><td>按月报核</td></tr>
<tr><td>出口监管仓库</td><td>出口</td><td>储存/出口配送/国内结转</td><td colspan="2">配送5 000m^2；结转1 000m^2</td><td>直属海关</td><td>否</td><td>退换货物先入后出</td></tr>
<tr><td>保税物流中心</td><td>进出口</td><td>储存/全球采购配送/国内结转/转口/中转</td><td>5 000万元人民币</td><td>10万m^2</td><td>50万m^2</td><td>海关总署</td><td>是</td><td>—</td></tr>
<tr><td>保税物流园区</td><td>进出口</td><td>储存/国际转口贸易/全球采购配送/中转/展示</td><td></td><td>—</td><td>—</td><td rowspan="3">国务院</td><td>是</td><td>按年报核</td></tr>
<tr><td>保税区</td><td>进出口</td><td>物流园区功能+维修/加工</td><td></td><td>—</td><td>—</td><td>否</td><td>离境退税</td></tr>
<tr><td>保税港区</td><td>进出口</td><td>保税区功能+港口功能</td><td></td><td>—</td><td>—</td><td>是</td><td>—</td></tr>
</table>

3.4.1.2 保税仓库货物报关程序

1）保税仓库概述

（1）含义。保税仓库指经海关批准设立的专门存放保税货物及其他未办结海关手续货物的仓库。其类型、经营和服务见表3-52。

表3-52 保税仓库的类型、经营和服务

仓库类型	经营	服务
公用型保税仓库	由主营仓储业务的中国境内独立企业法人经营	保税仓储服务
自用型保税仓库	由特定的中国境内独立企业法人经营	仅存储本企业自用的保税货物
专用型保税仓库	—	存储具有特定用途或特殊种类的商品
备注：除以上类型外，还有液体危险品保税仓库、备料保税仓库、寄售维修保税仓库和其他专用保税仓库。液体危险品保税仓库是指符合国家关于危险化学品存储规定，专门提供石油、成品油或者其他散装液体危险化学品保税仓储服务的保税仓库		

（2）功能。保税仓库的功能包括仓储、商品展示、转口贸易、缓税、简单加工和增值服务、物流配送等。其存放货物的范围包括：①加工贸易进口货物；②转口货物；③供应国际航行船舶和航空器的油料、物料及维修用零部件；④供维修外国产品所进口寄售的零配件；⑤外商进境暂存货物；⑥未办结海关手续的一般贸易进口货物；⑦经海关批准的其他未办结海关手续的进境货物。

保税仓库不得存放国家禁止进境的货物，未经批准的影响公共安全、公共卫生或健康、公共道德或秩序的国家限制进境货物以及其他不得存入保税仓库的货物。

举例3-3

香港A公司在宝安、东莞均设有工厂，国外的原材料到香港码头后，由福汉兴国际有限公司安排香港车提柜并经福田保税区一号通道拖运至福汉兴仓库存放。待国内工厂需要用料时，派国内厂家的理货员到福汉兴仓库指定需要的货品，填报好准确的报关文件后，由国内车辆经福田保税区二号通道直接报关进口或转关至东莞海关拆关。

请问：香港A公司的做法有什么好处？

分析：（1）可节省可观的仓租和拖车费用；（2）报关员无须出境而确保报关数据准确无误。

（3）设立。保税仓库应当设立在设有海关机构、便于海关监管的区域。申请设立保税仓库的企业应当是已在海关办理进出口收发货人注册登记、不同时拥有报关企业身份的企业，同时还应当具备下列条件：①在市场监督管理部门注册登记，具有企业法人资格；②注册资本最低限额为300万元人民币；③具备向海关缴纳税款的能力；④经营特殊许可商品存储的，应当持有规定的特殊许可证件；⑤经营备料保税仓库的加工贸易企业，年出口额最低为1 000万美元；⑥有专门存储保税货物的营业场所，并达到公用保税仓库面积最低为2 000平方米、液体危险品保税仓库容积最低为5 000立方米、寄售维修保税仓库面积最低为2 000平方米的要求。

保税仓库设立的受理部门是主管海关的报税监管部门。其办理步骤如图3-9所示。

图3-9 保税仓库设立的办理步骤

（4）管理。

其一，保税仓库所存货物的储存期限为1年。需要延长储存期限的，应向主管海关申请延期，经海关批准可以延长，延长期限最长不超过1年；延期后货物存储超过2年的，由直属海关审批。

其二，保税仓库所存货物是海关监管货物，未经海关批准并按规定办理有关手续，任何人不得出售、转让、抵押、质押、留置、移作他用或者进行其他处置。

其三，货物在仓库储存期间发生损毁或者灭失，除不可抗力的原因外，保税仓库应当依法向海关缴纳损毁、灭失货物的税款，并承担相应的法律责任。

其四，保税仓库货物经主管海关批准后可以进行分级分类、分拆分拣、分装、计量、组合包装、打膜、加刷或刷贴运输标志、改换包装、拼装等辅助性简单加工。

举例3-4

C公司在国内有遍布各地的数十个原材料供应商，它选择了福汉兴保税仓库和盐田物流园保税仓库作为面向东南亚地区的配送中心。每天由福汉兴车队将各地供应商的货物转关或直接出口交至福汉兴保税仓库存放，而海外供应商的货品则直接转入。所有的货品在这里根据全球各地工厂的需要整理、重新包装后，装上集装箱交香港码头或深圳港上船送达全球各地。

其五，保税仓库经营企业应于每月月初5个工作日之前向海关提交月报关单报表、库存总额报表及其他海关认为必要的月报单证，将上个月仓库货物的入、出、转、存、退等情况以计算机数据和书面形式报送仓库主管海关。

2）保税仓库货物的报关程序

（1）进仓报关（内容见表3-53）。其进口报关单的填制方法见表3-54。

表3-53 进仓报关的内容

项目	内容
报关海关	经营企业在仓库主管海关办理报关手续。经主管海关批准，也可直接在进境口岸海关办理报关手续
许可证管理	除易制毒化学品、监控化学品、消耗臭氧层物质外，免领进口许可证件
报关方式	仓库主管海关与进境口岸海关不是同一直属关区的，按照“提前报关转关”的方式办理，或者按照“直接转关”的方式，先到口岸海关转关，货物运到仓库后，向主管海关申报，验放入仓
	仓库主管海关与进境口岸海关是同一直属关区的，经直属海关批准，可不按照转关运输的方式办理，由经营企业直接在口岸海关办理报关手续，口岸海关放行后，企业自行提取货物入仓

表3-54 进仓报关时进口报关单的填制方法

填制项目	填制方法
备案号	J保税仓库记账式通关电子账册；K保税仓库备案式通关电子账册
监管方式	保税仓库货物（1233）
征免性质	免填
项号	第二行为清单序号
征免	全免
注：其他按实际填写	

（2）出仓报关。保税仓库货物出仓可能会出现进口报关和出口报关两种情况，可以逐一报关，也可以集中报关。

第一，出口报关。保税仓库出仓复运出境货物，应当按照转关运输的方式办理出仓手续。仓库主管海关和口岸海关是同一直属关区的，经直属海关批准，可以不按照转关运输方式，由企业自行提取货物出仓到口岸海关办理出口报关手续。出仓出口报关单的填制方法见表3-55。

表3-55 出仓出口报关单的填制方法

填制项目	填制方法
运输方式	保税仓库8（仅适用于内销进口报关单）
运输工具名称	空（无实际进出境）
提单号	空（无实际进出境）
监管方式	保税间货物（1200）
征免性质	免填
装货港、指运港	无实际进出境：中国境内
注：其他按实际填写	

第二，进口报关。保税仓库货物出仓运往境内其他地方转为正式进口的，需经主管海关保税监管部门审核同意。转为正式进口的同一批货物，要填制两份报关单，一份用于办结出仓报关手续，填制出口货物报关单；一份办理进口申报手续，按照实际进口监管方式，填制进口货物报关单。出仓进口报关单的填制方法见表3-56。进口手续大体分为：①用于加工贸易的，按加工贸易货物的报关程序报关。②可以享受特定减免税的，按特定减免税监管制度办理报关。③进入国内市场的，按一般进口货物办理报关手续。④寄售维修零配件申请在保修期内免税出仓的，办理进口报关手续，填制进口货物报关单；贸易方式填"无代价抵偿货物"，并确认免税出仓的维修件在保修期内且不超过原设备自进口之日起3年，维修件由外商免费提供，更换下来的零部件合法处理。

表3-56 出仓进口报关单的填制方法

填制项目	填制方法
进口口岸	无实际进出境——接受货物申报的海关和代码
备案号	按货物转入的实际情况填写
经营单位	进口企业中文名称及代码
运输方式	保税仓库8（仅适用于内销进口报关单）
运输工具名称	空（无实际进出境）
提单号	空（无实际进出境）
监管方式	按实际情况填写一般贸易等
征免性质	与贸易方式逻辑一致
用途	与贸易方式逻辑一致
项号	与贸易方式逻辑一致
征免	与贸易方式逻辑一致
注：其他按实际填写	

第三，集中报关。针对出库批量少、批次频繁的货物，经海关批准可以办理定期集中报关手续。

(3) 流转报关。保税仓库与其他海关特殊监管区域或其他海关保税监管场所往来流转的货物，一般按照转关运输的有关规定办理报关手续（同一直属关区的，经批准可以不按转关办理）。

保税仓库货物转往其他保税仓库的，应当各自在其主管海关报关，报关时先办理进口报关，再办理出口报关。

小提示3-7

在不同海关特殊监管区域之间调拨、转让的货物，填写对方的海关名称和代码。

知识链接3-3　保税仓库降低企业物流成本

“进境存入保税仓库的保税货物可暂时免纳进口税费，免交进口许可证，所有未办结海关手续的货物都可以存入保税仓库，通过缓税减少资金占用。在保税仓库，企业可对采购进境的货物进行流通性简单加工，然后向境内外分销、配送，加上国内劳动力成本和仓储费用低的优势，还有利于吸引外商将其配送中心、物流中心、采购中心的功能转移到中国。”近日，青岛港兴公用型保税仓库的负责人薛健向记者介绍说。

对进口货物而言，保税仓库在功能上被视为“陆上保税港”，是因为在国际贸易中，企业可充分利用保税仓储业务见机行事。例如，岛城一家知名水产品贸易公司在金融危机时以低价收购冻鳕鱼并利用保税仓库存储，在经济回暖后直接以比危机前高出15%的市价出售，获利颇丰。

“利用保税仓库，贸易商可根据国际市场的价格变化，低购高抛，既可从事国际转口贸易业务，也可供应国内市场。”大港海关相关负责人告诉记者，金融危机期间，青岛保税仓库业务未见萎缩，就是因为供应商将货物放在保税仓库中存储等待，有效防范和化解了剧烈波动的价格风险。

保税仓库对从事进口业务的企业尤其是中小型企业来说，更是“获益良多”：企业直接进口原料往往需要大批量采购，资金需求量大；进口数量大则生产周期长，资金占用的时间也长，贸易成本提高，风险增加，这些都不利于中小型企业开展贸易。保税仓库的设立，可在境内形成一个境外货物市场，企业需要进口原料时，可直接到保税仓库多批次、小批量采购，帮助企业建立“即时生产、零库存”的现代经营方式，降低其经营风险。

子任务2：出口监管仓库货物报关程序

3.4.2.1　出口监管仓库概述

1）含义

出口监管仓库是指经海关批准设立，对已办结海关出口手续的货物进行存储、保税物流配送、提供流通性增值服务的海关专用监管仓库。出口配送型仓库：指存储以实际离境为目的的出口货物的仓库；国内结转型仓库：指存储用于国内结转的出口货物的仓库。

举例3-5　出口监管仓库——出口配送或进口结转

东莞某加工厂将昌运仓库作为一个成品集货基地，生产出来的电器产品出口申报至昌运仓库存放，待客户有需求时，由码头提取空柜至昌运仓库装货，不仅可以用内地和香港车辆申报出境，还可用内地车辆实现进口结转，非常灵活方便。

2）功能

出口监管仓库具有转口配送、简单加工和增值服务的功能，主要用于存放出口货物。可以/禁止存入出口监管仓库的货物见表3-57。

表3-57 可以/禁止存入出口监管仓库的货物

允许存放	禁止存放
1.一般贸易出口货物	1.国家禁止进出境货物
2.加工贸易出口货物	2.未经批准的国家限制进出境货物
3.从其他海关特殊监管区域、场所转入的出口货物	3.海关规定不得存放的货物
4.其他已办结海关出口手续的货物。出口配送型仓库还可以存放为拼装出口货物而进口的货物	

举例3-6 **出口监管仓库——“转厂”简单化**

东莞某加工厂和宝安某电子厂都是来料加工厂，宝安的该电子厂生产的成品如电阻要卖给东莞厂家作料件，以往办理这种跨关区的“转厂”，手续很烦琐。在它们选择了昌运出口监管仓库后一切都简单化了：宝安厂申报出口交货至昌运出口监管仓库视同出境，再用东莞加工厂的手册办理货物的进口手续，货物的运输可由国内车辆完成。这样，复杂的问题简单化了，还节省了开支。

3）设立

（1）出口监管仓库申请设立的条件：①在市场监督管理部门注册登记，具有企业法人资格；②具有进出口经营权和仓储经营权；③注册资本在300万元人民币以上；④具备向海关缴纳税款的能力；⑤具有专门存储货物的场所，其中出口配送型仓库的面积不得低于5 000平方米，国内结转型仓库的面积不得低于1 000平方米。

（2）申请设立和审批。企业向仓库所在地主管海关提交书面申请，提供能够证明上述条件已经具备的有关文件。海关受理、审查设立出口监管仓库的申请属于海关行政许可，应当按照行政许可的法定程序，对符合条件的，做出准予设立的决定，并出具批准文件；对不符合条件的，做出不予设立的决定，并书面通知申请企业。

（3）验收和运营。申请企业应当自海关出具批准文件之日起1年内向海关申请验收出口监管仓库。出口监管仓库验收合格后，经直属海关注册登记并核发“出口监管仓库注册登记证书”，可以投入运营。

4）管理

（1）出口监管仓库必须专库专用，不得转租、转借给他人经营，不得下设分库。

（2）出口监管仓库经营企业应当如实填写有关单证、仓库账册，真实记录并全面反映其业务活动和财务情况，编制仓库月度进、出、转、存情况表和年度财务会计报告，并定期报送主管海关。

（3）出口监管仓库所存货物的期限为6个月，特殊情况需要延长的，不得超过6个月。货物储存期满之前，仓库经营者应当通知发货人或其代理人办理货物的出境或进口手续。

（4）出口监管仓库所存货物是海关监管货物，未经海关批准并按规定办理有关手续，任何人不得出售、转让、抵押、质押、留置、移作他用或者进行其他处置。

（5）货物在仓库储存期间发生损毁或者灭失的，除不可抗力原因外，出口监管仓库应当依法向海关缴纳损毁、灭失货物的税款，并承担相应的法律责任。

（6）经主管海关同意，可以在出口监管仓库内进行品质检验、分级分类、分拣分装、印刷运输标志、改换包装等流通性增值服务。

举例3-7　出口监管仓库——简单加工

东莞某电子公司需将内地产的充电器和香港产的电池组合成一种礼品包装。其中，内地工厂办理出口报关将充电器交至昌运出口监管仓库，香港的电池则经皇岗入境存仓；内地的工人在昌运仓库将两种物品按要求包装在一起，再装入货柜拖至香港码头上船。全部包装由内地人工完成，为客户节省了人工开支。

3.4.2.2　出口监管仓库货物的报关程序

1）进仓报关

进仓报关事项及管理方法见表3-58。

表3-58　进仓报关事项及管理方法

事项	管理方法
单证	出口货物存入出口监管仓库时，发货人或其代理人应当向主管海关申报，提交出口货物报关单和仓库经营企业填制的“出口监管仓库货物入仓清单”
许可证	按照国家规定应当提交出口许可证
税收	按照国家规定缴纳出口关税
出口退税	经批准享受入仓即退税政策的出口监管仓库，海关在货物入仓办结出口报关手续后予以签发出口货物报关单退税证明联；不享受这一政策的仓库，海关在货物实际离境后签发出口货物报关单证明联
报关单填制	运输方式：监管仓库（代码为1）（用于境内存入出口监管仓库货物）

办理入库货物手续，需要向海关提交下列单证：①发货人填写的入库委托书；②发货人填写的入库清单；③入库申报单。

2）出仓报关

（1）出口报关。出仓出口报关事项及管理方法见表3-59。

表3-59　出仓出口报关事项及管理方法

事项	管理方法
地点	仓库经营者向主管海关申报；出仓货物出境口岸不在仓库主管海关所在地的，经海关批准，可以在口岸所在地海关办理相关手续，也可以在主管海关办理相关手续
方式	仓库经营企业提交其填制的“出口监管仓库货物出仓清单”和其他必需的单证进行报关
出口退税	入仓时没有签发出口货物报关单退税证明联的，出仓离境后海关按规定签发出口货物报关单退税证明联
报关单填制	运输方式：监管仓库（代码为1）（用于出口监管仓库退仓货物）

（2）进口报关。用于加工贸易的，按照保税加工货物报关；用于特定减免税用途的，按照特定减免税货物报关；进入国内市场的，按照一般进口货物报关。

（3）办理出库手续。出口监管仓库货物办理出库手续，需要向海关提交下列单证：①货物所有人或其代理人提交的出库委托书；②仓库经营企业填写的出库申请书；③出库申报单。

3）结转报关

经转入、转出方所在地主管海关批准，并按照转关运输的规定办理相关手续后，出口监管仓库之间，出口监管仓库与保税区、出口加工区、珠海园区、保税物流园区、保税港区、保税物流中心、保税仓库等特殊监管区域和保税监管比较特殊场所之间可以进行货物流转。

4）更换报关

对已存入出口监管仓库但因质量等原因要求更换的货物，经仓库所在地海关批准，可以进行更换；被更换货物出仓前，更换货物应当先行入仓，并要求与原货物的商品编码、品名、规格型号、数量和价值相同。

子任务3：保税物流中心（B型）货物报关程序

3.4.3.1 保税物流中心（B型）概述

（1）含义。保税物流中心（B型）是经海关批准，由中国境内一家企业法人经营，多家企业进入并从事保税仓储物流业务的海关监管场所。

（2）功能。保税物流中心（B型）以保税仓储物流为主，主要包括物流所需的保税仓储、流通性简单加工和增值服务、国际采购、分拨和配送、国际中转、转口贸易等（见表3-60）。

表3-60 保税物流中心（B型）的功能

存放货物的范围	可开展的业务	不得开展的业务
（1）国内出口货物； （2）转口货物和国际中转货物； （3）外商暂存货物； （4）加工贸易进出口货物； （5）供应国际航行船舶和航空器的物料、维修用零部件； （6）供维修外国产品所进口寄售的零配件； （7）未办结海关手续的一般贸易进口货物； （8）经海关批准的其他未办结海关手续的货物	（1）保税存储进出口货物及其他未办结海关手续的货物； （2）对所存货物开展流通性简单加工和增值服务； （3）全球采购和国际分拨、配送； （4）转口贸易和国际中转业务； （5）经海关批准的其他国际物流业务	（1）商业零售； （2）生产和加工制造； （3）维修、翻新和拆解； （4）存储国家禁止进出口的货物，以及危害公共安全、公共卫生或者健康、公共道德或者秩序的国家限制进出口的货物； （5）存储法律、法规明确规定不能享受保税政策的货物； （6）其他与物流中心无关的业务

（3）设立。保税物流中心设立的申请由直属海关受理，报海关总署审批，并由海关总署出具批准申请企业筹建保税物流中心的文件。保税物流中心验收合格后，由海关总署向企业核发“保税物流中心验收合格书”和“保税物流中心注册登记证书”，并颁发保税物流中心标牌。

（4）管理。海关采取联网监管、视频监控、实地核查等方式对进出保税物流中心的货物、物品、运输工具实施动态管理。

保税物流中心经营企业不得在本中心内直接从事保税仓储物流的经营活动。

未经海关批准，保税物流中心不得擅自将所存货物抵押、质押、留置、移作他用或者进行其他处置。保税物流中心内的货物可以在中心内的企业之间进行转让、转移，但必须办理相关的海关手续。

保税仓储货物在存储期间发生损毁或者灭失的，除不可抗力原因外，物流中心经营企业应当向海关缴纳损毁、灭失货物的税款，并承担相应的法律责任。

3.4.3.2 保税物流中心进出货物的报关程序

1）保税物流中心与境外之间进出货物的报关

保税物流中心与境外之间进出货物的报关事项与管理方法见表3-61。

表3-61 保税物流中心与境外之间进出货物的报关事项与管理方法

事项	管理方法
地点	保税物流中心主管海关；保税物流中心与口岸不是同一主管海关的，经主管海关批准，可以在口岸海关办理相关手续
许可证	除实行出口被动配额管理和我国参加或者缔结的国际条约及国家另有明确规定的以外，不实行进出口配额、许可证件管理
税收	规定存放范围内的货物免税；中心内企业进口自用的办公用品、交通运输工具、生活消费品，以及物流中心开展综合物流服务所需进口的机器、装卸设备、管理设备等，按照进口货物的有关规定和税收政策办理相关手续
出口退税	不享受这一政策的仓库，海关在货物实际离境后签发出口货物报关单证明联
报关单填制	监管方式：6033保税物流中心进出境货物

2）保税物流中心与境内之间进出货物的报关

（1）出中心。

第一，出中心进入关境内其他地区。保税物流中心货物进入境内其他地区视同进口，按照货物进入境内的实际流向和实际状态办理进口报关手续；属于许可证件管理的商品，企业还应当向海关出具有效的许可证件。

从保税物流中心进入境内用于在保修期限内免费维修有关外国产品并符合无代价抵偿货物有关规定的零部件，或者用于国际航行船舶和航空器的物料，或者属于国家规定可以免税的货物，免征进口关税和进口环节代征税。

第二，出中心运往境外。保税物流中心货物出中心运往境外的，填制出口货物报关单，办理出口报关手续。具体手续同保税仓库和出口监管仓库货物运往境外的报关手续一样。

（2）进中心。货物从境内进入保税物流中心视同出口，办理出口报关手续，报关事项及管理方法见表3-62。

表3-62 货物从境内进入保税物流中心的报关事项及管理方法

事项	管理方法
关税	需缴纳出口关税的，应当按照规定纳税
许可证	属于许可证件管理的商品，应出具出口许可证件
出口退税	签发：从境内运入保税物流中心已办结报关手续的货物，或者从境内运入保税物流中心供中心内企业自用的国产机器设备、装卸设备、管理设备、检测检验设备等以及转关出口货物，海关签发出口退税报关单证明联
	不签：从境内运入保税物流中心的下列货物，海关不签发出口退税报关单证明联：①供中心内企业自用的生活消费品、交通运输工具；②供中心内企业自用的进口的机器设备、装卸设备、管理设备、检测检验设备等；③保税物流中心之间，保税物流中心与出口加工区、保税物流园区和已实行国内货物入仓环节出口退税政策的出口监管仓库等海关特殊监管区域或者海关保税监管场所往来的货物

知识链接3-4 **山西方略保税物流中心全面开展“一日游”业务**

保税物流中心“一日游”业务是国产货物出口复进口业务的俗称。其利用保税物流中心的“入区退税”政策，以“先出口，再进口”的方式，解决加工贸易深加工结转手续复杂、深加工增值部分不予退税等问题。在保税物流中心“一日游”业务出现前，山西省的一些加工贸易企业一般将货物出口至香港，再办理进口手续。较之保税物流中心“一日游”业务，境外“一日游”周期长，手续复杂，运输成本高。“一日游”业务必须借助保税物流中心内海关批准入驻企业或境外企业这个桥梁才能开展，不论进出，报关报检及物流运输活动都可在中心内全部完成，十分方便。

山西省商务厅相关负责人说，“一日游”业务优势明显：对于原材料提供厂商，可以享受到国家出口退税的优惠，以退税后的商品价格参与市场竞争；对于原材料接收厂商，可以将采购国内料件及中间品的退税时间提前，有效降低资金成本。正因为如此，面对保税物流中心首票“一日游”业务快速顺畅的办理，客户及其委托的运输车主都感到十分高兴，认为受益匪浅。客户还表示将进一步加强与中心的后续合作，并介绍更多的客户到这里来开展业务，享受国家给予的优惠政策，享受保税物流中心提供的优质服务，增强企业的竞争力。

子任务4：保税物流园区货物的报关程序

3.4.4.1 保税物流园区概述

1）含义

保税物流园区是指经国务院批准，在保税区规划面积内或者毗邻保税区的特定港区内设立的、专门发展现代国际物流的海关特殊监管区域。

2）功能

保税物流园区允许开展的业务见表3-63。

表3-63 保税物流园区允许开展的业务

允许开展的业务	（1）存储进出口货物及其他未办结海关手续的货物 （2）对所存货物开展流通性简单加工和增值服务 （3）进出口贸易，包括转口贸易 （4）国际采购、分销和配送 （5）国际中转 （6）商品展示 （7）检测、维修 （8）经海关批准的其他国际物流业务

3）管理

保税物流园区是海关监管的特殊区域。园区与境内其他地区之间应当设置符合海关监管要求的卡口、围网隔离设施、视频监控系统及其他海关监管所需的设施。海关在园区派驻机构，依照有关法律、行政法规，对进出园区的货物、运输工具、个人携带物品及园区内相关场所实行24小时监管。

（1）禁止的业务。保税物流园区禁止的业务见表3-64。

表3-64　　保税物流园区禁止的业务

禁止的业务	
禁止的业务	（1）除安全人员和相关部门、企业值班人员外，其他人员不得在园区内居住 （2）园区内设立仓库、堆场、查验场和必要的业务指挥调度操作场所，不得设立工业生产加工场所和商业性消费设施 （3）不得开展商业零售、加工制造、翻新、拆解及其他与园区无关的业务 （4）法律、法规禁止进出口的货物、物品不得进出园区

（2）企业管理。海关对园区企业实行电子账册监管制度和计算机联网管理制度。

园区企业应建立符合海关监管要求的电子计算机管理系统，提供海关查阅数据的终端设备，按照海关规定的认证方式和数据标准与海关进行联网。园区企业需依照法律、行政法规的规定，规范财务管理，设置符合海关监管要求的账簿、报表，记录本企业的财务状况和有关进出园区的货物、物品的库存、转让、转移、销售、简单加工、使用等情况，如实填写有关单证、账册，凭合法、有效的凭证记账核算。

（3）物流管理。园区货物不设储存期限。但园区企业自开展业务之日起，应当每年向园区主管海关办理报核手续。

经主管海关批准，园区企业可以在园区综合办公区专用的展示场所举办商品展示活动。展示的货物应当在园区主管海关备案，并接受海关监管。

园内货物可以自由流转。园区企业转让、转移货物时，应将货物的具体品名、数量、金额等有关事项向海关进行电子数据备案，并在转让、转移后向海关办理报核手续。

除法律、行政法规另有规定外，境外运入园区的货物不实行许可证件管理。

（4）特殊情况的处理。

第一，除法律、行政法规规定不得声明放弃的货物外，园区企业可以申请放弃货物。放弃的货物由主管海关依法提取变卖，变卖收入由海关按照有关规定处理。依法变卖后，企业凭放弃该批货物的申请和园区主管海关提取变卖该货物的有关单证办理核销手续；确因无使用价值无法变卖并经海关核准的，由企业自行处理，园区主管海关直接办理核销手续。放弃货物在海关提取变卖前所需的仓储费用等，由企业自行承担。

第二，因不可抗力造成园区货物损坏、损毁、灭失的，园区企业应当及时书面报告园区主管海关，说明理由并提供保险、灾害鉴定部门的有关证明。经主管海关核实确认后，按照表3-65所列的规定处理。

表3-65　　不可抗力造成损失的处理

情况	处理方法
货物灭失或者完全失去使用价值的	海关予以办理核销和免税手续
进境货物损坏、损毁，失去原使用价值但可再利用的	园区企业可以向园区主管海关办理退运手续
	如不退运出境并要求运往区外的，由区内企业提出申请，并经主管海关核准，根据受灾货物的使用价值估价、征税后运往园区外
区外进入园区的货物损坏、损毁，失去原使用价值但可再利用的	需向出口企业退换的，可以退换为与损坏货物同一品名、规格、数量、价格的货物，并向园区主管海关办理退运手续

第三，因保管不善等非不可抗力因素造成货物损坏、损毁、灭失的，按表3-66所列的规定办理。

表3-66 非不可抗力造成损失的处理

情况	处理方法
对于从境外进入园区的货物	园区企业应当按照一般进口货物的规定，以货物进入园区时海关接受申报之日适用的税率、汇率，依法向海关缴纳损毁、灭失货物原价值的关税、进口环节增值税和消费税
对于从区外进入园区的货物	园区企业应当重新缴纳因出口而退还的国内环节有关税费，海关据此办理核销手续

3.4.4.2 保税物流园区进出货物的报关程序

1）保税物流园区与境外进出货物

（1）境外货物运入园区。境外运入园区货物的报关事项及管理方法见表3-67。

表3-67 境外运入园区货物的报关事项及管理方法

事项	管理方法
单证	备案清单
许可证	除法律、行政法规另有规定外，境外运入园区的货物不实行许可证管理
税收	下列货物保税：①园区企业为开展业务所需的货物及其包装物料；②加工贸易进口货物；③转口贸易货物；④外商暂存货物；⑤供应国际航行船舶和航空器的物料、维修用零部件；⑥进口寄售货物；⑦进境检测、维修货物及其零部件；⑧看样订货的展览品、样品；⑨未办结海关手续的一般贸易货物；⑩经海关批准的其他进境货物
	下列货物免税：①园区基础设施建设项目所需的设备、物资等；②园区企业为开展业务所需的机器、装卸设备、仓储设施、管理设备及其维修用消耗品、零配件及工具；③园区行政机构及其经营主体、企业自用的合理数量的办公用品

（2）园区货物运往境外。园区运往境外货物的报关事项及管理方法见表3-68。

表3-68 园区运往境外货物的报关事项及管理方法

事项	管理方法
单证	备案清单
许可证	除法律、行政法规另有规定外，园区运往境外的货物不实行许可证管理
税收	除法律、法规另有规定外，免征出口关税
退运	进境货物未经流通性简单加工，原状退运出境的，园区企业可以向园区主管海关申请退运手续

2）保税物流园区与境内区外进出货物

（1）园区货物运往区外视同进口：①进入国内市场的，按一般进口货物报关，提供相关许可证件，缴纳税款；②用于加工贸易的，按加工贸易保税货物报关，提供加工贸易登记手册，继续保税；③用于可以享受特定减免税的特定企业、特定地区或有特定用途的，按特定减免税货物报关，提供“进出口货物征免税证明”和相应证件，免缴进口税款；④检测维修的机器、设备和办公用品等不得留在区外使用，并自运出之日起60天内运回区内，特殊情况下，应在期满前10天内，以书面形式向园区主管海关申请延期，延长期限不超过30天。

（2）区外货物运入园区视同出口。其程序是：区内企业或区外发货人向园区主管海关办理出口申报手续，照章纳税和提交许可证件。报关单填制：贸易方式按实际监管填报，运输方式填报0非保税区。出口退税：用于出口退税的出口货物报关单证明联的签发手续，按照下列规定办理：

第一，从区外运入园区，供区内企业开展业务的国产货物及其包装材料，由区内企业或者区外发货人及其代理人填写出口货物报关单，海关按照对出口货物的有关规定办理，签发出口货物报关单退税证明联；货物从异地转关进入园区后，起运地海关在收到园区主管海关确认转关货物已进入园区的电子回执后，签发出口货物报关单证明联。

第二，从区外运入园区，供区内行政管理机构及其经营主体和区内企业使用的国产基建物资、机器、装卸设备、管理设备等，海关按照对出口货物的有关规定办理。除国家取消出口退税的基建物资外，其他的予以签发出口货物报关单退税证明联。

第三，从区外运入园区，供区内行政管理机构及其经营主体和区内企业使用的生活消费品、办公用品、交通运输工具等，海关不予签发出口货物报关单退税证明联。

第四，对于从区外进入园区的原进口货物、包装物料、设备、基建物资等，区外企业应当向海关提供上述货物或者物品的清单，按照出口货物的有关规定办理申报手续，海关不予签发出口货物报关单退税证明联，原已缴纳的关税、进口环节增值税和消费税不予退还。

（3）保税物流园区与其他特殊监管区域、保税监管场所之间往来货物。对于园区与海关其他特殊监管区域或者保税监管场所之间往来的货物，海关继续实行保税监管，不予签发出口货物报关单退税证明联。但货物从未实行国内货物入区、入仓环节出口退税制度的海关特殊监管区域或者保税监管场所转入园区的，按照货物实际离境的有关规定办理申报手续，由“转出地”海关签发出口货物报关单退税证明联。

园区与海关其他特殊监管区域、保税监管场所之间的货物交易、流转，不征收进出口环节和国内流通环节的有关税收。

知识链接3-5　　上海外高桥保税物流园区的四大功能

上海外高桥保税物流园区的四大功能如图3-10所示。

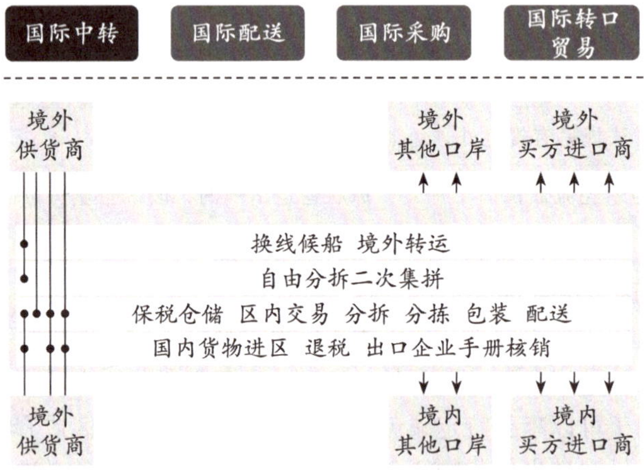

图3-10　上海外高桥保税物流园区的四大功能

子任务5：保税区货物的报关程序

3.4.5.1 保税区概述

（1）含义。保税区是指经国务院批准在中华人民共和国境内设立的由海关进行监管的特定区域。

（2）功能。保税区的功能包括：①保税加工功能：利用保税区的优惠政策开展加工贸易，培育和发展加工产业链。②保税仓储和展示功能：利用保税区进行货物储存和展示或者拆装和分装等流通性简单加工。③国际贸易功能：利用保税区的优惠政策和毗邻港口、陆路口岸的优势开展国际贸易。

举例3-8 国内产品与国外产品的简单装配

美国某大型电脑销售公司分别从广州、深圳、中山、东莞等六家加工工厂购买电脑机箱、显示器、键盘等电脑组件，然后装配并包装为整机后在美国本土销售。由于上述六家工厂均属加工企业，所生产产品均受海关监管，因此不能在国内非海关监管区域完成组装工序，以前都是分别出口至中国香港完成组装后再运抵美国或分别直运美国再进行组装，但由于中国香港、美国的人工费很高，这样一来大幅增加了成品的成本，后来该公司指令这六家工厂全部将产品运抵保税区，利用保税区廉价的劳动力资源完成装配包装，并解决了加工企业出口手册核销的问题，再以整机出口至美国，大大降低了成本。

（3）保税区加工贸易管理。保税区加工贸易货物报关管理方法见表3-69。

表3-69 保税区加工贸易货物报关管理方法

项目	管理方法
许可证	除易制毒化学品、监控化学品、消耗臭氧层物质要提供进出口许可证件，生产激光光盘要由主管部门批准外，其他加工贸易料件免交验许可证件
台账	区内企业开展加工贸易，不实行保证金台账制度
税收	区内企业将区内加工的制成品及其在加工过程中产生的边角料运往境外时，应当按照国家有关规定向海关办理手续，除法律、行政法规另有规定外，免征出口关税
货物处理	货物如发生了所有权的转移，企业自定加工要求
其他保税货物处理	区内企业将加工贸易料件及制成品、副产品、残次品、边角料运往非保税区时，应办理进口报关手续，依法纳税，免缓税利息

3.4.5.2 保税区进出货物的报关程序

1）进出境报关

（1）方式。进出境报关采用报关制和备案制相结合的运行机制：①属自用的，采用报关制，填写进出口货物报关单；②属非自用的，包括加工出口、转口、仓储和展示，采用备案制，填写进出境货物备案清单，即保税区内企业的加工贸易料件、转口贸易货物、仓储货物进出境，由收货人或其代理人填写进出境货物备案清单向海关报关；③对保税区内企业进口自用合理数量的机器设备、管理设备、办公用品及工作人员所需自用合理数量的应税物品及货样，由收货人或其代理人填写进口货物报关单向海关报关。

（2）许可证。保税区与境外之间进出的货物，除易制毒化学品、监控化学品、消耗臭氧层物质等国家规定的特殊货物外，不实行进出口许可证件管理，免交验许可证件。

（3）税收。从境外进入保税区的下列货物免税：①区内生产性的基础设施建设项目所需的机器、设备和其他基建物资，予以免税；②区内企业自用的生产、管理设备和自用合理数量的办公用品及其所需的维修零配件，生产用燃料，建设生产厂房、仓储设施所需的物资、设备，除交通车辆和生活用品外，予以免税；③保税区行政管理机构自用合理数量的管理设备和办公用品及其所需的维修零配件，予以免税。

免税进入保税区的进口货物，海关按照特定减免税货物进行监管。

（4）进出境仓储、转口货物报关单的填制方法（见表3-70）。

表3-70　进出境仓储、转口货物报关单的填制方法

监管方式	保税区仓储转口（代码为1234）
收发货人	第五位代码为保税区（4）或物流园区（7）
征免性质	免填
征免	全免3或保证金或保函7

2）进出区报关

（1）保税加工货物进出区。

第一，进区报出口。单证：手册或账册、出口报关单；许可证：提供有关的许可证件；关税：应税缴税；出口退税：不签退税证明联；出口报关单填制：贸易方式按实际监管方式填报；运输方式填报：0（非保税区运入保税区货物和保税区退区货物）。

知识链接3-6

保税区退区货物是指原已向海关办理出口报关手续，从非保税区运入保税区后，经海关核准转为非保税区使用的货物。

第二，出区报进口。按不同的流向填写进口货物报关单：

- 出区进入国内市场的，按一般进口货物报关，填写进口货物报关单，提供有关证件。

保税加工货物内销征税完税价格的确定见表3-71，保税区加工贸易内销成品报关单的填制方法见表3-72。

表3-71　保税加工货物内销征税完税价格的确定

类型	完税价格
进口料件或制成品（包括残次品）	以接受内销申报的同时或者大约同时进口的相同或者类似货物的进口成交价格为基础确定完税价格
进料加工制成品中，如果含有从境内采购的料件	以制成品所含有的从境外购入的料件的原进口成交价格为基础确定完税价格
来料加工制成品中，如果含有从境内采购的料件	以接受内销申报的同时或者大约同时进口的与料件相同或者类似货物的进口成交价格为基础确定完税价格
边角料或者副产品	内销价格

表3-72 保税区加工贸易内销成品报关单的填制方法

监管方式	按成品征税：0444保区进料成品、0445保区来料成品 按料件征税：0544保区进料料件、0545保区来料料件
备案号	贸易方式为0444-45填制手册号，贸易方式为0544-45为空
运输方式	保税区（代码为7：指保税区货物运往境内非保税区，用于进口货物报关单）
原产国	贸易方式为0444-45填制中国，贸易方式为0544-45填制原产国

- 出区用于加工贸易的，按加工贸易货物报关。
- 出区用于可以享受特定减免税企业的，按特定减免税货物报关。

（2）进出区外发加工。保税区企业货物外发到区外加工，或区外企业货物外发到保税区加工，需经主管海关核准。

第一，进区。进区提交外发加工合同向保税区海关备案，加工出区后核销，不填写进出口货物报关单，不缴纳税费。

第二，出区。出区需由区外加工贸易经营企业在其所在地海关办理加工贸易备案手续，需要建立银行保证金台账的，应当设立台账，加工期限最长为6个月，情况特殊，经海关批准可以延长，延长的最长期限是6个月；备案后按加工贸易货物出区进行报关。

（3）设备进出区。不管是施工设备还是投资设备，进出区均需向保税区海关备案，不填写报关单，不缴纳出口税，海关不签发报关单退税证明联；设备系从国外进口已征进口税的，不退进口税；设备退出区外，也不必填写报关单申报，但要报保税区海关销案。

知识链接3-7 **保税区（物流园）与保税区之间转关**

某工厂在苏州物流园设有保税仓库，其供应商货物却存放于深圳福田保税区仓库。供应商要供货给这家工厂，送货到苏州物流园的保税仓库，于是安排货物从福田保税区转关到苏州物流园的保税仓库，工厂再根据生产需要分批从苏州物流园报关进口。

子任务6：保税港区货物的报关程序

3.4.6.1 保税港区简介

1）含义

保税港区是指经国务院批准，设立在国家对外开放的口岸港区和与之相连的特定区域内，具有口岸、物流、加工等功能的海关特殊监管区域。

2）功能

保税港区内可以开展下列业务：①存储进出口货物和其他未办结海关手续的货物；②对外贸易，包括国际转口贸易；③国际采购、分销和配送；④国际中转；⑤检测和售后服务维修；⑥商品展示；⑦研发、加工、制造；⑧港口作业；⑨经海关批准的其他业务。

保税港区享受的税收优惠和外汇管理政策包括：国外货物入港区保税；货物出港

区进入国内销售，按货物进口的有关规定办理报关手续，并按货物的实际状态征税；国内货物入港区视同出口，实行退税；港区内企业之间的货物交易不征收增值税和消费税。

3）管理

（1）保税港区实行封闭式管理。保税港区与中华人民共和国关境内的其他地区之间，应当设置符合海关监管要求的卡口、围网、视频监控系统以及海关监管所需的其他设施。

（2）保税港区内不得居住人员。除保障保税港区人员正常工作、生活的非营利性设施外，区内不得建立商业性生活、消费设施和开展商业零售业务。

（3）对区内企业的监管。区内企业开展加工贸易，不实行加工贸易合同核销制度，加工贸易单耗标准不适用于保税港区内的加工贸易管理。

海关对区内企业实行计算机联网管理制度。保税港区管理机构应当建立信息共享的计算机公共信息平台，并通过“电子口岸”实现区内及相关单位与海关之间的电子数据交换。

（4）对区内货物的监管。海关对保税港区与境外之间进出的货物实行备案制和报关制相结合的申报制度。

海关对保税港区与境外之间进出的货物，实行报关制管理。

3.4.6.2 进出保税港区货物的报关程序

1）保税港区与境外之间进出货物

保税港区与境外之间进出货物的报关事项及管理方法见表3-73。

表3-73 保税港区与境外之间进出货物的报关事项及管理方法

事项	管理方法
地点	保税港区主管海关；口岸海关（经批准）
单证	实行备案制管理；提供进出境货物备案清单
税收	进区：下列产品免征进口关税和进口环节海关代征税：①区内生产性的基础设施建设项目所需的机器、设备和建设生产厂房、仓储设施所需的基建物资；②区内企业生产所需的机器、设备、模具及维修用零配件；③区内企业和行政管理机构自用合理数量的办公用品 注：供区内企业和行政管理机构自用的交通运输工具、生活消费品，按照进口货物的有关规定办理报关手续，并征收进口关税和进口环节代征税 出境：免出口税
许可证	除另有规定外，不实行进出口配额、许可证件管理 注：对于同一配额、许可证项下的货物，海关在进区环节已经验核配额、许可证件的，在出境环节不再要求企业出具配额、许可证原件

2）保税港区与区外非特殊监管区域或场所之间进出货物

区内企业或者区外进出口货物收发货人按照进出口货物的规定向保税港区海关办理申报手续。

（1）出区。出区不同种类货物的报关管理方法见表3-74。

表3-74 出区不同种类货物的报关管理方法

货物种类	管理方法
一般贸易货物	直接进入生产消费领域的，按一般进口货物报关；属于优惠贸易协定项下的货物，符合海关总署相关原产地管理规定的，按协定税率或者特惠税率办理海关征税手续；符合保税或者特定减免税条件的，按保税货物或者特定减免税货物报关
加工贸易货物	成品、残次品、副产品按进口货物办理报关手续；内销时按实际状态征税，交配额和许可证；边角料、副产品、包装物料等按照出区实际状态征税，免配额和许可证
出区展示货物	比照暂准进境货物管理
出区检测、维修货物	区内使用的机器、设备、模具和办公用品比照进境修理货物 注：模具应当留存样品或者图片资料；不得在区外用于加工生产和使用；自运出之日起60日内运回保税港区；因特殊情况不能如期运回的，在期限届满前7日内，以书面形式向海关申请延期，延长期限不得超过30日
出区外发加工货物	模具、原材料、半成品等外发加工，凭承揽加工合同或者协议、承揽企业营业执照复印件和区内企业签章确认的承揽企业生产能力状况等材料，向保税港区主管海关办理外发加工手续；委托区外企业加工的期限不得超过6个月

（2）进区。进区货物的管理方法见表3-75。

表3-75 进区货物的管理方法

货物种类	管理方法
国产货物	①国产货物及其包装物料：按照对出口货物的有关规定办理报关，签发出口货物报关单证明联；②区内行政管理机构和企业使用的国产基建物资、机器、装卸设备、管理设备、办公用品等，除取消出口退税的基建物资外，海关按照对出口货物的有关规定办理相关手续，签发出口货物报关单证明联 注：货物转关出口的，起运地海关收到保税港区主管海关确认转关货物已进入保税港区的电子回执后，签发出口货物报关单证明联
原进口货物	对于原进口货物、包装物料、设备、基建物资等，区外企业应当向海关提供上述货物或者物品的清单，按照出口货物的有关规定办理申报手续，海关不予签发出口货物报关单证明联，原已缴纳的关税、进口环节海关代征税不予退还

3）保税港区与其他海关特殊监管区域或者保税监管场所之间进出货物

（1）海关对保税港区与其他海关特殊监管区域或者保税监管场所之间往来的货物实行保税监管，不予签发用于办理出口退税的出口货物报关单证明联。但货物从未实行国内货物入区（仓）环节出口退税制度的海关特殊监管区域或者保税监管场所转入保税港区的，视同货物实际离境，由转出地海关签发出口货物报关单证明联。

（2）保税港区与其他海关特殊监管区域或者保税监管场所之间的流转货物，不征收进出口环节的有关税收。

任务实操

保税仓库货物报关

步骤一：掌握任务方案

中商华联贸易有限公司（以下简称华联公司）（海关注册编码为1102918123）代理湖

南长沙家佳纺织品有限公司（海关注册编码为4301962104）进口了一批未梳棉花（法定检验检疫商品，法定计量单位为千克），货物由合同卖方台湾某公司在2019年4月从棉花原产国采购后运输进境，并存放于某公用型保税仓库。2019年8月20日，华联公司与该台湾公司签订合同后，自上述保税仓库提取合同约定数量的棉花出库，办理进口报关手续，申报时华联公司向海关提交了编号为B43020080505007的“关税配额外优惠关税税率进口棉花配额证”（监管证件代码：e）。海关放行后，华联公司将货物运至境内目的地，交由家佳公司用于生产内销成品。相关资料见表3-76和表3-77。

表3-76　海关进口货物报关单

预录入编号：18800087 海关编号：421820081188000087（青岛开发区海关）　　页码/页数：

境内收货人	进境关别 青岛开发区4218	进口日期 20190330	申报日期	备案号 K42185D00012
境外发货人 中外运山东有限公司3702910096	运输方式 水路运输	运输工具名称及航次号 CONTIHARMONY/00810N	提运单号 NQK005306	货物存放地点
消费使用单位 青岛中外运物流公用型保税仓库 3702××××××	监管方式 保税仓库货物	征免性质	许可证号	起运港 加尔各答
合同协议号	贸易国（地区） 印度	起运国（地区） 印度	经停港	入境口岸 青岛开发区

包装种类 包	件数 2 250	毛重（千克） 376 111	净重（千克） 374 761	成交方式 FOB	运费 502/8250/3	保费 0.3/1	杂费
随附单证 随附单证1：　　随附单证2：							
标记唛码及备注							

项号	商品编号	商品名称及规格型号	数量及单位	单价/总价/币制	原产国（地区）	最终目的国（地区）	境内目的地	征免
1	521000001	未梳的棉花	374 761千克	1.4032 525 864.63美元	印度	中国	青岛中外运物流公用型保税仓库3702××××××	全免
4 1-1/83.5-4.9NCL								
2								
3								
4								
5								
6								
7								

特殊关系确认：　　价格影响确认：　　支付特许权使用费确认：　　自报自缴：	
申报人员　　申报人员证号　　电话 兹申明以上内容承担如实申报、依法纳税之法律责任。 申报单位　　申报单位（签章）	海关批注及签章

表3-77 发票和装箱单

SHARP INVEST INTERNATIONAL LIMITED NO.61.SEC ZHONG XING RD.，WUGU HSIANG，TAIPEI，TAIWAN TEL：00886-2-8976-×××× FAX：00886-2-8976-×××× INVOICE AND PACKING LIST
CONTRACT NO.：CS2580786H-1 DATE：08 JULY 2019 INVOICE NO.：CS2580786H-1-A DATE：18 JULY 2019 BUYER：COMMERCE HUALIAN TRADING CO.，LTD ROOM225，NO.3 BUILDING，NO.23 XICHENG DISTRICT， FUXINGMENNEI STREET，BEJING，CHINA
DESCRIPTION：INDIAN RAW COTTON，SANKAR-6 CR OP2007/2008 G5 STAPLE 1-1/8 QUANTITY：374.761 MTS（826，206.58 NET LBS） PACKING：STANDARD EXPORT PACKING PRICE：USD 0.7657 PER LB NET WEIGHT CIF QINGDAO PORT，CHINA REIMBURSEMENT：BY T/T FOR FULL INVOICE VALUE QUANTITY SHIPPED：GROSS 100 297.00 KGS TARE 360.00 KGS NET 99 937.00 KGS BALES 600 WEIGHT BASIS：CIQ QUALITY AND NET LANDED WEIGHT FINAL VALUE OF GOOD：USD 168 701.60 SHARP INVEST INTERNATIONAL LIMITED

步骤二：准备表格

填制“海关进口货物报关单”（见表3-8）。

步骤三：进口报关

任务5 特定减免税货物报关

案例导入

山东爱美尔服装有限公司（属国家鼓励发展产业类）在其投资总额内，从境外购进了一批免税纺织设备。在海关查验该批进口设备时，收货单位的陪同查验人员开拆包装不慎，将其中一台设备的某一部分损坏并在查验记录上作了注明。此后该公司又从同一供货处购进生产原料一批，其中30%的加工产品内销，50%的加工产品返销境外，20%的加工产品结转给另一直属关区的其他加工贸易企业继续加工后销往境外。料件进口前，该公司已向海关办妥加工贸易合同登记备案手续和深加工结转手续。在海关监管期内，该公司为调整产业结构，将该加工设备出售给某内资企业。

根据上述案例，回答下列问题：

1.在海关查验时造成的加工设备损坏，应该怎么办？

2.料件进口应以哪种方式办理进口申报手续？

3.免税纺织机械进口时该怎么办？

4.进口的加工设备若出售给境内其他不享受同等优惠待遇的企业，应该怎么办？

资讯

3.5.1 特定减免税货物概述

1）定义

特定减免税货物是指海关根据国家的政策规定准予减免税进境、使用于特定地区、特定企业、特定用途的货物。

2）范围

特定减免税货物的范围见表3-78。

表3-78 特定减免税货物的范围

货物类型	定义	举例
特定地区	我国关境内由行政法规规定的某一特别限定区域，享受减免税优惠的进口货物只能在这一特别限定的区域内使用	保税区、出口加工区等特定区域进口生产性的基础设施建设项目所需的机器、设备和其他基建物资等予以免税
特定企业	由国务院制定的行政法规专门规定的企业，享受减免税优惠的进口货物只能由这些专门规定的企业使用	外商投资企业进口减免税货物
特定用途	国家规定可以享受减免税优惠的进口货物只能用于行政法规专门规定的用途	外商投资项目投资额度内进口的自用设备；国内属国家重点鼓励发展产业的投资项目进口的自用设备；科研机构及学校进口的专用科研用品；残疾人专用品及残疾人组织和单位进口的货物

3）基本特征

（1）特定条件下减免关税。

（2）进口申报应当提交进口许可证件。外资企业和中国香港、澳门、台湾同胞及华侨的投资企业，进口本企业自用的机器设备，免交许可证；外商投资企业在投资总额内进口，涉及机电产品自动进口许可管理的，免交许可证。

（3）进口后在特定的海关监管期限内接受海关监管。其包括：①船舶、飞机：8年；②机动车辆：6年；③其他货物：5年。

4）海关监管要求

（1）减免税备案、审批、税款担保和后续管理业务等相关手续应当由进口货物减免税申请人或其代理人办理。进口货物减免税申请人应当包括具有独立法人资格的企事业单位、社会团体、国家机关，符合规定的非法人分支机构，以及经海关总署审查确定的其他组织。

效果检测3-2

下列哪些机构有资格成为进口货物减免税申请人？

A.有独立法人资格的企业 B.有独立法人资格的事业单位

C.社会团体 D.国家机关

效果检测3-2

答案提示

（2）减免税申请人面临下列情形之一的，可以向海关申请凭税款担保先办理货物放行手续：①主管海关按照规定已经受理减免税备案或者审批申请，尚未办理完毕的；②有关进口税收优惠政策已经国务院批准，具体实施措施尚未明确，海关总署已确认减免税申请人属于享受该政策范围的；③其他经海关总署核准的情况。但是应当提供许可证而不能提供的，以及法律、行政法规规定不得担保的其他情形，进出口地海关不得办理减免税货物凭税款担保放行手续。

（3）在海关监管年限内，减免税申请人应当自进口减免税货物放行之日起，在每年的第1季度向主管海关递交“减免税货物使用状况报告书”，报告减免税货物的使用状况。在海关监管年限及其后3年内，海关可以对减免税申请人进口和使用减免税货物的情况实施稽查。

（4）减免税货物转让给进口同一货物享受同等减免税优惠待遇的其他单位的，不予恢复减免税货物转出申请人的减免税额度，减免税货物转入申请人的减免税额度按照海关审定的货物结转时的价格、数量或者应缴税款予以扣减。

减免税货物因品质或者规格原因原状退运出境，减免税申请人以无代价抵偿方式进口同一类型货物的，不予恢复其减免税额度；未以无代价抵偿方式进口同一类型货物的，减免税申请人自原减免税货物退运出境之日起3个月内向海关提出申请，经海关批准，可以恢复其减免税额度。

效果检测3-3

哪些情况下，海关不予恢复减免税申请人的减免税额度？

效果检测3-3

答案提示

3.5.2 特定减免税货物的报关程序

特定减免税货物的报关包括三个阶段：减免税备案和审批（货物进口之前的阶段）—进出口报关—后续处理和解除监管（后续阶段）。

1）减免税备案和审批

（1）减免税备案。减免税申请人到主管海关办理减免税备案手续，海关对申请享受减免税优惠政策的减免税申请人进行资格确认，对项目是否符合减免税优惠政策的要求进行审核，确定项目的减免税额度等。减免税备案的步骤如图3-11所示。

提交申请 ⇒ 海关审批 ⇒ 海关对电子数据校对、复核

图3-11 减免税备案的步骤

（2）减免税审批。受理部门是海关减免税管理部门。其办理步骤如图3-12所示。

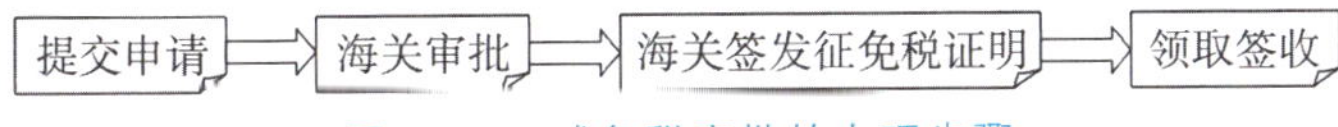

图3-12 减免税审批的办理步骤

第一步：提交申请。减免税备案后、货物进口前，减免税申请人应当持以下单证向主管海关申领征免税证明：①进出口货物征免税申请表；②企业营业执照或者事业单位法人证书、国家机关设立文件、社团登记证书、民办非企业单位登记证书、基金会登记证书等证明文件；③进出口合同、发票及相关货物的资料；④相关政策规定的享受进出口税收优惠政策的资格证明材料；⑤海关认为需要提供的其他材料。

第二步：海关审批。主管海关对纸质单证逐级审批。

第三步：海关签发征免税证明。海关通过审核，确定其所申请的货物的免税方式，依据其是否符合减免税政策的要求决定是否签发进出口货物征免税证明。

第四步：领取签收。由报关公司领取签收已签章的征免税证明。进出口货物征免税证明的有效期为6个月，向海关申请可延期6个月。一份证明只能验放一批货物。

案例分析3-10

某企业进口一批特定减免税货物，分两批装运，向有关部门申领了进出口货物征免税证明。

请问：在进口报关的时候，该企业可以凭着一份进出口货物征免税证明对进口的货物分两次报关吗？

案例分析3-10

答案提示

2）进出口报关

（1）提交单证。其包括进出口货物征免税证明和许可证件（特殊情况除外）。

案例分析3-11

中日合资某北方纺织品公司委托某贸易公司进口清纱器20台，总值1 000万元。其中，投资建厂用10台，转售给国内某国有企业10台。清纱器运至进口口岸后，大连某贸易公司按外商投资企业进口物资进行减免税申报，但遭到海关的拒绝。

请问：海关的拒绝是否合理，为什么？

案例分析3-11

答案提示

（2）报关单的填制方法。减免税进口设备报关单各栏目的填制方法见表3-79。

表3-79 减免税进口设备报关单各栏目的填制方法

项目 栏目	投资总额内进口			投资总额外进口
	合资合作企业	外商独资企业	国内投资项目	
	进境	进境	进境	进境
监管方式	合资合作设备	外资设备、物品	一般贸易	一般贸易
征免性质	鼓励项目			自有资金
备案号	征免税证明编号			
境内收货人	该合资合作企业	该外商独资企业	设备进口企业	
运输方式	进境实际运输方式			
起运国/运抵国	实际起运国			
备注	如为委托进口，需注明代理进口的外贸企业名称			
原产国/最终目的国	设备实际原产国			
征免	全免			

3）后续处理和解除监管

小提示3-8

减免税货物在海关监管年限内为海关监管货物。除自用外，未经海关允许，不得以任何形式转让、出售、出租或移作他用。

（1）后续处理。

其一，变更使用地点。在海关监管期限内，减免税货物应当在主管海关核准的地点使用。变更需申请办理异地监管手续，海关批准后才可以移出主管海关管辖地。

其二，结转。减免税设备结转报关单的填制见表3-80。

表3-80 减免税设备结转报关单的填制

栏目	形式进口	形式出口
监管方式	根据货物实际情况选择填报	减免税设备结转
征免性质	根据货物实际情况选择填报	免予填报
备案号	征免税证明编号	结转联系函编号
境内收发货人	转入企业	转出企业
运输方式	其他运输	
起运国/运抵国	中国	
备注	结转联系函编号	转入进口货物报关单号；转入方征免税证明编号
原产国/最终目的国	设备原产国	中国
征免	全免	

在海关监管期限内，减免税申请人将进口减免税货物转让给进口同一货物享受同等减免税优惠待遇的其他单位的，应当按照规定办理减免税货物结转手续（如图3-13所示）。

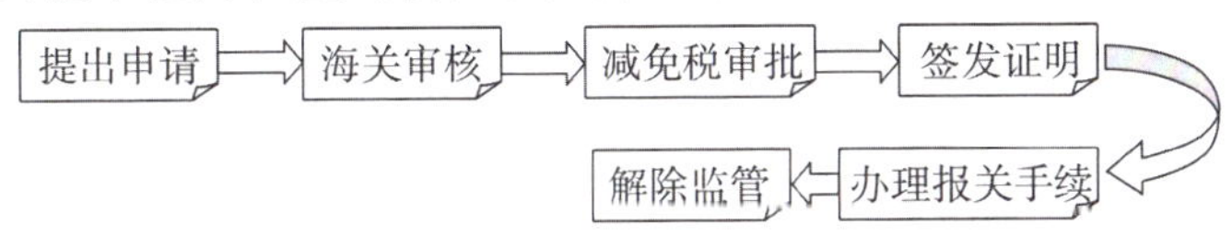

图3-13 减免税货物结转手续的办理步骤

第一步：提出申请。转出申请人向转出地海关提出申请。

第二步：海关审核。转出地海关审核同意后，通知转入地海关。

第三步：减免税审批。转入申请人向转入地海关申请办理减免税审批手续。

第四步：签发证明。转入地海关审核无误后，签发征免税证明。

第五步：办理报关手续。转出、转入申请人分别在主管海关办理出口、进口报关手续。

第六步：解除监管。转出地海关办理转出减免税货物的解除监管手续；转入地海关在剩余监管年限内对结转减免税货物继续实施后续监管，监管期满后申请解除监管，签发“减免税进口货物解除监管证明”。

其三，转让。在海关监管年限内，减免税申请人将进口减免税货物转让给不享受进口税收优惠政策或者进口同一货物不享受同等减免税优惠待遇的其他单位的，应当事先向减免税申请人主管海关申请办理减免税货物补缴税款和解除监管手续。

其四，移作他用。在海关监管年限内，减免税申请人需要将减免税货物移作他用的，应当事先向主管海关提出申请。经海关批准，减免税申请人可以按照海关批准的使用地区、用途、企业将减免税货物移作他用。其包括以下情形：①将减免税货物交给减免税申请人以外的其他单位使用的；②未按照原定用途、地区使用减免税货物的；③未按照特定地区、特定企业或者特定用途使用减免税货物的其他情形。

除海关总署另有规定外，按照上述第一款规定将减免税货物移作他用的，减免税申请人还应当按照移作他用的时间补缴相应的税款。移作他用的时间不能确定的，应当提交相应的税款担保，税款担保额不得低于剩余监管年限应补缴的税款总额。

其五，变更、终止。在海关监管年限内，减免税申请人发生分立、合并、股东变更、改制等情形的，权利义务承受人应当自营业执照颁发之日起30日内，向原减免税申请人的主管海关报告主体变更情况及原减免税申请人进口减免税货物的情况。经海关审核，需要补征税款的，承受人应当向原减免税申请人主管海关办理补税手续；可以继续享受减免税待遇的，承受人应当按照规定申请办理减免税备案变更或者减免税货物结转手续。

在海关监管年限内，因破产、改制或者其他情形导致减免税申请人终止，没有承受人的，原减免税申请人或者其他依法应当承担关税及进口环节海关代征税缴纳义务的主体，应当自资产清算之日起30日内向海关申请办理补税和解除监管手续。

其六，退运、出口。减免税申请人持出口货物报关单向主管海关办理原减免税货物的解除监管手续。办理步骤如图3-14所示。

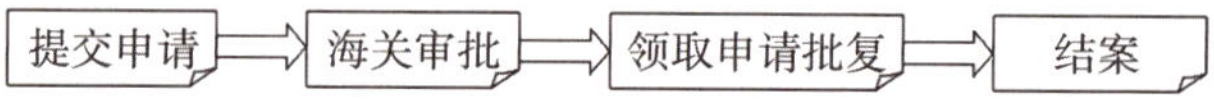

提交申请 ⇒ 海关审批 ⇒ 领取申请批复 ⇒ 结案

图3-14　减免税货物解除监管手续的办理步骤

其七，贷款抵押。在海关监管年限内，减免税申请人要求以减免税货物向金融机构办理贷款抵押的，应当向主管海关提出书面申请，不得以减免税货物向金融机构以外的公民、法人或其他组织办理贷款抵押。减免税申请人以减免税货物向境内金融机构办理贷款抵押的，应当向海关提供下列形式的担保：①与货物应缴纳税款等值的担保金；②境内金融机构提供的相当于货物应缴税款的保函；③减免税申请人、境内金融机构共同向海关提交的“进口减免税货物贷款抵押承诺保证书”。

减免税申请人以减免税货物向境外金融机构抵押的，应提交与货物应缴纳税款等值的保证金或者境内金融机构提供的相当于货物应缴税款的保函。

减免税申请人以减免税货物向金融机构办理贷款抵押的步骤如图3-15所示。

提交申请 ⇒ 海关审批 ⇒ 海关签发抵押贷款协议

图3-15　以减免税货物向金融机构办理贷款抵押的步骤

（2）解除监管。

第一，自动解除监管。特定减免税进口货物监管期届满时，减免税申请人不必向海关申领“减免税进口货物解除监管证明”，有关减免税货物自动解除监管，可以自行处理。

第二，申请解除监管。

A.期满申请解除监管。监管期届满，减免税申请人需要“减免税进口货物解除监管证明”的，可以自监管年限届满之日起1年内，持有关单证向海关申请领取。海关应当自接到特定减免税申请人的申请之日起20日内核实情况，并填发“减免税进口货物解除监管证明”。其办理步骤如图3-16所示。

提交申请 ⟹ 海关审批 ⟹ 海关出具解除监管证明

图3-16 期满申请解除监管的办理步骤

B.监管期限内申请解除监管。特定减免税货物在海关监管期限内，因特殊原因出售、转让、放弃或者企业破产清算的，原“进出口货物征免税证明”的申请人办理有关进口货物的结关手续后，应当向原签发征免税证明的海关提出解除监管申请，主管海关经审核批准后，签发“减免税进口货物解除监管证明”。

任务实操

特定减免税货物报关

步骤一：掌握任务方案

山东爱美尔服装有限公司（3702241526）委托鲁通国际贸易有限公司（3702912265）进口一批减免税纺织机械，货物进口时与同批进口的其他货物分单向海关填报，保险费率3%。相关资料见表3-81至表3-83。

表3-81 进出口货物征免税证明

<table>
<tr><td colspan="3">申请单位：山东爱美尔服装有限公司（3702241526）</td><td colspan="5">征免性质/代码：鼓励项目/789</td><td colspan="3">审批依据：97署税1062号</td></tr>
<tr><td colspan="3">发证日期：2019.07.15</td><td colspan="8">有效期：2019.07.15至2020.02.08</td></tr>
<tr><td colspan="3">到货口岸：青岛海关</td><td colspan="8">合同号：</td></tr>
<tr><td rowspan="2">序号</td><td rowspan="2">货品</td><td rowspan="2">规格</td><td rowspan="2">税号</td><td rowspan="2">数量</td><td rowspan="2">单位</td><td rowspan="2">金额</td><td rowspan="2">币制</td><td colspan="3">主管海关审批征免意见</td></tr>
<tr><td>关税</td><td>增值税</td><td>其他</td></tr>
<tr><td>1</td><td>成品中检机及附件/成品检查溜布用</td><td>JS-100</td><td>8479899090</td><td>1</td><td>套</td><td>83 200</td><td>USD</td><td>全免</td><td>全免</td><td></td></tr>
<tr><td>2</td><td>成品中检机/成品检查溜布用</td><td>JS-105</td><td>8479899090</td><td>2</td><td>台</td><td>18 058.30</td><td>USD</td><td>全免</td><td>全免</td><td></td></tr>
<tr><td>3</td><td><以下空白></td><td></td><td></td><td></td><td></td><td></td><td></td><td></td><td></td><td></td></tr>
<tr><td>4</td><td></td><td></td><td></td><td></td><td></td><td></td><td></td><td></td><td></td><td></td></tr>
<tr><td>备注</td><td></td><td></td><td></td><td></td><td></td><td></td><td></td><td></td><td></td><td></td></tr>
<tr><td colspan="3">审批海关签章：
负责人：×××
年 月 日</td><td colspan="3">核放海关批注：
负责人：×××
年 月 日</td><td colspan="5">注意事项：
1.……
2.……</td></tr>
</table>

表 3-82 INVOICE & PACKING LIST

No.TK-080917

DATE：24-JUL-19 MARKS&NOS.：C/NO.1-4

For account and risk of Messrs. LUTONG International Trading Co.，Ltd NO.24.ZHONGSHAN ROAD.QINGDAO CHINA. CIF

Shipped by FAITH SUCCESS INC.

Per HON CHUN V.N483 Sailing on or about

From KEELUNG.TAIWAN To

Package No.	Description	Quantity	Unit Price	Amount	N.W.（kg）	G.W.（kg）
1	无张力卷布机/JS-535	1set	US$17 558.00	US$17 558.00	1 265	1 347
2	成品中检机及附件	1set	US$8 322.00	US$8 322.00	1 063	1 170
3	成品中检机/JS-105	1set	US$9 029.00	US$9 029.00	1 155	1 330
4	成品中检机/JS-105	1set	US$9 029.00	US$9 029.00	1 155	1 330
Total		4set		US$43 938.00	4 638	5 177

SAY TOTAL FOUR PALLETS ONLY.

FAITH SUCCESS INC.

表 3-83 提单

<table>
<tr><td colspan="3">Shipper Insert Name，Address and Phone
LUTONG International Trading Co.，Ltd</td><td colspan="2">B/L NO.：MKJC45588F44
S/O：9315</td></tr>
<tr><td colspan="3">Consignee Insert Name，Address and Phone
LUTONG International Trading Co.，Ltd
NO.24. ZHONGSHAN ROAD.QINGDAO .
FAX：xxxx-xxxxx TEL：xxxx-xxxxx
Notify Party Insert Name，Address and Phone
SAME AS CONSIGNEE</td><td colspan="2">XIN SHENG SHIPPING CO.，LTD

BILL OF LADING</td></tr>
<tr><td colspan="3">Place of Receipt</td><td colspan="2">Pre-carriage by</td></tr>
<tr><td colspan="3">Ocean Vessel/Voy.No.
HON CHUN V.N483</td><td colspan="2">of：
KEELUNG.TAIWAN</td></tr>
<tr><td colspan="3">of
QINGDAO.CHINA</td><td colspan="2">For Transshipment to（if on-carriage）</td></tr>
<tr><td colspan="5">Particulars Furnished by the Merchant</td></tr>
<tr><td>Marks& Nos.</td><td>No. of p'kgs or units</td><td>Kind of Packages/Description of Goods</td><td>G/Weight（kg）</td><td>Measurement（m³）</td></tr>
<tr><td></td><td></td><td>1×40' HC
SHIPPER'S LOAD，SEAL & COUNT-S.T.C. 4 PALLETS CY-CY
无张力卷布机
成品中检机及附件
成品中检机
TRANSIT（F）：
CRCU5682365/TARE.3 580kg</td><td>5 177.00kg</td><td>60.000CBM</td></tr>
</table>

续表

<table>
<tr><td colspan="6">TOTAL NUMBER OF CONTAINERS OR PACKAGES (IN WORDS) SAY: ONE CONTAINER ONLY</td></tr>
<tr><td>FREIGHT & CHARGES
OCEAN FREE FREIGHT/
Declared value charge</td><td>Weight/Measurement</td><td>Rate</td><td>Per</td><td>Prepaid</td><td>Collect</td></tr>
<tr><td>Landed on Board the Vessel Date
August 21,2019</td><td>No. of Original B (s) /L
Three/3</td><td colspan="2">Place of B / L Issue</td><td colspan="2">Signed for the Carrier
XIN SHENG SHIPPING CO., LTD</td></tr>
</table>

步骤二：减免税申请

第一步：提交申请。项目单位在向海关申请货物减免税进口时，需向海关提交如下单证：①购货合同、协议和进口发票；②经商务主管部门确认签章的进出口货物征免税申请表（见表3-84）；③在海关管理的企业基本情况表中登记编号后由专业报关公司预录入的海关进出口货物征免税申请表。

第二步：海关对纸质单证逐级审批。

第三步：海关签发征免税证明。海关通过电子数据的审核后，打印一式三联的征免税证明并签章。

第四步：领取签收。由报关公司领取签收已签章的征免税证明第二、三联，然后转交给企业。

表3-84 进出口货物征免税申请表 编号：

<table>
<tr><td colspan="2">企业代码</td><td></td><td>企业名称</td><td></td><td colspan="3">征免性质/代码</td><td></td></tr>
<tr><td colspan="2">项目统一编号</td><td></td><td colspan="2">产业政策审批条目/代码</td><td colspan="4"></td></tr>
<tr><td colspan="3">审批部门/代码</td><td></td><td>许可证号</td><td colspan="4"></td></tr>
<tr><td colspan="3">对外签约单位注册号</td><td></td><td>对外签约单位</td><td colspan="4"></td></tr>
<tr><td colspan="2">合同号</td><td></td><td colspan="2">项目性质/代码</td><td></td><td colspan="2">进出口岸</td><td></td></tr>
<tr><td colspan="2">备注</td><td colspan="7"></td></tr>
<tr><td>序号</td><td>税则号列</td><td>商品名称</td><td>规格型号</td><td>数量</td><td>单位</td><td>总价</td><td>币制</td><td>原产国</td></tr>
<tr><td></td><td></td><td></td><td></td><td></td><td></td><td></td><td></td><td></td></tr>
<tr><td></td><td></td><td></td><td></td><td></td><td></td><td></td><td></td><td></td></tr>
<tr><td></td><td></td><td></td><td></td><td></td><td></td><td></td><td></td><td></td></tr>
<tr><td></td><td></td><td></td><td></td><td></td><td></td><td></td><td></td><td></td></tr>
</table>

申请单位签章 主管部门签章： 联系人：

电话：

年 月 日 年 月 日

步骤三：进口申报

填制“海关进口货物报关单”（见表3-8）。

步骤四：解除监管

第一步：提交申请。项目单位要求海关对监管年限届满的减免税设备出具解除监管证明的，需向海关提交以下单证：①书面申请（见表3-85）；②需解除监管的设备清单、相应的进出口货物征免税证明和进口货物报关单（复印件）；③固定资产凭证。

第二步：海关审批。

第三步：海关出具解除监管证明。海关在书面申请上加盖“单证专用章”后，交给申请企业或其委托的专业报关公司。

表3-85 减免税货物解除监管申请表

<table>
<tr><td>企业代码</td><td colspan="3"></td><td colspan="2">企业名称</td><td colspan="2"></td><td>联系人、联系电话</td><td colspan="2"></td></tr>
<tr><td>解除监管类型</td><td colspan="10"></td></tr>
<tr><td colspan="11">申请解除监管货物清单</td></tr>
<tr><td>序号</td><td>项目统一编号</td><td>原征免税证明编号</td><td>原征免税证明项号</td><td>货物名称</td><td>规格型号</td><td>数量</td><td>单位</td><td>原货物总价</td><td>币制</td><td>原进口放行日期</td></tr>
<tr><td></td><td></td><td></td><td></td><td></td><td></td><td></td><td></td><td></td><td></td><td></td></tr>
<tr><td></td><td></td><td></td><td></td><td></td><td></td><td></td><td></td><td></td><td></td><td></td></tr>
<tr><td></td><td></td><td></td><td></td><td></td><td></td><td></td><td></td><td></td><td></td><td></td></tr>
<tr><td></td><td></td><td></td><td></td><td></td><td></td><td></td><td></td><td></td><td></td><td></td></tr>
<tr><td></td><td></td><td></td><td></td><td></td><td></td><td></td><td></td><td></td><td></td><td></td></tr>
<tr><td>申请解除监管理由</td><td colspan="10"></td></tr>
<tr><td>备注</td><td colspan="10"></td></tr>
<tr><td colspan="11">公司（签章）
年 月 日</td></tr>
</table>

注：本纸质申请表最多填写10项货物，超过10项货物可另行附页。

任务6 暂准进出境货物报关

案例导入

国外某影视公司到中国来采拍外景，9月1日办理了暂准进口通关手续，期限为6个月，摄影器材以ATA单证为担保免税通关。6个月后，采拍任务未完成，申请延期2个月，得到了海关的批准，该批摄影器材仍可在境内使用，并享受暂准进口货物的“担保免税”待遇。请问这种说法是否合理？为什么？

资讯

3.6.1 暂准进出境货物概述

1）含义

暂准进境货物是指为了特定的目的，经海关批准暂时进境，在规定的期限内原状复运出境的货物；暂准出境货物是指为了特定的目的，经海关批准暂时出境，在规定的期限内原状复运进境的货物。

2）特征

（1）有条件暂时免予缴纳税费。暂准进出境货物在向海关申报进出境时，不必缴纳进出口税费，但收发货人需向海关提供担保。

（2）免予提交进出口许可证件。但是，涉及公共道德、公共安全、公共卫生所实施的进出境管理制度的暂准进出境货物应当凭许可证件进出境。

（3）规定期限内按原状复运进出境。暂准进出境货物应自进境或者出境之日起6个月内复运出境或者复运进境；经收发货人申请，海关可以延长期限。

（4）按货物实际使用情况办结海关手续。在规定的期限内，由货物的收发货人根据货物的不同情况向海关办理核销结关手续。

3）范围

第一类：经海关批准暂时进出境时，纳税义务人缴纳相当于税款的保证金或提供其他担保暂不纳税，并按规定期限复运进境/出境的暂准进出境货物。其范围如下：①在展览会、交易会、会议及类似活动中展示或者使用的货物；②文化、体育交流活动中使用的表演、比赛用品；③进行新闻报道或者摄制电影、电视节目使用的仪器、设备及用品；④开展科研、教学、医疗活动使用的仪器、设备及用品；⑤上述四项所列活动中使用的交通工具及特种车辆；⑥货样；⑦慈善活动使用的仪器、设备及用品；⑧供安装、调试、检测设备使用的仪器及工具；⑨盛装货物的容器；⑩旅游用自驾交通工具及用品；⑪工程施工中使用的设备、仪器及用品；⑫海关批准的其他暂时进出境货物。

第二类：指除第一类以外的暂准进出境货物。本章对此类暂准进出境货物不作介绍。

效果检测3-4

下列进境后复运出境的货物，属于暂准进境的有（　　）。

A.汽车展览会用展车　　B.工程施工用盾构机

C.旅游用自驾车　　D.电视节目录制专用车

效果检测3-4

答案提示

3.6.2 暂准进出境货物的报关程序

1）使用ATA单证册报关的暂准进出境货物

（1）ATA单证册概述（见表3-86）。

表3-86 ATA单证册概述

项目	内容
含义	“暂准进口单证册”简称ATA单证册，是指世界海关组织通过的《货物暂准进口公约》及其附约A和《ATA公约》中规定使用的，用于替代各缔约方海关暂准进出口货物报关单和税费担保的国际性通关文件
格式	一份ATA单证册一般由8页ATA单证组成：一页绿色封面单证、一页黄色出口单证、一页白色进口单证、一页白色复出口单证、两页蓝色过境单证、一页黄色复进口单证、一页绿色封底
适用	仅限于展览会、交易会、会议及类似活动项下的货物
语言	我国海关只接受中文或者英文填写的ATA单证册
出证担保	中国国际商会是我国ATA单证册的担保协会和出证协会
管理机构	海关总署在北京设立了ATA单证册核销中心，负责对ATA单证册的进出境凭证进行核销、统计和追索
延期审批	我国ATA单证册的有效期是6个月，可以申请延期，每次可延长6个月，延期最多3次。延期程序：①持证人在届满30个工作日前向核准地海关提出申请；②直属海关自受理申请之日起20个工作日内，制发“货物暂时进/出境延期申请（不予）批准决定书”；③18个月延长期届满后仍需延期的，由主管地直属海关报海关总署审批
追索	未能按照规定复运出境或过境的，ATA单证册核销中心向中国国际商会提出追索

（2）报关程序。

其一，进出口申报。持ATA单证册向海关申报进出境货物（展览品），不需要向海关提交进出口许可证件，也不需要另外提供担保。但进出境货物受公共道德、公共安全、公共卫生、动植物检疫、濒危野生动植物保护、知识产权保护等限制的，收发货人或其代理人应当向海关提交相关的进出口许可证件。其申报步骤如图3-17所示。

进境申报 ⇒ 出境申报 ⇒ 异地复运进出境申报 ⇒ 过境申报

图3-17　持ATA单证册向海关申报进出境货物的步骤

第一步：进境申报。中国国际商会出证，收货人或其代理人向展会主管海关提交ATA单证册、提货单等资料。海关签注白色进口单证，留存白色正联，其余退还。

第二步：出境申报。发货人或其代理人向出境地海关提交国家主管部门的批准文件、ATA单证册、装货单等单证。海关签注绿色封面单证和黄色出口单证，留存黄色单证正联，其余退还。

第三步：异地复运进出境申报。持证人持主管地海关签章的海关单证向复运出境、进境地海关办理手续。货物复运出境、进境后，主管地海关凭复运出境、进境地海关签章的单证办理核销结案。

第四步：过境申报。过境货物承运人或其代理人持ATA单证册向海关申报将货物通过我国转运至第三国参展的，不填报关单。海关签注两份蓝色过境单证，留存蓝色单证正联，其余退还。

其二，结关。其包括：①正常结关。持证人在规定的期限内将进境展览品、出境展览品复运出境、进境的，海关在白色复出口单证和黄色复进口单证上分别签注，留存单证正联，退还其存根联和ATA单证册其他各联给持证人，正式核销结关。②非正常结关。其管理办法见表3-87。

表3-87　非正常结关的管理办法

情况	管理办法
复运出境时，未核销、签注的	ATA单证册核销中心凭另一缔约国海关在ATA单证上签注的该批货物从该国进境或复运进境的证明，或者我国海关认可的能够证明该批货物已经实际离开我国境内的其他文件，作为货物已经从我国复运出境的证明，对ATA单证册予以核销
	持证人向海关缴纳调整费。但在我国海关发出“ATA单证册追索通知书”前，持证人凭其他国海关出具的货物已运离我国关境的证明，要求予以核销单证册的，海关免收调整费
因不可抗力受损	无法原状复运出境、进境的，持证人应及时向主管海关报告，凭有关部门出具的材料办理复运出境、进境手续
	灭失或失去使用价值的，经海关核实后可以视为货物已经复运出境、进境
因非不可抗力受损	灭失或受损的，持证人应当按照货物进出口地的有关规定办理海关手续

2）不使用ATA单证册报关的进出境展览品

（1）进出境展览品的范围。

第一，进境展览品。其包括在展览会中展示或示范用的货物、物品，为示范展出的机器或器具所需的物品，展览者设置临时展台的建筑材料及装饰材料，供展览品做示范宣传用的电影片、幻灯片、录像带、录音带、说明书、广告、光盘、显示器材等。

下列在境内展览会期间供消耗、散发的用品（以下简称展览用品），由海关根据展览会性质、参展商规模、观众人数等情况，对其数量和总值进行核定，在合理范围内的，按照有关规定免征进口关税和进口环节税：①展览活动中的小件样品，包括原装进口的或者在展览期间用进口的散装原料制成的食品或者饮料的样品；②为展出的机器或器件进行操作示范所进口的并在示范过程中被消耗或损坏的物料；③布置或装饰展台消耗的低值货物；④展览期间免费向观众散发的有关宣传品；⑤供展览会使用的档案、表格及其他文件。

上述货物、物品应当符合下列条件：①免费提供或发放给观众使用；②单价较低、作广告样品用的；③不适用于商业用途，且单位容量小于最小零售包装容量的；④食品及饮料的样品确实是消耗掉的。

展览会期间使用的含酒精的饮料、烟叶制品、燃料不按展览品申报，不适用于免税的规定。期间出售的小卖品，属于一般进口货物范围。

第二，出境展览品。其包括国内单位赴国外举办展览会或参加外国博览会、展览会而运出的展览品；与展览活动有关的宣传品、布置品、招待品及其他公用物品。

与展览活动有关的小卖品、展卖品，可以按展览品报关出境，但是不按规定期限复运进境的要办理一般出口手续，交验出口许可证和缴纳出口关税。

（2）展览品的暂准进出境期限。期限为6个月，经申请，主管海关批准可延期，延期最多不超过3次。展览品的暂准进出境期限如图3-18所示。

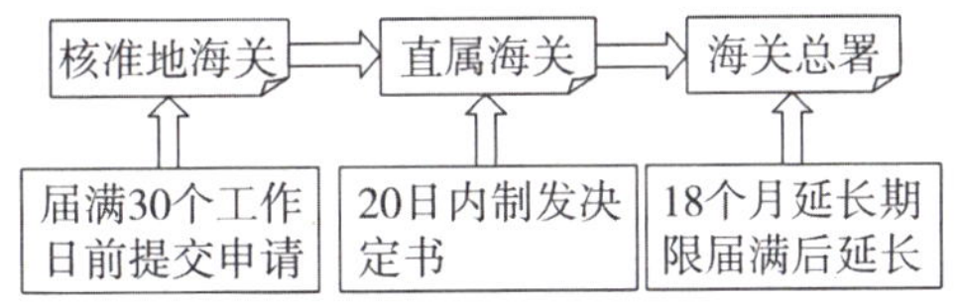

图3-18 展览品的暂准进出境期限

（3）展览品的进出境申报。

其一，进境申报。进境展览品报关单的填制见表3-88。

表3-88 进境展览品报关单的填制

栏目	进境	复出境
监管方式	展览品	
征免性质	其他法定	
备注	—	原进口货物报关单号
征免	保证金/保函	全免

办展人、参展人办理展览品进境申报的步骤如图3-19所示。

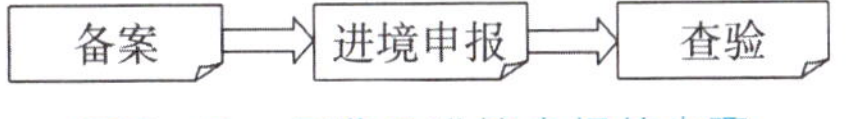

图3-19 展览品进境申报的步骤

第一步：备案。境内展览会的办展人或者参加展览会的办展人、参展人应在展览品进境20个工作日前，持展览会主办单位的批准文件、展览品清单到主管地海关办理备案。

注：展会不属于有关部门行政许可项目的，应当提交邀请函、展位确认书等代替批准文件。

第二步：进境申报。展览会主办单位或其代理人应当向海关提交报关单、展览品清单、提货单、发票、装箱单、必要的许可证件和担保等。

注：①从非展出地海关进境的，可以申请在进境地海关办理转关运输手续；②在海关指定场所或海关派专人监管的场所举办展会的，经直属海关批准可免提供担保。

第三步：查验。海关一般在展览会举办地开箱查验。开箱前，展会主办单位或其代理人应通知海关，以备海关到场查验。查验时，由展览品所有人或其代理人到场负责搬移、开拆、封装货物。

小提示3-9

展览会展出或使用的印刷品、音像制品及其他需要审查的物品，还要经过海关的审查，才能展出和使用。对我国政治、经济、文化、道德有害的以及侵犯知识产权的印刷品、音像制品，不得展出或使用，由海关根据情况予以没收、退运出境或责令展出单位更改后使用。

其二，出境申报。暂准出境及复进境报关单的栏目参照进境复出境填报。办展人、参展人办理展览品出境申报的步骤如图3-20所示。

图3-20　展览品出境申报的步骤

第一步：备案。境内出境举办或者参加展览会的办展人、参展人应当在展览品出境20个工作日前，向主管地海关提交有关部门的备案证明或者批准文件及展览品清单等办理备案手续。展会不属于有关部门行政许可项目的，办展人、参展人应当向主管海关提交邀请函、展位确认书等其他证明文件。

第二步：出境申报。展览品出境申报手续应在出境地海关办理，企业应当向海关提交批准文件、报关单、展览品清单（一式两份）等单证。

注：①应缴纳出口关税的，向海关缴纳相当于关税的保证金；②属于核用品、核两用品及相关技术的出口管制商品的，应当提交出口许可证。

第三步：查验。海关对展览品进行开箱查验，查验完毕，海关留存一份清单，另一份封入“关封”还给发货人或其代理人，凭以办理展览品复运进境申报手续。

（4）进出境展览品的核销结关。不同情况下的展览品核销管理见表3-89。

3）其他暂准进出境货物

（1）范围。上述的12项暂准进出境货物，除使用ATA单证册报关的货物、不使用ATA单证册报关的展览品、集装箱箱体外，其余均按照其他暂准进出境货物监管。

（2）期限。有效期6个月，经主管海关批准可延期，延期最多不超过3次，每次不超过6个月。国家重点工程、国家科研项目使用的暂准进出境货物，在18个月延长期届满后仍需要延期的，由主管地直属海关报海关总署审批。

表3-89 不同情况下的展览品核销管理

情况		核销管理
复运出境		展品所有人或其代理人凭海关签发的报关单证明联向主管海关办理核销结关
异地复运出境、进境		展品收发货人持主管海关签章的海关单证向复运出境、进境地海关办理手续，并凭海关签发的报关单证明联办理核销结关
转为正式进出口		展览期间被人购买的，展会主办单位和其代理人补办正式进出口手续
放弃		展会结束后，展品所有人将展览品放弃交由海关处理的，海关变卖后将款项上缴国库
赠送		展品所有人将展览品赠送的，受赠人应当向海关办理进口申报、纳税手续，海关根据进口礼品或经贸往来赠送品的规定办理
毁坏	不可抗力	无法原状复运出境、进境的，展品收发货人应及时向主管海关报告，凭证明文件办理复运出境、进境手续
		灭失或者失去使用价值的，经海关核实后可以视为货物已经复运出境、进境
	非不可抗力	展品收发货人按货物进出口的有关规定办理海关手续
丢失、被窃		海关按照进口同类货物征收进口税

（3）管理。

第一，暂准进出境的申请和审批（由货物收发货人提出，如图3-21所示）。“货物暂时进/出境申请批准决定书”见样例3-2。

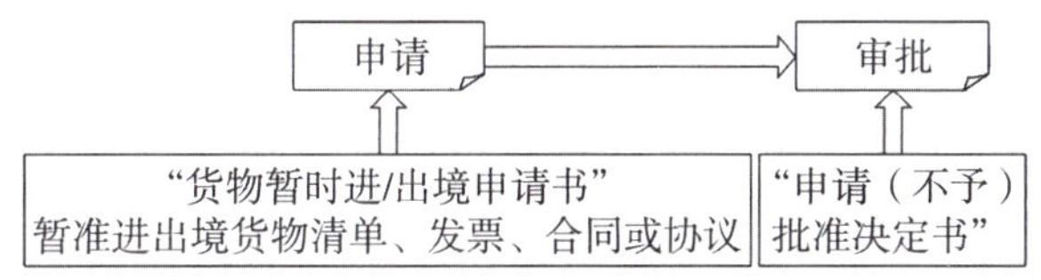

图3-21 暂准进出境的申请和审批

样例3-2

中华人民共和国海关

货物暂时进/出境申请批准决定书

编号:__________

(1)　:

经审核，你单位“货物暂时进/出境申请书”(2)______的申请，符合《中华人民共和国海关法》及《中华人民共和国海关暂时进出境货物管理办法》的有关规定，决定予以批准。

(3)海关（盖章）

年　月　日

第二，延期申请和审批（如图3-22所示）。

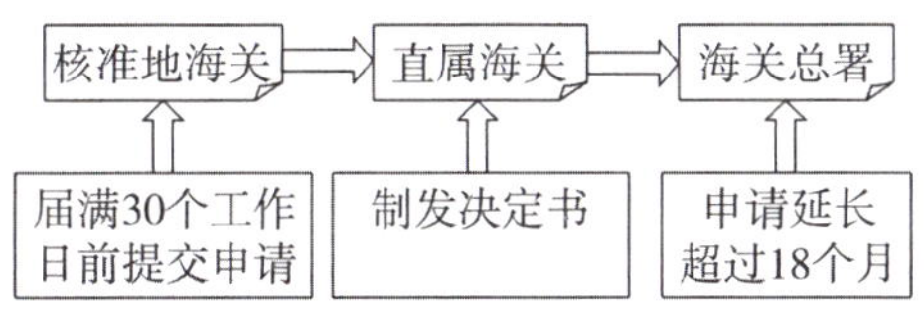

图3-22 暂准进出境的延期申请和审批

(4) 进出境申报。

第一，进境申报。单证：主管部门签发的暂时进境的批准文件、进口货物报关单（见表3-90）、商业及货运单据；许可证：除特殊情况外，一般可以豁免进口许可证件；税款：免缴纳进口税，但要提供担保。

表3-90 其他暂准进境货物报关单

栏目	进境	复出境
监管方式	暂时进出境货物	
征免性质	其他法定	
备注	暂时进境申请批准决定书	原进口货物报关单号
征免	保证金/保函	全免

第二，出境申报。单证：主管部门签发的暂时出境的批准文件、出口货物报关单、货运及商业单据等。许可证：除了易制毒化学品、监控化学品、消耗臭氧层物质、有关核出口等属出口管制条例管制的商品或国际公约管制的商品外，无须交验许可证件。

第三，异地复运出境、进境申报。货物复运出境、进境后，主管地海关凭复运出境、进境地海关签章的海关单证办理核销结案手续。

第四，结关。不同情况下的结关管理见表3-91。

表3-91 不同情况下的结关管理

情况	结关管理
复运进出境	收发货人或其代理人留存由海关签章的复运进出境的报关单准备报核
转为正式进出口	收发货人在货物复运出境、进境期限届满30个工作日前向主管地海关申请，经主管地直属海关批准，按规定办理正式进口或出口报关纳税手续
放弃	货物所有人向海关声明放弃的，由海关按规定处理
不可抗力	无法原状复运出境、进境的，收发货人应及时向主管海关报告，凭证明文件办理复运出境、进境手续
	灭失或者失去使用价值的，经海关核实后可以视为货物已经复运出境、进境
非不可抗力	展品收发货人按货物进出口的有关规定办理海关手续
丢失、被窃	海关按照进口同类货物征收进口税

收发货人向海关提交经海关签章的进出口货物报关单，或者处理放弃货物的有关单据，以及有关其他单证，申请报核。海关经审核，情况正常的，退还保证金或办理其他担保销案手续，予以结关。

任务实操

暂时进出境货物报关

步骤一：掌握任务方案

××公安局邀请境外一无线电设备生产厂商到××展览馆展出其价值200万美元的无线电

设备，并委托展览报关公司C办理一切手续，展出后又决定把其中价值80万美元的设备运到杭州展出。设备从杭州返回后，××公安局决定购买其中的40万美元设备。境外厂商为了感谢××公安局，赠送了10万美元的设备，其余设备退出境外。C公司的报关员应当办理哪些手续？

步骤二：展出手续

（1）进境展览要由境内展出单位的上级主管部门审批。××公安局举办展出，由公安部或××市人民政府审批。无线电设备要由“无线电管理委员会”（以下简称“无管会”）审批。

（2）凭公安部或××市政府的批件、××市“无管会”的批件、展品清单及其他展出资料到××海关展览物品主管部门办事处备案。

（3）物品到港后，填写进口货物报关单，预录入，电子通关。

（4）向展出地海关交单，包括报关单、“无管会”的批件、发票、装箱单、提货单等。

（5）提供担保（保证金或保证函）。

（6）取得海关盖有放行章的提货单。

（7）提货。

（8）在布置展出时，陪同海关查验，负责搬移货物、开拆、重封包装。

步骤三：杭州展出手续

（1）凭杭州展出单位上级主管部门的批件、展出清单及其他资料到杭州海关备案。

（2）向杭州海关提前报关转关或向××海关直接转关，办理40万美元展品的转关运输手续。

（3）在杭州海关办理展出手续，闭馆后再以转关运输的方式转运至原展出地，到原展出地海关办理有关手续。

步骤四：留购与赠送手续

（1）对于40万美元的留购展品，如C公司有进出口经营权，可由C公司与参展商签订进口合同；如C公司无进出口经营权，则应委托有关外贸公司签订进口合同。

C公司填写进口货物报关单，预录入，然后电子通关，提供“无管会”有文号的批件和机电产品登记证明，以留购价作为完税价格缴纳进口税。

（2）10万美元的赠送展品属于经贸往来无偿赠送的物品，要由××公安局上级主管部门审批，办理有文号的无线电审批批件和机电审查批件，照章纳税；凭上述3个批件办理报关手续，填写报关单，预录入，电子通关，以进口CIF价格作为完税价格缴纳进口税。

步骤五：离境报关

步骤六：撤销担保

凭已办结海关手续的有关单证及担保收据向主管海关办理撤销担保手续。

任务7　其他进出境货物报关

案例导入

2019年2月，江西爱尔玛机械设备有限公司（3601930045）向意大利出口了一批切割机，客户在销售过程中发现部分切割机不合格，经双方协商同意将不合格货物退回国内。

请问：(1) 这种货物在进口时如何报关？

(2) 进口报关时如何处理税款？

(3) 其他进出境货物如何报关？

资讯

3.7.1 过境、转运、通运货物

1）过境货物

(1) 含义。过境货物是指从境外起运，在我国不论是否换装运输工具，通过陆路运输，继续运往境外的货物。

(2) 范围。过境货物包括：①准予过境的货物：与我国签有过境货物协议、铁路联运协议的国家的过境货物；同我国签有过境货物协定的国家收、发货的过境货物；未与我国签有过境货物协定但经国家商务、运输主管部门批准，并向入境地海关备案后准予过境的货物。②禁止过境的货物：来自或运往我国停止或禁止贸易的国家和地区的货物；各种武器、弹药、爆炸物及军需品；各种烈性毒药、麻醉品和毒品；我国法律、行政法规禁止过境的货物、物品。

(3) 监管要求。其包括：

第一，海关对过境货物监管的目的：防止过境货物滞留境内，或将境内货物混装出境，以及防止禁止过境货物从我国过境。

第二，海关对过境货物经营人的要求：①过境货物经营人应当持主管部门的批准文件和市场监督管理部门颁发的营业执照向海关主管部门申请办理注册登记手续；②运输工具具有海关认可的加封条件或装置；③应当保护海关封志完整，不得开启或损毁。

第三，海关对过境货物监管的其他规定：①民用爆炸品、医用麻醉品应取得海关总署的批准；②伪报货名、国名，运输我国禁止过境货物的，依法扣留；③海关可以实施检查，相关人员应到场；④如果在境内发生毁损或灭失（不可抗力除外），必须向出境地海关补交进口关税。

(4) 报关程序。

其一，进出境报关。过境货物经营人或报关企业的报关步骤如图 3-23 所示。

过境手续 → 进境关封 → 出境申报 → 出境放行

图 3-23 过境货物经营人或报关企业报关的步骤

第一步：过境手续。向海关提交过境货物报关单和运单、转载清单、载货清单、发票、装箱单等。

第二步：进境关封。进境地海关审核无误后，在提运单上加盖“海关监管货物”戳记，将报关单和过境清单制作关封后加盖“海关监管货物”专用章，并把上述单证退还给企业。

第三步：出境申报。货物出境需向出境地海关申报，递交关封和其他单证。

第四步：出境放行。出境地海关审核单证、关封和货物，确认无误后，加盖放行章，监管货物出境。

其二，过境期限。过境货物的过境期限为 6 个月，因特殊原因可以向海关申请延期，经海关同意后，最长可延长 3 个月；超过规定期限 3 个月不过境，海关可提取

变卖。

其三，境内暂存和运输。①过境货物进境后因换装运输工具等原因需卸下储存时，应经海关批准并在其监管下入海关指定或同意的仓库或场所。②过境货物应当按照运输主管部门规定的线路运输；没有规定的，由海关指定。③海关可根据情况派员押运过境。

2）转运货物

（1）定义。转运货物是指由境外起运，通过我国境内设立海关的地点换装运输工具，直接继续运往境外，不通过境内陆路运输的货物。

（2）条件。其包括：①持转运或联运提货单的；②载货清单上注明是转运货物的；③持普通提货单，但起运前向海关声明转运的；④误卸进口货物，承运方提供证明的；⑤因特殊原因申请转运，获海关批准的。

（3）监管要点。目的：防止混卸进口和混装出口；处理：存放期间不得开拆、改换包装或进行加工；期限：3个月，超过规定期限3个月，海关可提取变卖。此外，海关有权进行查验。

（4）报关程序。其具体包括：①承运人持进口载货清单申报进境；②经海关同意，在指定地点换装运输工具；③在规定时间内出境。

3）通运货物

（1）定义。通运货物是指从境外起运，不通过我国境内陆路运输，运进境后由原运输工具载运出境的货物。

（2）报关程序。其包括：①运输工具的负责人持“船舶进口报告书”或“进口载货舱单”申报；②在运输工具抵、离境时对申报的货物予以核查，需倒装货物时，应向海关申请并在其监管下进行。

过境、转运、通运货物的区别见表3-92。

表3-92 过境、转运、通运货物的区别

货物 项目	过境货物	转运货物	通运货物
运输形式	通过我国境内陆路运输	不通过我国境内陆路运输	原装载运输工具进出境
是否换装运输工具	不论是否换装	换装	不换装
期限	6个月，可延长3个月	3个月	无表述

3.7.2 货样、广告品

1）概述

（1）含义。货样指专供订货参考的进出口货物样品；广告品是指进出口用以宣传有关商品内容的广告宣传品。

（2）分类。货样、广告品A：有进出口经营权的企业按价购买或销售的货样、广告品；货样、广告品B：没有进出口经营权的企业（单位）进出口及免费提供进出口的货样、广告品。

2）报关程序

（1）货样、广告品报关的证件管理（见表3-93）。

表 3-93 货样、广告品报关的证件管理

货物项目	管理	条件
进口	非许可证	货样、广告品A凭经营权申报
		1 000元人民币以下的货样、广告品B，凭其主管司局级以上单位证明申报；1 000元人民币以上的，凭省级商务主管部门审批证件申报
	许可证	进口属于许可证管理的货样、广告品，凭许可证申报
	自动进口许可证	属于自动进口许可证管理的机电产品和一般商品，每批次价值5 000元人民币以下的，免领自动进口许可证
		旧机电产品按其进口规定办理
	入境货物通关单	列入《法检目录》的货物需要处理
	出口许可证	免交：货样每批次3万元人民币及以下 交：货样每批次3万元人民币以上；两用物项和技术的货样或试验用样品
	出境货物通关单	列入《法检目录》的货物需要处理

（2）货样、广告品报关的税收管理。每次总值在400元人民币及以下的，免征；400元人民币以上的，超出部分征收超出部分关税和进口环节代征税。货样、广告品报关单的填制见表3-94。

表 3-94 货样、广告品报关单的填制

栏目	填制方法
贸易方式	货样、广告品A/货样、广告品B； 暂时进出口的货样、广告品：暂时进出货物2600； 驻华商业机构不复运出口的进口陈列用样品：陈列样品2939
征免性质	一般征税/其他法定

3.7.3 租赁货物

1）租赁货物概述

（1）含义。租赁是指所有权和使用权之间的一种借贷关系，即由资产所有者（出租人）按契约规定，将租赁物件租给使用人（承租人），使用人在规定期限内支付租金并享有租赁物件使用权的一种经济行为。跨越国境（地区）的租赁就是国际租赁，而以国际租赁方式进出境的货物，即租赁进出口货物。

（2）范围。租赁分为金融租赁和经营租赁，两种租赁货物的区别见表3-95。

表 3-95 金融租赁货物和经营租赁货物的区别

方式	性质	最终流向	期满处置方式	租金和总价的关系
金融租赁	融资	不复运出境	届满转让给承租人	大于货价
经营租赁	服务	复运出境	归原所有人	小于货价

2）租赁货物的报关程序

我国《进出口关税条例》规定，对于租赁货物，以海关审定的租金作为完税价格交税。纳税人既可选择分期按租金交税，也可选择一次性交税。一次性交税可以海关审定的租金总额作为完税价格，也可把审定的货价作为完税价格。也就是说，计税方式可以有三种：分期租金、货价、租金总额。

（1）金融租赁进口货物的报关程序。金融租赁进口货物由于租金大于货价，纳税义务人会选择一次性按货价缴纳税款或者按租金分期缴纳税款，不可能选择按租金总额缴纳税款。

第一，按货物的完税价格缴纳税款。进口时，收货人或其代理人按进口货物的实际价格向海关申报。①单证：租赁合同、相关的进口许可证和其他单证；②税款：按海关审查确定的货物完税价格计算税款数额，缴纳进口关税和进口环节海关代征税；③监管：海关现场放行后，不再对货物进行监管。

第二，按租金分期交税。收货人或其代理人在租赁货物进口时按照第一期应当支付的租金和货物的实际价格分别填制报关单向海关报关。①单证：租赁合同、相关的进口许可证和其他单证。②税款：按海关审查确定的第一期租金的完税价格计算税款数额，缴纳进口关税和进口环节海关代征税。每期付租金后15日内按支付的租金提交各种单证申报交税，直到最后一期租金支付完毕。③监管：海关现场放行后，对货物继续监管。届满前30日，办理结关手续，将租赁进口货物退运出境；如不退运出境，以残值转让，则应当按照转让价格审查确定完税价格，计征进口关税和进口环节海关代征税。

（2）经营租赁进口货物的报关程序。经营租赁进口货物由于租金小于货价，货物在租赁期满后应当退运出境，纳税义务人只会选择按租金缴纳税款，不会选择按货物的实际价格缴纳税款。管理方法同上。

3.7.4 加工贸易不作价设备

1）概述

（1）含义。加工贸易不作价设备是指与加工贸易经营企业开展加工贸易（包括来料加工、进料加工及外商投资企业履行产品出口合同）的境外厂商，免费（不需要境内加工贸易经营企业付汇，也不需用加工费或差价偿还）向经营单位提供的加工生产所需的设备。

加工贸易不作价设备既包括来料加工项下进口的不作价设备，也包括进料加工项下进口的不作价设备。加工贸易进口设备必须是不作价的，可以由境外厂商免费提供，也可以向境外厂商免费借用（临时进口不超过半年的单件的模具、机器除外）。进口设备的一方不能以任何方式、任何途径，包括用加工费扣付、出口产品减价等来偿付提供设备的一方的设备价款或租金。

（2）范围。加工贸易境外厂商免费提供的不作价设备，如果属于国家禁止进口商品和《外商投资项目不予免税的进口商品目录》所列商品，海关不能受理加工贸易不作价设备申请。除此以外的其他商品，加工贸易企业可以向海关提出加工贸易不作价设备免税进口的申请。

（3）特征。加工贸易不作价设备与保税加工货物进境后虽然都用于加工贸易生产，但有明显的区别：前者是加工贸易生产设备，进境后使用时一般不改变形态，国家政策不强调复运出境；后者是加工贸易生产料件，进境后使用时一般会改变形态，国家政策强调加工后复运出境。

加工贸易不作价设备与特定减免税设备都是免税进境的生产设备，但在海关管理上有明显的区别：前者按保税货物管理，后者按特定减免税货物管理。加工贸易不作价设备与保税加工货物、特定减免税货物一样，在进口放行后需要继续监管。

2）程序

加工贸易不作价设备的报关程序，与保税加工货物、特定减免税货物的报关程序一样，包括备案、进口、核销三个阶段。

（1）备案。加工贸易不作价设备的备案合同应当是订有加工贸易不作价设备条款的加工贸易合同或者加工贸易协议，单独的进口设备合同不能办理加工贸易不作价设备的合同备案。为加工贸易不作价设备备案的加工贸易经营企业应当符合下列条件之一：①设立独立、专门从事加工贸易（不从事内销产品加工生产）的工厂或车间，并且不作价设备仅限在该工厂或车间使用；②对于未设立独立、专门从事加工贸易的工厂或车间，以现有加工生产能力为基础开展加工贸易的项目，使用不作价设备的加工生产企业，在加工贸易合同（协议）期限内，其每年加工的产品必须是70%以上属出口产品。

加工贸易不作价设备的备案手续如下：①凭商务主管部门批准的加工贸易合同（协议）和批准件及“加工贸易不作价设备申请备案清单”到加工贸易合同备案地主管海关办理合同备案申请手续；②主管海关根据上述单证及其他有关单证，对照《外商投资项目不予免税的进口商品目录》，审核准予备案后，核发登记手册。

海关核发的加工贸易登记手册的有效期一般为1年，1年到期前，加工贸易经营企业可以向海关提出延期申请，延长期一般为1年，可以申请延长4次。加工贸易不作价设备不纳入加工贸易银行保证金台账管理的范围，因此不需要设立台账。海关可以根据情况对加工贸易不作价设备收取相当于进口设备应纳进口关税和进口环节海关代征税税款金额的保证金或者银行或非银行金融机构的保证函。不在加工贸易合同或者协议里订明的单独进口的不作价设备及其零配件、零部件，海关不予备案。

（2）进口。企业凭登记手册向口岸海关办理进口报关手续，口岸海关凭登记手册验放。除国家另有规定外，加工贸易不作价设备进境时免进口关税，不免进口环节增值税；如有涉及进口许可证件管理的，可免交进口许可证件。

加工贸易不作价设备进口申报时，报关单的“贸易方式”栏填“不作价设备”（代码0320）；对于临时进口（期限在6个月以内）的加工贸易生产所需的不作价模具、单台设备，按暂准进境货物办理进口手续。

（3）核销。加工贸易不作价设备自进口之日起至退运出口并按海关规定解除监管日止，属海关监管货物，企业应按海关的规定保管、使用。加工贸易不作价设备的海关监管期限是根据特定减免税货物的海关监管期限来规定的，一般是5年。申请解除海关监管有两种情况：

第一，监管期内。监管期限未满，企业申请提前解除监管，主要有五种情况：

A.结转。加工贸易不作价设备在享受同等待遇的不同企业之间结转，以及转为减免税设备的，转入和转出企业分别填制进口、出口货物报关单。报关单“贸易方式”栏根据报关企业所持的加工贸易登记手册或征免税证明，分别选择填报“加工贸易设备结转”“减免税设备结转”；报关单“备案号”栏分别填报加工贸易登记手册编号、征免税证明编号或为空；报关单其他栏目按现行“报关单填制规范”关于结转货物的要求填报。

B.转让。加工贸易不作价设备转让给不能享受减免税优惠或者不能进口加工贸易不作价设备的企业，必须由原备案加工贸易合同或者协议的商务主管部门审批，并按照规定办理进口手续，填制进口货物报关单，提供相关的许可证件，按照以下计算公式确定完税价格，缴纳进口关税：

完税价格=转让设备进口完税价格（CIF）×（按加工贸易不作价设备规定条件使用月数÷（5×12））

不足15天的，不计月数；超过或者等于15天的，按1个月计算。

C.留用。监管期未满企业将加工贸易不作价设备移作他用，或者虽未满监管期但加工贸易合同已经履约，本企业留用的，必须由原备案加工贸易合同或者协议的商务主管部门审批，并按照规定办理进口海关手续，填制进口货物报关单，提供相关的许可证件，按照上述计算公式确定完税价格，缴纳进口关税。

D.修理、替换。进境的加工贸易不作价设备需要出境修理或者由于质量或规格不符需要出境替换的，可以使用加工贸易不作价设备登记手册申报出境和进境，也可以按照出境修理货物或者无代价抵偿货物办理海关进出境手续。

E.退运。监管期内退运应当由原备案加工贸易合同或者协议的商务主管部门审批，凭批准件和加工贸易不作价设备登记手册到海关办理退运出境手续。

第二，监管期满。加工贸易不作价设备5年监管期满，如不退运出境，可以留用，也可以向海关申请放弃。

监管期限已满的不作价设备，要求留在境内继续使用的，企业可以向海关申请解除监管，也可以自动解除海关监管。监管期满既不退运也不留用的加工贸易不作价设备，可以向海关申请放弃，海关比照放弃货物办理有关手续。放弃货物要填制进口货物报关单。

3.7.5 出料加工货物

出料加工货物是我国境内企业运到境外进行技术加工后复运进境的货物。只有在国内现有的技术手段无法或难以达到产品质量要求而必须运到境外进行某项工序加工的情况下，才可以开展出料加工业务；出料加工原则上不能改变原出口货物的物理形态。完全改变原出口货物物理形态的出口加工，属于一般出口。

出料加工货物6个月内应当复运进境；经海关批准可以延期，延长的期限最长不得超过3个月。出料加工货物的报关程序如下：

（1）备案。开展出料加工的经营企业应当到主管海关办理出料加工合同的备案申请手续。海关根据出料加工的有关规定审核决定是否受理备案，受理备案的应当核发“出料加工登记手册”。

（2）进出口。其包括：①出境申报。单证：手册、出口货物报关单、货运单据及其他单证；属许可证管理的，免交许可证件；缴税：应征出口税，提供担保；监管：海关可以对出料加工货物附加标志、标记或留取货样。②进境申报。单证：手册、进口货物报关单、货运单据及其他单证；缴税：以境外加工费、材料费、复运进境的运输及相关费用和保险费审查确定完税价格，征收进口关税和进口环节海关代征税。③核销。出料加工货物全部复运进境后，经营企业应当向海关报核，海关进行核销；提供担保的，应当退还保证金或者撤销担保。

出料加工未在海关允许期限内复运进境的，海关按照一般进出口货物办理，将货物出境时收取的税款保证金转为税款，货物进境时按一般进出口货物征收进口关税和进口环节海关代征税。

3.7.6 无代价抵偿货物

1）含义

无代价抵偿货物是指进出口货物在海关放行后，因残损、短少、品质不良、规格不符等原因，由进出口货物的收发货人、承运人或者保险公司免费补偿或者更换的与原货相同或者与合同规定相符的货物。收发货人申报进出口的无代价抵偿货物，与退运出境或者退运进境的原货物不完全相符或者与合同规定不完全相符的，经收发货人说明理由，海关审核认为理由正当且税则号列未发生改变，仍属于无代价抵偿货物的范围。

收发货人申报进出口的免税补偿或者更换的货物，其税则号列与原进出口货物的税则号列不一致的，不属于无代价抵偿货物的范围，属于一般进出口货物。也就是说，前后更换的货物税则号列必须相同。

2）特征

许可证：免证。税费：进出口不征收关税；进出口与原货物或合同规定不完全相符的无代价抵偿货物，应按规定计算与原进出口货物的税款差额，多退少补。其中，低于原征收税款，且原进出口货物的发货人、承运人或者保险公司同时补偿货款的，海关应当退还补偿货款部分的相应税款；未补偿货款的，不予退还。

3）报关程序

（1）因残损、品质不良或规格不符引起的无代价抵偿货物的进出口报关手续。

第一，原进口货物退运出境。税费：不征收出口关税。原进口货物退运出境和抵偿进境报关单的填制方法见表3-96。

表3-96　原进口货物退运出境和抵偿进境报关单的填制方法

栏目	退运出境	抵偿进境
监管方式	其他9900	无代价抵偿
备案号	其他法定299	
备注	原进口货物报关单	
征免	全免	

第二，原进口货物不退运出境，放弃交由海关处理。原进口货物的收货人愿意放弃，交由海关处理的，海关应当依法处理并向收货人提供依据，凭以申报进口无代价抵偿货物。

第三，原进口货物不退运出境也不放弃的，原进口货物的收货人应当按照海关接受无代价抵偿货物申报进口之日适用的有关规定申报进口，并按照海关对原进口货物重新估定的价格计算的税额缴纳进口关税和进口环节海关代征税；属于许可证管理的商品，应提交许可证。

第四，原出口货物退运进境。原出口货物的发货人或其代理人应当办理被更换的原出口货物中残损、品质不良或规格不符货物退运进境的报关手续。被更换的原出口货物退运进境时，不征收进口关税和进口环节海关代征税。

第五，原出口货物不退运进境。原出口货物的发货人应当按照海关接受无代价抵偿货物申报出口之日适用的有关规定申报出口，并按照海关对原出口货物重新估定的价格计算的税额缴纳出口关税；属于许可证管理的商品，应提交许可证。

案例分析3-12

大连某船运公司完税进口一批驳船，使用不久后发现大部分驳船油漆剥落，于是向境外供应商提出索赔，供应商同意减价50万美元，并应进口方的要求以等值的驳船用润滑油补偿。

请问：该批润滑油进口时应当办理的海关手续有哪些？

案例分析3-12

答案提示

（2）申报期限。向海关申报进口无代价抵偿货物应在原进出口合同规定的索赔期内，且自原货物进口之日起不超过3年。

（3）无代价抵偿货物报关应提供的单证。除提交报关单和基本单证外，还需提供其他特殊单证。其包括：①进口特殊单证：原进口货物报关单、原退运报关单或放弃证明或缴税证明（补偿的货物）、原进口货物缴税证明或征免税证明、索赔协议；②出口特殊单证：原出口货物报关单、原退运报关单或缴税证明（补偿的货物）、原出口货物税款缴款书、索赔协议。此外，还需要提供商品检验机构出具的原出口货物残损、短少、品质不良或者规格不符的检验证明书或者其他有关证明文件。

3.7.7 进出境修理货物

1）含义

进境修理货物指运进境进行维护修理后复运出境的机械器具、运输工具或其他货物，以及维修这些货物需要进口的原材料、零部件。出境修理货物指运出境进行维护修理后复运进境的机械器具、运输工具或其他货物，以及维修这些货物需要出口的原材料、零部件。原进口货物出境维修包括原进口货物在保修期内运出境修理和在保修期外运出境修理。

2）特征

（1）进境修理货物。税费：免于缴纳进口关税和进口环节海关代征税；担保：提供担保；监管：接受海关后续监管；许可证：免于交验许可证；受理部门：海关通关管理部门。其办理步骤如图3-24所示。

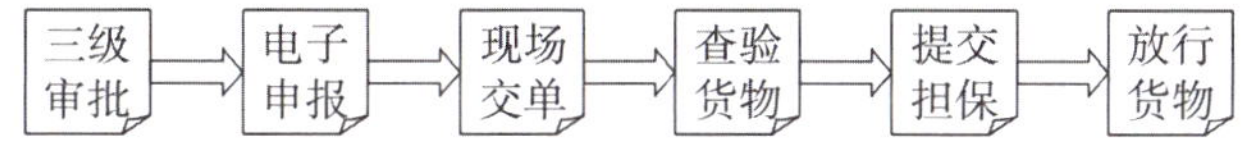

图3-24 进境修理货物报关办理步骤

第一步：三级审批。递交以下单证：运单、发票、箱单、与供货商签订的合同、关于暂时进（出）口原因的详细说明、关于暂时进（出）口货物的技术资料与详细解释。

第二步：电子申报。

第三步：现场交单。如果审核通过，海关将制发暂时进/出境申请批准决定书；如果审核不通过，海关将制发暂时进/出境申请不予批准决定书。

第四步：查验货物。

第五步：提交担保。在货物收发货人向海关缴纳相当于税款的保证金或海关依法认可的其他担保后，准予暂时免纳关税。对于不涉税的货物，可凭收发货人或其代理人的保证函放行。

第六步：放行货物。对于有保证金担保的，足额保证金到账后，海关制发海关保证金、风险担保金、抵押金专用收据，并放行货物。

（2）出境修理货物。税费：在保修期内且免费维修的，免征税；在保修期外、收费维修的，按修理费和所需材料费审定完税价格后征税。许可证：免于交验许可证。

3）报关程序

（1）进境修理货物：①进境时。单证："维修合同"或"原出口合同"、税款担保书及其他单证；期限：自进口之日起6个月内，可以申请延长，最长不超过6个月；海关全程监管。②复出境时。单证：原修理货物进口报关单（留存联或复印件）。③销案时。正常销案，退还保证金或撤销担保；未复运出境的，正常进口。

（2）出境修理货物：①出境时。单证："维修合同"或"原出口合同"及其他单证；期限：在境外维修期限为自出境之日起6个月，可以申请延长，延长期限最长不超过6个月。②复进境时。税费：申报境外实际支付的修理费和材料费，按此征收税费；超过规定期限复运进境的，按一般进口货物办理征税。

3.7.8 集装箱箱体

（1）含义。集装箱既是一种运输设备，又是一种货物。当货物用集装箱装载进出口时，集装箱箱体就作为一种运输设备；当一个企业购买进口或销售出口集装箱时，集装箱箱体就是普通的进出口货物。集装箱作为货物的进口是一次性的，作为运输设备是暂时进出境的。这里介绍的是通常作为运输设备暂时进出境的情况。

（2）报关。境内生产的集装箱及我国营运人购买进口的集装箱在投入国际运输前，营运人应当向其所在地海关办理登记手续。海关准予登记并符合规定的集装箱箱体，无论是否装载货物，海关都准予暂时进境和异地出境，营运人或其代理人无须对箱体单独向海关办理报关手续，进出境时也不受规定的期限限制。

境外集装箱箱体暂准进境的，无论是否装载货物，承运人或其代理人都应当对箱体单独向海关申报，并应当自入境之日起6个月内复运出境。如因特殊情况不能按期复运出境的，营运人应当向暂准进境地海关提出延期申请，经海关核准后可以延期，但不得超过3个月，逾期应向海关办理进口报关纳税手续。

3.7.9 溢卸和误卸货物

（1）概述。溢卸货物指未列入进口载货清单、运单的货物，或者多于进口载货清单、提单或运单所列数量的货物；误卸货物指将运往境外港口、车站或境内其他港口、车站而在本港（站）卸下的货物。

对于溢卸、误卸货物，应自该运输工具卸货之日起3个月内办理海关手续，经申请可延期3个月办理，超出上述期限海关可以依法提取作变卖处理。

（2）溢卸、误卸货物的处理方法（见表3-97）。

3.7.10 退运货物

退运货物是指原进出口货物因各种原因造成退运进口或退运出口的货物，包括一般退运货物和直接退运货物。

1）一般退运货物

一般退运货物是指已办理进出口申报手续且海关已放行出口或进口，因各种原因造成退运进口或退运出口的货物。

表3-97 溢卸、误卸货物的处理方法

方式	办理人	处理方法
退运境外	当事人	能够提供发货人或承运人书面证明的，可以向海关申请办理直接退运。当事人免于填报报关单，凭决定书或通知书向海关办理直接退运手续
溢短相补	原收货人或其代理人	运输工具负责人或其代理人要求溢短相补的，应与短卸货物原收货人协商同意，并限于同一运输公司、同一发货人、同一品种的进口货物；非同一运输工具或非同一航次之间抵补的，限于同一运输公司、同一发货人、同一品种。其适用无代价抵偿货物
物归“原主”	运输工具负责人或其代理人	指运境外港口、车站的误卸货物，运输工具负责人或其代理人要求运往境外的，经海关核实后按照转运货物的报关程序办理海关手续，转运境外
	原收货人或其代理人	指运境内其他港口、车站的误卸货物，可由原收货人或其代理人向进境地海关办理申报进境手续，也可以经进境地海关同意办理转关运输手续
就地进口	原收货人或其代理人	原收货人接受的，按一般进口货物申报，提供溢卸货物证明（属于许可证件管理的，应交验许可证件）征税放行
境内销售	购货单位	原收货人不接受，运输工具负责人或其代理人要求国内销售的，办理进口申报手续

（1）一般退运进口货物的海关手续。

第一，报关。其包括：①原出口货物已收汇。原出口货物退运进境时，已收汇，已核销：原发货人或其代理人应填写进口货物报关单向进境地海关申报，并提供原出口货物报关单、“外汇核销单出口退税专用联”（加盖已核销专用章）或“出口商品退运已补税证明”（税务部门出具）、保险公司证明或承运人溢装、漏卸的证明等。②原出口货物未收汇。原出口货物退运进境时，若未收汇，原发货人或其代理人在办理退运手续时，应提交原出口货物报关单、外汇核销单、报关单退税证明联，同时填写进口货物报关单；若部分退运进口，海关则需在原出口货物报关单上批注退运的实际数量、金额后退回企业并留存复印件，海关核实无误后，验放有关货物进境。

第二，税收。出口货物自出口之日起1年内原状退货复运进境的，海关核实后，不予征收进口税。原出口时已征收出口税，并已重新缴纳因出口而退还的国内环节税的，自缴纳出口税款之日起1年内准予退还。

（2）一般退运出口货物的海关手续。因故退运出口的进口货物，原收货人或其代理人应填写出口货物报关单，并提供原进口货物报关单、保险公司证明或承运人的证明。因品质或规格原因1年内退运出境的，免征出口关税，已收取的进口税，1年内予以退还。

一般退运货物报关单的填制方法见表3-98。

表3-98 一般退运货物报关单的填制方法（因品质、规格原因）

栏目	进境	出境
贸易方式	退运货物	
征免性质	其他法定	
备注	原出口货物报关单号	原进口货物报关单号
征免	全免	

2）直接退运货物

直接退运货物是指在进境后、办结海关放行手续前，进口货物收发货人、原运输工具负责人或其代理人（以下称当事人）申请退运境外，或者海关根据国家有关规定责令直接退运境外的全部或者部分货物。

（1）当事人申请直接退运。

第一，可以退运的范围。其包括：①合同执行期间国家贸易政策调整，收货人无法提供相关证件的；②属于错发、误卸货物，并且能够提供相关证明的；③收发货人一致同意退运，并能够提供双方同意退运的书面证明的；④发生贸易纠纷，能够提供法院判决书、仲裁机构仲裁决定书或者无争议的有效货物所有权凭证的；⑤货物残损或者国家检验检疫不合格，能够提供有关证明文件的。

在当事人申请直接退运前，海关已经确定查验或者认为有走私违规嫌疑的货物，不予办理退运。

第二，报关程序。

A. 单证："进口货物直接退运申请书"及申请表（见样例3-3和样例3-4）、合同、发票、装箱清单、原报关单、提运单或载货清单。海关按照行政许可程序受理或者不予受理；受理并批准直接退运的，制发"进口货物直接退运申请受理决定书"（见样例3-5）。

样例3-3

进口货物直接退运申请书

海关退申（　　）号

海关：

我（单位）拟对进口的________货物（详见附表）办理直接退运手续，特向贵关提出申请，请予批准。

样例3-4

进口货物直接退运申请表

申请单位：	联系人及电话：
申请日期：	货物进口日期：
货物品名：	需何种许可证件：
数（重）量：	申请退运数（重）量：
货物查验情况：	货物存放地点：
运单号：	是否已申报（报关单号）：
申请直接退运原因：	
现场通关部门关员审核意见： 签名：　　年　月　日	现场通关部门科长审核意见： 签名：　　年　月　日
物流监控/查验部门意见： 签名：　　年　月　日	缉私部门意见： 签名：　　年　月　日
关长（或其授权人）审批意见：　　签名：　　年　月　日	

样例3-5

中华人民共和国________海关 进口货物直接退运申请受理决定书 海关许可（　　）号 你（单位）关于______的行政许可申请，我关于______年__月__日收悉。经审查，根据《中华人民共和国海关法》和《中华人民共和国海关进口货物直接退运管理办法》的规定，我关予以受理。 注：行政许可申请受理序号为________号。

B.报关单填制（见表3-99）：当事人办理进口货物直接退运的申报手续时，应当先填写出口货物报关单向海关申报，再填写进口货物报关单。因进口货物收发货人或承运人的责任造成的错发、误卸或者溢卸，经海关批准的，免填报关单，凭“决定书”直接办理退运手续。许可证：经海关批准直接退运的货物，不需要交验进出口许可证或者其他监管证件。

表3-99 直接退运货物报关单的填制

栏目	先出口报关	后进口报关
监管方式	直接退运4500	
征免性质	免于填报	
备注	决定书编号	原出口货物报关单号、决定书编号
征免	全免	

C.税费：免征各种税费及滞报金。进口货物直接退运的，应当从原进境地口岸退运出境，因运输原因需要改变运输方式或者由另一口岸退运出境的，应当经由原进境地海关批准后，以转关运输的方式出境。

（2）海关责令直接退运。

第一，范围。其包括：①进口国家禁止进口的货物，经海关依法处理后的；②违反国家检验检疫政策、法规，经国家检验检疫部门处理并出具“检验检疫处理通知书”的；③未经许可擅自进口属于限制进口的固体废物原料，经海关依法处理后的；④违反国家法律、法规，应当责令直接退运的其他情形。海关“责令进口货物直接退运通知书”见样例3-6。

样例3-6

中华人民共和国________海关 责令进口货物直接退运通知书 海关退通（　　）号 根据________________________的决定（证明文书编号：____），你（单位）进口的____________违反了《中华人民共和国海关法》和《中华人民共和国海关进口货物直接退运管理办法》的有关规定，现责令你（单位）在收到该通知书之日起__日内持有关材料到海关办理该货物的直接退运手续。 特此通知。

第二，报关手续。

A.报关单填制（见表3-100）：因进口货物收发货人或承运人的责任造成的错发、误卸或者溢卸，经海关责令退运的，免填报关单，凭“通知书”直接办理退运手续。

表3-100 责令直接退运货物报关单的填制

栏目	先出口报关	后进口报关
监管方式	直接退运4500	
征免性质	免于填报	
备注	通知书编号	原出口货物报关单号、通知书编号
征免	全免	

B.税费：免税、免滞报金，不列入海关统计。

3.7.11 退关货物

（1）含义：退关货物又称出口退关货物，是指出口货物在向海关申报出口后被海关放行，因故未能装上运输工具，发货单位请求将货物退运出海关监管区域不再出口的行为。

（2）报关程序：①出口货物的发货人及其代理人应当在得知出口货物未装上运输工具，并决定不再出口之日起3天内，向海关申请退关；②经海关核准且撤销出口申报后方能将货物运出海关监管场所；③已缴纳出口税的退关货物，可以自缴纳税款之日起1年内，提出书面申请，向海关申请退税；④出口货物的发货人及其代理人办理出口货物退关手续后，海关应对所有单证予以注销，并删除有关报关电子数据。

3.7.12 放弃货物

（1）含义。放弃货物是指进口货物的收货人或其代理人声明放弃，由海关提取依法变卖处理的货物。

（2）范围。放弃货物的范围包括：①没有办结海关手续的一般进口货物；②保税货物；③在监管期内的特定减免税货物；④暂准进境货物；⑤其他没有办结海关手续的进境货物。国家禁止或限制进口的废物、对环境造成污染的货物不得声明放弃。

（3）处理。由海关提取依法变卖处理的放弃进口货物的所得价款，在优先拨付变卖处理实际支出的费用后，再扣除运输、装卸、储存等费用。所得价款不足以支付运输、装卸、储存等费用的，按比例支付。

3.7.13 超期未报关货物

（1）含义。超期未报关货物是指在规定期限内未办结海关手续的海关监管货物。

（2）范围。超期未报关货物包括：①自运输工具申报进境之日起，超过3个月未向海关申报的进口货物；②在海关批准的延长期满仍未办结海关手续的溢装货物、误卸货物；③超过规定期限3个月未向海关办理复运出境或者其他海关手续的保税货物；④超过规定期限3个月未向海关办理复运出境或者其他海关手续的暂准进境货物；⑤超过规定期限3个月未运输出境的过境、转运和通运货物。

（3）处理。超期未报关进口货物由海关提取依法变卖处理。

第一，被决定作变卖处理的货物如属于《法检目录》范围的，由海关在变卖前提请出入境检验检疫机构进行检验检疫，检验检疫的费用与其他变卖处理实际支出的费用从变卖款中支付。

第二，变卖所得价款，在优先拨付变卖处理实际支出的费用后，按运输、装卸、储存等费用，进口关税，进口环节海关代征税，滞报金的顺序扣除相关费用和税款。所得价款不足以支付同一顺序的相关费用的，按照比例支付。

第三，按照规定扣除相关费用和税款后，尚有余款的，自货物依法变卖之日起1年内，经进口货物收货人申请，予以发还。其中，属于国家限制进口的，应当提交许可证件而不能提供的，不予发还；不符合进口货物收货人资格、不能证明其对进口货物享有权利的，申请不予受理。逾期无进口货物收货人申请、申请不予受理或者不予发还的，余款上缴国库。

第四，经海关审核符合被变卖进口货物收货人资格的发还余款申请人，应当按照海关对进口货物的申报规定，补办进口申报手续。

任务实操

直接退运货物报关

步骤一：掌握任务方案

上海×××有限公司（312221××××）于2019年1月14日进口一批原产于俄罗斯的二乙醇胺，但外商无法提供原产地证书。经供销双方协商，俄方同意退货。该公司于1月16日向海关申请退运，次日海关核发“准予直接退运决定书”（编号：沪关退审〔2019〕12号），该公司向海关办理退运手续（已填写的出口货物报关单编号：220220090678542865）。法定计量单位：千克。相关资料见表3-101和表3-102。

表3-101 COMMERCIAL INVOICE

<table>
<tr><td colspan="2">Your Ref. NA3-122
Our Ref. 1565B
Agent None</td><td colspan="2" rowspan="2">Shanghai ××× Co., Ltd

Shanghai.China
Tel:××××××××
Fax:××××××××</td></tr>
<tr><td colspan="2">Terms of delivery
CIF Shanghai China</td></tr>
<tr><td colspan="4">Terms of payment
Irrevocable L/C at sight
to our account 56.25.54.3464
ABN AMRO Bank N.V.Rotterdam</td></tr>
<tr><td colspan="4">Shipped by “Cosco Yantian V.12E/sub”
From Rotterdam Netherland
To Shanghai.China CY</td></tr>
<tr><td>Mark & No.</td><td>Description</td><td>Unit price/MT</td><td>EUR</td></tr>
<tr><td rowspan="2">N/M</td><td>MONOETHANOLAMINE 99PCT (MEA) U / P: EUR1 700.00/MT CIF
QTY.: 16.8MT
1×20 Container No.CFRU5625550
Contract No.NA3-122
L/C No.LC9400121/09</td><td>1 700.00</td><td>28 560.00</td></tr>
<tr><td>TOTAL:</td><td>EUR</td><td>28 560.00</td></tr>
<tr><td colspan="4">31st January, 2019 REBAIN INTERNATIONAL (NL) B.V.
VAT Nr.N1-812654101B15</td></tr>
</table>

表 3-102 PACKING LIST/WEIGHT LIST

Our Ref. 1565B	Contract No. NA3-122
L/C No. LC9400121/09	B/L No. KKLURTM082974
One 20ft container with each: 80×210kg net drums MONOETHANOLAMINE 99PCT（MEA） Total net weight: 16 800kg Total gross weight: 18 160kg Container No.CFRU5625550	

步骤二：三级审批

货物所有人或代理人提交书面申请，并填写直接退运货物审批表（包括货物名称、数量、金额、运单号、货物存放地点、直接退运原因等），随附与退运相关的协议或函电等有效证明、运单、发票、箱单等，向海关申请直接退运。现场海关三级审批后再由直属海关三级审批。

步骤三：电子申报

填制进口货物报关单（见表3-8）。

步骤四：现场交单

步骤五：放行货物

任务8 海关监管货物的特殊申报

案例导入

番禺对外经济贸易集团有限公司进口加工贸易合同项下的白板纸材料一批，货物进口时由深圳皇岗海关转关至广州番禺海关办理报关纳税手续。

请问：作为报关员，如何办理该批货物的报关纳税手续？

资讯

3.8.1 进出境快件申报程序

1）概述

进出境快件指进出境快件运营人以向客户承诺的快速商业运作方式承揽、承运的进出境货物、物品。进出境快件运营人即营运人，是指依法注册并在海关登记备案的从事进出境快件运营业务的国际货物运输代理企业。

2）分类

进出境快件包括：①文件类，包括免税且无商业价值的文件、单证、单据等；②个人物品类，包括自用、合理数量范围内的进出境旅客分离运输的行李和个人物品；③货物类，即除文件和个人物品外的其他进出境快件。

3）申报程序

（1）申报方式。按照海关的要求采用纸质文件或电子数据交换的方式向海关办理报关手续。

（2）申报时效。进境的快件，应该自运输工具申报进境之日起14天内向海关办理报关手续；出境的快件，应该在运输工具离境3小时之前，向海关申报。

（3）单证。

第一，文件类。营运人需要提供“进出境快件KJ1报关单”（见样例3-7）、总运单副本和其他单证等。

样例3-7 进出境快件KJ1报关单 报关单编号：

运营人名称：	进/出口岸：		运输工具航次：	进/出口日期：	总运单号码：	
序号	分运单号码	名称	件数	重量(KG)	收/发件人名称	验放代码
本运营人保证： 年 月 日向 海关申报的上述物品为《中华人民共和国海关对进出境快件监管办法》中A类范围内的物品，并就申报的真实性和合法性向你关负法律责任。 （运营人报关专用章）报关员： 申报日期：						
以下由海关填写						
海关签章： 经办关员： 日期： 查验关员： 日期：						

第二，个人物品类。营运人需要提供“进出境快件个人物品申报单”（见样例3-8）、每一进出境快件的分运单、进境快件收件人或出境快件发件人的身份证影印件和其他单证等。

样例3-8 进出境快件个人物品申报单 报关单编号：

运营人名称：	进/出口岸：			运输工具航次：		进/出口日期：		总运单号码：		
序号	分运单号码	物品名称	价值（RMB）	件数	税率	税额	收/发件人姓名	国别/地区	证件号码	验放代码
本运营人保证： 年 月 日向 海关申报的上述物品为《中华人民共和国海关对进出境快件监管办法》中的个人物品类范围内的物品，并就申报的真实性和合法性向你关负法律责任。 （运营人报关专用章）报关员： 申报日期：										
以下由海关填写										
海关签章： 经办关员： 日期： 查验关员： 日期：										

第三，货物类。营运人需要提交的单证见表3-103。

表3-103 货物类快件申报需提交的单证

条件	单证
关税税额50元以下及海关准予免税的货样、广告品	提交“进出境快件KJ2报关单”（见样例3-9）
征税进境的货样、广告品	提交“进出境快件KJ3报关单”（见样例3-10）
其他进境的货物类快件	按进口货物的报关程序报关
出境的货样、广告品（法律、行政法规规定实行许可证管理的，应征出口关税的，需出口收汇的，需出口退税的除外）	提交KJ2报关单、每一出境快件的分运单、发票和海关需要的其他单证
其他出境的货物类快件	按出口货物相应的报关程序提交申报单证

样例3-9　　进出境快件KJ2报关单　　报关单编号：

运营人名称：		进/出口岸：		运输工具航次：	进/出境日期：		总运单号码：
序号	分运单号码	货物名称	价值（RMB）	重量（KG）	件数	收/发件人名称	验放代码
本运营人保证：　年　月　日向　海关申报的上述货物为《中华人民共和国海关对进出境快件监管办法》中的B类范围内的货物，并就申报的真实性和合法性向你关负法律责任。 （运营人报关专用章）报关员：　申报日期：							
以下由海关填写							
海关签章：		经办关员：	日期：	查验关员：		日期：	

样例3-10　　进出境快件KJ3报关单　　报关单编号：

运营人名称：				进/出口岸：			运输工具航次：			进/出境日期：				总运单号码：	
序号	分运单号码	经营单位	货物名称	价值（RMB）	重量（KG）	件数	商品编码（H.S.）	关税税率	关税税额	增值税税率	增值税税额	消费税税率	消费税税额	收/发件人名称	验放代码
本运营人保证：　年　月　日向　海关申报的上述货物为《中华人民共和国海关对进出境快件监管办法》中的C类范围内的货物，并就申报的真实性和合法性向你关负法律责任。 （运营人报关专用章）报关员：　申报日期：															
以下由海关填写															
海关签章：				经办关员：			日期：			查验关员：				日期：	

（4）查验。海关查验进出境快件时，运营人应派员到场，并负责进出境快件的搬移、开拆、封装。海关对进出境快件中的个人物品实施开拆查验时，运营人应通知进境快件的收件人或出境快件的发件人到场。收件人或发件人不能到场的，运营人应向海关提交其委托书，代理其履行义务，并承担相应的法律责任。海关认为必要时，可对进出境快件径行开验、复验或提取货样。

3.8.2 进出境货物集中申报程序

1）概述

（1）含义。进出境货物集中申报是经海关备案，进出口货物收发货人在同一口岸多批次进出口规定范围内的货物，可先以进出口货物集中申报清单申报货物进出口，再以报关单集中办理海关手续的特殊通关方式。

（2）范围（见表3-104）。

表3-104 集中申报的货物范围

适用集中申报的货物	不适用集中申报的收发货人	停止适用集中申报的情形
（1）图书、报纸、期刊类出版物等时效性较强的货物 （2）危险品或者鲜活、易腐、易失效等不宜长期保存的货物 （3）公路口岸进出境的保税货物	（1）涉嫌走私或者违规，正在被海关立案调查的收发货人 （2）因进出口侵犯知识产权货物被海关依法给予行政处罚的收发货人 （3）适用C类或者D类管理类别的收发货人	（1）担保情况发生变更，不能继续提供有效担保的 （2）涉嫌走私或者违规，正在被海关立案调查的 （3）进出口侵犯知识产权货物，被海关依法给予行政处罚的 （4）海关分类管理类别被降为C类或者D类的

（3）管理。其包括：①备案地点。收发货人：货物所在地海关；加工贸易企业：主管地海关。②备案单证。其主要是“适用集中申报通关方式备案表”。③备案担保。收发货人申请办理集中申报备案手续的，应同时提供符合海关要求的担保，担保有效期最短不得少于3个月。④备案有效期。按照收发货人提交的担保有效期核定。⑤备案的变更、延期和终止。申请适用集中申报通关方式的货物担保情况等发生变更时，收发货人应当向原备案地海关书面申请变更。

备案有效期届满可以延续。收发货人需要继续适用集中申报方式办理通关手续的，应当在备案有效期届满10日前向原备案地海关书面申请延期。收发货人在备案有效期届满前未向原备案地海关申请延期的，备案表效力终止。收发货人需要继续按照集中申报方式办理通关手续的，应当重新申请备案。

2）申报程序

（1）电子申报（见表3-105）。

表3-105 集中申报货物的电子申报

流向	申报时间	申报单证	退单
进口	自载运进口货物的运输工具申报进境之日起14日内	中华人民共和国海关进口货物集中申报清单	海关审核集中申报清单电子数据时，对保税货物核扣加工贸易手册（账册）或电子账册数据；对一般贸易货物核对集中申报备案数据。 经审核，海关发现集中申报清单电子数据与集中申报备案数据不一致的，予以退单
出口	在运抵海关监管区后、装货的24小时前	中华人民共和国海关出口货物集中申报清单	

（2）纸质单证申报。

第一，提交集中申报清单及随附单证。

A.提交纸质单证的期限。收发货人应当自海关审结集中申报清单电子数据之日起

3日内，持集中申报清单及随附单证到货物所在地海关办理交单验放手续。属于许可证件管理的，收发货人还应当提交相应的许可证件，海关在相关证件上批注并留存复印件。

收发货人未在规定期限办理相关海关手续的，海关删除集中申报清单电子数据，收发货人应当重新向海关申报。重新申报日期超过自运输工具申报进境之日起14日的，应当以报关单申报。

B.修改或撤销集中申报清单。收发货人在以清单申报后申请修改或者撤销集中申报清单的，比照报关单修改或撤销的相关规定办理。

第二，报关单集中申报。

A.集中申报的期限。收发货人应当对一个月内以集中申报清单申报的数据进行归并，填制进出口货物报关单，一般贸易货物在次月10日之前、保税货物在次月底之前到海关办理集中申报手续。一般贸易货物集中申报手续不得跨年度办理。

B.报关单的填制要求。集中申报清单归并为同一份报关单的，各清单中的进出境口岸、经营单位、境内收发货人、贸易方式（监管方式）、起运国（地区）、装货港、运抵国（地区）、运输方式以及适用的税率、汇率必须一致。

各清单中规定项目不一致的，收发货人应当分别归并为不同的报关单进行申报。对确实不能归并的，应当填写单独的报关单进行申报。各清单归并为同一份报关单时，各清单中载明的商品项在商品编号、商品名称、规格型号、单位、原产国（地区）、单价和币制均一致的情况下可以进行数量和总价的合并。

C.办理相应的手续。收发货人对集中申报清单中的货物以报关单方式办理海关手续时，应当按照海关的规定对涉税的货物办理税款缴纳手续。涉及许可证件管理的，应当提交海关批注过的相应许可证件。对于适用集中申报通关方式的货物，海关按照接受清单申报之日实施的税率、汇率计征税费。

D.申领报关单证明联。收发货人办结集中申报海关手续后，海关按集中申报进出口货物报关单签发报关单证明联。“进出口日期”以海关接受报关单申报的日期为准。

3.8.3 海关监管货物转关申报程序

1）转关的含义

进口转关：从进境地入境，向海关申请转关，运往另一个设关地点进口报关；出口转关：货物在起运地出口报关运往出境地，由出境地海关监管出境。

2）申请转关运输的条件

（1）条件。其包括：①指运地和起运地都设有海关；②指运地和起运地都有监管场所；③承运人应在海关注册登记，并按海关规定的路线和时间将货物运往指定场所。

（2）不得转关的货物。其包括：①进口的废物（废纸除外）；②进口的易制毒化学品、监控化学品、消耗臭氧层物质；③进口的汽车整车，包括成套散件和二类底盘；④国家检验检疫部门规定必须在口岸检验检疫的商品。

3）转关运输的方式

转关运输的方式有提前报关转关、直转、中转（见表3-106）。

表3-106 转关运输的方式

转关方式	流向	申报地	办理报关手续地
提前报关转关	进口	指运地先申报	再到进境地办理转关
	出口	货未到起运地先申报	货到监管场所后再办理转关
直转	进口	进境地办理转关	指运地办理报关
	出口	起运地办理报关	起运地办理转关
中转	进口	指运地办理报关	进境地办理转关
	出口	起运地办理报关	起运地办理转关

4）转关管理

（1）转关运输的期限。

第一，直转方式转关的期限。以直转方式转关的进口货物应当自运输工具申报进境之日起14天内向进境地海关办理转关手续；在海关限定期限内，自运抵指运地之日起14天内，向指运地海关办理报关手续，逾期按规定征收滞报金。

第二，提前报关方式转关的期限。其包括：①提前报关的进口转关货物应自电子数据申报之日起5日内，向进境地海关办理转关手续，超过期限仍未到进境地海关办理转关手续的，指运地海关撤销提前报关的电子数据；②出口转关货物应自电子数据申报之日起5日内，运抵起运地海关监管场所，办理转关和验放等手续，超过期限的，起运地海关撤销提前报关的电子数据。

（2）转关申报单证的法律效力。转关货物申报的电子数据与书面单证具有同等的法律效力，对于确实因为填报或传输错误的数据，有正当的理由并经海关同意，可作适当的修改或者撤销。对于海关已决定查验的转关货物，则不再允许修改或撤销申报内容。

5）报关程序

（1）进出口口岸。进口口岸，填货物实际进入我国关境的口岸海关的名称及代码；出口口岸，填货物实际运出我国关境的口岸海关的名称及代码。

案例分析3-13

北京宏茂进出口贸易公司从美国以海运方式进口设备一批，由天津新港海关（关区代码0202）转关至北京海关朝阳口岸办事处（关区代码0118）办理报关手续。该船入境后曾停靠上海港一次。该转关运输货物的进口报关单上“进口口岸”应填报为（　　）。

案例分析3-13

答案提示

A.上海海关（2200）　　B.新港海关（0202）

C.北京海关朝阳口岸办事处（0118）　　D.天津海关（0200）

（2）运输方式。进口转关运输货物，按载运货物抵达进境地的运输工具填报；出口转关运输货物，按载运货物驶离出境地的运输工具填报。

案例分析3-14

广东省某水产进出口公司进口一批鱼苗，由美国用飞机运至广州机场，在机场海关申报时，运输方式一栏应填“航空运输”，后又通过汽车转关运输至三水海关，该公司在向三水海关申报办理海关手续时，报关单的运输方式栏应填（　　）。

案例分析3-14

答案提示

（3）运输工具名称。

其一，进口转关货物报关单运输工具名称（见表3-107）。

表3-107　进口转关货物报关单运输工具名称的填制方法

运输方式		运输工具名称	航次号
水路运输	①直转、提前报关	“@”+16位转关申报单预录入号（或13位载货清单号）	免予填报
	②中转	进境英文船名	“@”+进境干线船舶航次
航空运输	①直转、提前报关	同水路运输①	免予填报
	②中转	“@”	免予填报
铁路运输	①直转、提前报关	“@”+16位转关申报单预录入号	“@”+进出境日期［8位数字：顺序为年（4位）、月（2位）、日（2位）］
	②中转	车厢编号	同上
公路及其他运输		同水路运输①	免予填报
以上各种运输方式		使用广东地区载货清单转关的提前报关货物，填报“@”+13位载货清单号	免予填报
		其他地区提前报关货物免予填报	免予填报

案例分析3-15

武汉某中外合资企业专营玻璃加工生产，该公司与香港某公司签约购买平板玻璃深加工设备一套，由华阳运输公司的“HUADONG VOY.302”轮载运进口。该合资企业委托上海某报关行向上海海关办理转关申报手续，后设备由“长江号”轮船运抵武汉。在向海关递交的进口货物报关单上，“运输工具名称”一栏正确的填报应为（　　）。

案例分析3-15

答案提示

A.HUADONG/302　　B.@+16位转关申报单预录入号

C.HUADONG/@/302　　D.长江号

其二，出口转关货物报关单运输工具名称（见表3-108）。

表3-108 出口转关货物报关单运输工具名称的填制方法

<table>
<tr><th colspan="3">运输方式</th><th>运输工具名称</th><th>航次号</th></tr>
<tr><td rowspan="4">水路运输</td><td colspan="2">①非中转</td><td>“@” +16位转关申报单预录入号
（或13位载货清单号）
注：多张报关单需要通过一张转关单转关的，运输工具名称字段填报“@”</td><td>免予填报</td></tr>
<tr><td rowspan="3">②中转</td><td>境内水路运输</td><td>填报驳船船名</td><td>填报驳船航次号</td></tr>
<tr><td>境内铁路运输</td><td>填报车名（主管海关4位关别代码+“TRAIN”）</td><td rowspan="2">填报6位起运日期，顺序为年、月、日各2位</td></tr>
<tr><td>境内公路运输</td><td>填报车名（主管海关4位关别代码+“TRUCK”）</td></tr>
<tr><td colspan="3">铁路运输</td><td>同水路运输①的填报情况</td><td>铁路拼车拼箱捆绑出口：免予填报</td></tr>
<tr><td colspan="3">航空运输</td><td>同水路运输①的填报情况</td><td>免予填报</td></tr>
<tr><td colspan="3">其他</td><td>“@” +16位转关申报单预录入号
（或13位载货清单号）</td><td>免予填报</td></tr>
</table>

上述规定以外无实际进出境的，免予填报。

（4）提运单号。

第一，进口报关单“提运单号”栏应填报为：①水路运输：直转、中转填报提单号，提前报关免予填报；②铁路运输：直转、中转填报铁路运单号，提前报关免予填报；③航空运输：直转、中转填报总运单号+“_”（下划线）+分运单号，提前报关免予填报；④其他运输方式，本栏为空。

以上各种运输方式的进境货物，在广东省内以公路运输转关的，填报车牌号。

第二，出口报关单“提运单号”栏应填报为：①水路运输：中转货物填报运单号；非中转免予填报；广东省内提前报关的转关货物填报车牌号。②其他运输方式：广东省内提前报关的转关货物填报车牌号；其他地区免予填报。

6）进口货物的转关

（1）提前报关的转关（先在指运地报关后在进境地转关）。其包括：①进口货物收货人或其代理人（货主）在进境地海关办理进口货物转关手续前，向指运地海关传送进口货物报关单电子数据；②指运地海关提前受理电子申报，接受申报后，计算机自动生成进口转关货物申报单，传输至进境地海关；③收货人或其代理人在进行电子数据申报后5日内向进境地海关申请办理转关手续，提交进口转关货物申报单编号。

提交单证：进口转关货物核放单（在广东省内公路运输的，提交“进境汽车载货清单”（见样例3-11）），汽车载货登记簿或船舶监管簿，提货单。

样例3-11

中华人民共和国海关进境汽车载货清单

（编号条形码）进境日期： 清单编号：1000000000013

<table>
<tr><td rowspan="11">第
一
联
指
运
地
海
关
存</td><td colspan="2">发货人：（盖章）</td><td colspan="4">贸易性质：</td></tr>
<tr><td colspan="2">收货人：</td><td colspan="4">贸易国别（地区）：</td></tr>
<tr><td colspan="2">合同（协议）号：</td><td colspan="4">原产国别（地区）：</td></tr>
<tr><td rowspan="2">货名及规格</td><td rowspan="2">件数</td><td rowspan="2">重量</td><td colspan="2">成交价格</td><td rowspan="2">进境地/指运地</td></tr>
<tr><td>单价</td><td>价值</td></tr>
<tr><td></td><td></td><td></td><td></td><td></td><td></td></tr>
<tr><td></td><td></td><td></td><td></td><td></td><td></td></tr>
<tr><td rowspan="2">车辆牌号</td><td>境内：</td><td colspan="4" rowspan="3">海关关锁号（条形码）No.：</td></tr>
<tr><td>境外：</td></tr>
<tr><td colspan="2">货柜箱体号No.：</td></tr>
<tr><td colspan="2">上列货物总计________________件______千克，由________________公司委托我公司承运，保证无讹。
此致
________海关
驾驶员： 运输公司（盖章）
海关编号________</td><td colspan="4">海关批注：

关员签名：
海关签章：
年 月 日</td></tr>
</table>

（2）直转方式转关（先在进境地办转关后在指运地办报关）。其包括：①货物的收货人或其代理人自运输工具申报进境之日起14天内在进境地海关录入转关申报数据，持有关单证直接办理转关手续。提交的单证有：进口转关运输货物申报单（在广东省内公路运输的，提交进境汽车载货清单）和汽车载货登记簿或船舶监管簿。②在海关指定的时间内运抵指运地，自货物到达指运地之日起14天内，进口货物的收货人或其代理人向指运地海关办理申报。

（3）中转转关。其包括：①具有全程提运单、需换装境内运输工具的中转转关货物，其收货人或其代理人向指运地海关办理进口报关手续；②5日内由承运人向进境地海关提交进口转关货物申报单、进口货物中转通知书、按指运地目的港分列的纸质舱单（空运方式提交联程运单）等单证办理货物转关手续。

7）出口货物的转关

（1）提前报关。其包括：①发货人或其代理人在货物运抵起运地海关监管场所前，先向起运地海关传送出口货物报关单电子数据，由起运地海关提前受理电子申报，生成出口转关货物申报单数据，传输至出境地海关。②货物自电子申报之日起5日内，运抵起运地海关的监管场所并办理转关手续。提交的单证包括出口货物报关单、汽车载货登记簿或船舶监管簿；在广东省内采取公路运输的，提交出境汽车载货清单。③货物运抵出境地，办理出境手续。提交的单证包括起运地海关签发的出口货物报关单、出口转关货物申报单、汽车载货登记簿或船舶监管簿。

（2）直转方式转关。其包括：①发货人或其代理人在货物运抵起运地海关监管场所后，向起运地海关申报录入出口货物报关单电子数据，由起运地海关提前受理电子申报，生成出口转关货物申报单数据，传输至出境地海关。②在起运地办理转关手续。提交的单证包括出口货物报关单、汽车载货登记簿或船舶监管簿；在广东省内采取公路运输的，提交出境汽车载货清单。③货物到达出境地时，办理出境手续。提交的单证包括出口货物报关单、出口转关货物申报单、汽车载货登记簿或船舶监管簿。

（3）中转方式转关。其包括：①具有全程提运单、需换装境内运输工具的出口中转转关货物，其发货人或代理人向起运地海关办理出口报关手续；②由承运人或其代理人向起运地海关传送并提交出口转关货物申报单及其他单证，办理货物出口转关手续；③起运地海关核准后，签发“出口货物中转通知书”，承运人或其代理人凭以办理出境手续。

8）境内监管货物的转关

（1）提前申报转关。其包括：①转入地的货物收货人提前向转入地海关传送进口货物报关单电子数据；②转入地海关提前接受电子申报，并生成进口转关货物申报单，向转出地海关传输；③收货人向转出地海关办理转关手续，提交进口转关货物核放单、汽车载货登记簿或船舶监管簿，并提供进口转关货物申报单编号。

（2）直接转关。其包括：①转入地的货物收货人在转出地海关录入转关申报数据，直接向转出地海关办理转关手续，并提交进口转关货物申报单、汽车载货登记簿或船舶监管簿；②货物运抵转入地后，转入地的货物收货人向转入地海关办理货物报关手续。

任务实操

转关运输货物报关

步骤一：掌握任务方案

番禺对外经济贸易集团有限公司（经营单位编码4401928006）进口加工贸易合同项下的白板纸材料一批，该批货物于2019年9月24日运抵深圳皇岗海关（关区代码5301），于9月25日直接转关，由该公司向广州番禺海关（关区代码5160）报关。进料加工手册号：C51639300245（该商品列手册第8项）；经营单位与收货单位相同，商品编码：4805.9300；法定计量单位：千克，集装箱自重：4 800千克。相关资料见表3-109至表3-111。

表3-109

INVOICE

丰田物流（香港）有限公司

FENGTIAN LOGISTICS（H.K.）CO.，LTD.

Contract No.：QHDI02-18HH028　　Date：SEP.22，2019

FROM：HONGKONG　　TO：PANYU　　Tel：020-87253468

收货单位：番禺对外经济贸易集团有限公司（广州番禺）

名称 DESCRIPTION	数量 QUANTITY	单价 UNIT PRICE	金额 AMOUNT
白板纸 350克 31cm×43cm（三山牌）	19 850千克	USD0.37	CIF 番禺 USD7 344.50
Goods sold are not returnable Per TOTAL：SEVEN THOUSAND THREE HUNDRED AND FORTY FOUR DOLLARS AND FIFTY CENTS ONLY			

表3-110

PACKING LIST

丰田物流（香港）有限公司

FENGTIAN LOGISTICS（H.K.）CO.，LTD.

Date：SEP.22，2019　　Tel：020-87253468

Fax：020-87253466　　Contract No.：QHDI02-18HH028

收货单位：番禺对外经济贸易集团有限公司

名称 DESCRIPTION	件数 PACKAGES	净重 NET WEIGHT	毛重 GROSS WEIGHT	备注 REMARK
白板纸350克 31cm×43cm （三山牌） CONTAINER No.: HNNU2825091	30托 1 CONTAINER（40'）	19 850	20 750	
Goods sold are not returnable Per				

表3-111

中华人民共和国海关进境汽车载货清单

进境日期：2019.09.24

发货人（盖章）：丰田物流（香港）有限公司					贸易性质：进料加工	
收货人：番禺对外经济贸易集团有限公司					贸易国别（地区）：	
合同（协议）号：QHDI02-18HH028					原产国别（地区）：印度尼西亚	
货名及规格		件数	重量	成交价格		进境地/指运地
				单价	价值	
白板纸350克（三山牌） 31cm×43cm		30托	毛重 20 750kg 净重 19 850kg	CIF番禺 USD0.37	USD 7 344.50	皇岗—番禺海关
车辆牌号	境内：粤B×××××			海关关锁号（条形码）No.：		
	境外：HC8669					
货柜箱体HNNU2825091/40/4800号 No.：H						
上列货物总计30件20 750千克，由丰田公司委托我公司承运，保证无讹。 此致 海关 运输公司（盖章） 粤海运输有限公司 驾驶员：×××　　海关编号××××××				海关批注：Y3018 关员签名： 海关签章： 年　月　日		

步骤二：准备单证

（1）进口转关货物申报单（签进境地海关验讫章），提前报关货物提交进出口货物申报单原件；（2）监管车辆载货登记簿（签进境地海关验讫章）；（3）电脑打印磅单。

步骤三：向进境地海关直接办理转关手续

货物的收货人或其代理人自运输工具申报进境之日起14天内在进境地海关录入转关申报数据，持有关单证直接办理转关手续。

步骤四：向指运地海关办理申报

在海关指定的时间内运抵指运地，自货物到达指运地之日起14天内，进口货物的收货人或其代理人向指运地海关办理申报。

任务9 跨境电商零售进出口通关

资讯

3.9.1 跨境电商零售相关企业

跨境电商企业，是指经海关登记认可，通过自建或者利用第三方跨境电商交易平台开展跨境电商零售进出口业务的境内企业。

跨境电商交易平台企业，是指经海关登记认可且与海关联网，运营提供跨境电商零售进出口商品交易、支付、物流等服务平台的企业。

跨境电商支付企业，是指为跨境电商零售进出口商品交易提供支付服务的企业。

跨境电商物流企业，是指为跨境电商零售商品运输提供物流服务的企业。

3.9.2 跨境电商零售进出口业务相关平台

跨境电商交易平台，是指经海关登记认可且与海关联网，提供跨境电商零售进出口商品交易、支付、物流等服务的平台。

跨境电商通关监管平台，是指由中国海关搭建，实现对跨境电商进出口商品交易、仓储、物流和通关环节进行电子监管执法的平台。

跨境电商通关服务平台，是指由电子口岸搭建，联结跨境电商交易平台与跨境电商通关监管平台，实现企业、海关以及相关管理部门之间跨境电商零售进出口业务数据交换与信息共享的平台。

3.9.3 跨境电商零售进出口业务类型

为促进跨境贸易电子商务进出口业务的发展，方便企业通关，规范海关管理，2016年12月6日，海关总署新增了“1239”监管代码，全称“保税跨境贸易电子商务A”，简称“保税电商A”，适用于境内电子商务企业通过海关特殊监管区域或保税物流中心（B型）一线进境的跨境电子商务零售进口商品。

1）网购保税进口

网购保税进口，是指跨境电商企业先以“入区保税”模式整批进口跨境电商零售商品，存入海关特殊监管区域或者保税物流中心（B型）内，再根据境内消费者的网购订单，办理订单商品出区申报手续，并配送给消费者的跨境电商零售进口业务。

2014年，海关总署发布第57号文件，自2014年8月1日起，增列海关监管方式代码“1210”，全称“保税跨境贸易电子商务”，简称“保税电商”，俗称“备货模式”。

举例3-9

企业将商品批量备货至海关监管下的保税仓库，消费者下单后，电商企业根据订单为每件商品办理海关通关手续，在保税仓库完成贴面单和打包，经海关查验放行后，由电商企业委托物流企业配送至消费者手中。

网购保税进口模式充分利用了海关特殊监管区域或者保税监管场所"入区保税"的政策优势，跨境电商企业通过这一模式进行跨境电商零售进口商品的国内备货，可缩短订单商品的配送时间，提升消费者的购物体验。

2）直购进口

直购进口，是指跨境电商企业根据境内消费者的网购订单，直接从境外起运订单商品，从跨境电商零售进口监管场所申报进口，并配送给消费者的跨境电商零售进口业务。

海关总署2014年发布的第12号公告表示，为促进跨境贸易电子商务零售进出口业务的发展，方便企业通关，自2014年2月10日起，增列海关监管方式代码"9610"，全称"跨境贸易电子商务"，简称"电子商务"，俗称"集货模式"。其适用于境内个人或电子商务企业通过电子商务交易平台实现交易，并采用"清单核放、汇总申报"的模式办理通关手续的电子商务零售进出口商品。

举例3-10

企业将多个已售出商品统一打包，通过国际物流运送至国内的保税仓库，电商企业为每件商品办理海关通关手续，经海关查验放行后，由电商企业委托国内快递派送至消费者手中。每个订单都附有海关单据。

3）特殊区域出口

特殊区域出口，是指跨境电商企业以"入区退税"的模式将整批跨境电商商品存入海关特殊监管区域或者保税物流中心（B型），再根据境外消费者的网购订单，办理订单商品的出口申报手续，并配送给消费者的跨境电商出口业务。

特殊区域出口模式充分利用了海关特殊监管区域或者保税监管场所"入区退税"的政策优势，跨境电商企业通过这一模式可提前获得出口退税，提高了资金的使用效率。

4）一般出口

一般出口，是指跨境电商企业根据境外消费者的网购订单，直接从境外起运订单商品，从跨境电商零售出口监管场所申报出口，并配送给消费者的跨境电商零售出口业务。

一般出口（9610出口）采用"清单核放、汇总申报"的方式。出口商品以邮寄、快件方式分批运送，海关凭清单核放出境，定期把已核放清单数据汇总形成出口报关单，电商企业或平台凭此办理结汇、退税手续。

3.9.4 跨境电商零售进出口税收政策

1）跨境电商零售进口商品的征税

（1）跨境电商零售进口商品的征税范围。其包括：①所有通过与海关联网的电子商务交易平台交易，能够实现交易支付、物流电子信息"三单"对比的跨境电商零售进口商品；②未通过与海关联网的电子商务交易平台交易，但快递、邮政公司能够统一提供交易、支付、物流等电子信息，并承诺承担相应法律责任进境的跨境电商零售进口商品。

小提示3-10

"三单"信息是指交易、支付、物流电子信息。

(2)跨境电商零售进口商品的征税标准。跨境电子商务零售进口商品的单次交易限额为2 000元,个人年度交易限值为人民币20 000元。在限值以内的跨境电商零售进口商品,关税税率暂设为0;进口环节增值税、消费税取消免征税额,暂按照法定应纳税额的70%征收。超过单次限值、累加后超过个人年度限值的单次交易,以及完税价格超过2 000元限值的单个不可分割商品,均按照一般贸易方式全额征税。

2)跨境电商零售出口商品的征税

根据《国务院办公厅转发商务部等部门关于实施支持跨境电子商务零售出口有关政策意见的通知》(国办发〔2013〕89号)的要求,跨境电子商务零售出口(以下称电子商务出口)税收政策如下:

(1)电子商务出口企业出口货物(财政部、国家税务总局明确不予出口退(免)税或免税的货物除外,下同),同时符合下列条件的,适用增值税、消费税退(免)税政策:①电子商务出口企业属于增值税一般纳税人并已向主管税务机关办理出口退(免)税资格认定;②出口货物取得海关出口货物报关单(出口退税专用),且与海关出口货物报关单电子信息一致;③出口货物在退(免)税申报期截止之日内收汇;④电子商务出口企业属于外贸企业的,购进出口货物取得相应的增值税专用发票、消费税专用缴款书(分割单)或海关进口增值税、消费税专用缴款书,且上述凭证有关内容与出口货物报关单(出口退税专用)有关内容相匹配。

(2)电子商务出口企业出口货物,不符合本通知第一条规定条件,但同时符合下列条件的,适用增值税、消费税免税政策:①电子商务出口企业已办理税务登记;②出口货物取得海关签发的出口货物报关单;③购进出口货物取得合法有效的进货凭证。

(3)电子商务出口货物适用退(免)税、免税政策的,由电子商务出口企业按现行规定办理退(免)税、免税申报。

(4)适用本通知退(免)税、免税政策的电子商务出口企业,是指自建跨境电子商务销售平台的电子商务出口企业和利用第三方跨境电子商务平台开展电子商务出口业务的企业。

(5)为电子商务出口企业提供交易服务的跨境电子商务第三方平台,不适用本通知规定的退(免)税、免税政策,可按现行有关规定执行。

项目检验

一、单选题

随堂测3

1.在以下进出口货物中,不属于一般进出口货物的是( )。

A.不批准保税的寄售供销贸易货物　　B.救灾捐赠物资

C.外国驻华商业机构进出口陈列用的样品　D.随展览品进境的小卖品

2.出口货物的申报期限为货物运抵海关监管后( )。

A.装货前的24小时　　B.装货的24小时前

C.装货前的48小时　　D.装货的48小时前

3.进口货物的收货人超过规定期限向海关申报的,滞报金的征收,以运输工具申报进境之日起（　　）为起始日，以（　　）为截止日。起始日和截止日均计入滞报期间。

A.第14日，收货人申报之日　　B.第15日，收货人申报之日

C.第14日，海关接受申报之日　　D.第15日，海关接受申报之日

4.某公司生产A型号的显示器外壳，每个显示器外壳中所含ABS塑料粒子的重量为1千克，在生产过程中的工艺损耗率为20%，该公司据此向海关进行单耗申报，则单耗值应报为（　　）。

A.0.80千克/个　　B.1.00千克/个

C.1.20千克/个　　D.1.25千克/个

5.海关对某加工贸易联网企业（电子账册模式）进行盘库核对后，发现该企业实际库存量少于电子底账核算结果，但企业提供了短缺的正当理由。对于短缺部分，海关应当（　　）。

A.通过正式报核审核

B.按照实际库存量调整电子底账的当期结余数量

C.按照内销处理

D.移交缉私部门处理

6.下列货物中，不存入保税仓库的是（　　）。

A.加工贸易出口货物　　B.进境转口货物

C.供应国际航行船舶的进口油料　　D.外商进境暂存货物

7.从境内运入保税物流中心的原进口货物，应当（　　）。

A.办理出口报关手续，退还原进口税

B.办理出口报关手续，不退原进口税

C.办理进口报关手续，退还原进口税

D.办理进口报关手续，不退原进口税

8.东部地区A企业特定减免税进口飞机设备一套，2年后经批准按折旧价格将其转让给同样享受特定减免税待遇的西部地区B企业，海关对B企业的这套飞机制造设备的监管期限是（　　）。

A.8年　　B.6年　　C.5年　　D.3年

9.使用ATA单证册报关的展览品，暂准进出境期限为自进口之日起（　　），超过期限，ATA单证册持证人可以向海关申请延期；参加展期24个月以上展览会的展览品，在18个月延长期后仍需要延期的，由（　　）审批。

A.6个月　主管地直属海关　　B.6个月　海关总署

C.12个月　主管地直属海关　　D.12个月　海关总署

10.从境外起运，在我国境内设立海关的地点换装运输工具，不通过境内陆路运输，继续运往境外的货物是（　　）。

A.通运货物　　B.转口货物

C.过境货物　　D.转运货物

11.下列关于出境的货物类快件适用报关单的表述，正确的是（　　）。

A.对非应征、免税，无须收汇、退税的货样、广告品，提交KJ1报关单

B.对非应征、应税的货样、广告品，提交KJ2报关单

C.对应征、应税的货样、广告品，提交KJ2报关单

D.对非应征、免税，需收汇、退税的货样、广告品，提交出口货物报关单

12.进口货物在进境地海关办理转关手续，货物运抵指运地海关办理申报手续，这种转关方式是（　　）。

A.提前报关转关　　B.直接转关

C.转运货物转关　　D.中转转关

二、多选题

1.货物报关的进口阶段是指进口货物收货人或其代理人根据海关对进境货物的监管要求，在货物进境时，向海关办理相关手续的过程，包括（　　）环节。

A.进口申报　　B.配合查验

C.缴纳税费　　D.提取货物

2.以下关于修改申报内容或者撤销申报的表述，正确的有（　　）。

A.对于海关已经决定布控、查验的货物，报关单在办结前不得修改

B.对于海关已经决定布控、查验的货物，报关单在办结前不得撤销

C.对于涉案的货物，报关单在办结前不得修改

D.对于涉案的货物，报关单在办结前不得撤销

3.目前，我国已经公布的《加工贸易禁止类商品目录》中包括的商品有（　　）。

A.国家明令禁止进出口的商品　　B.为种植、养殖而进口的商品

C.引起高能耗、高污染的商品　　D.高附加值、高技术含量的商品

4.加工贸易余料如作（　　）处理，必须填制报关单报关。

A.内销　　B.结转　　C.退运　　D.放弃

5.保税区进境的（　　）使用进出境货物备案清单报关。

A.加工贸易料件　　B.加工贸易设备

C.转口贸易货物　　D.仓储货物

6.保税港区可以开展（　　）业务。

A.对外贸易、国际采购、分销和配送　　B.商品加工、制造

C.商品展示与商业零售　　D.港口作业

7.已进境的展览品在某些情形下不需要缴纳进口税，这些情形包括（　　）。

A.展览品复运出境的　　B.展览品放弃交由海关处理的

C.展览品被窃的　　D.展览品因不可抗力原因灭失的

8.短少抵偿的进口货物，收货人按照无代价抵偿货物向海关申报时，除填制报关单并提供基本单证外，还需要提交（　　）等特殊单证。

A.原进口货物报关单

B.原进口货物税款缴纳书或者进出口货物征免税证明

C.买卖双方签订的索赔协议

D.商品检验机构出具的原进口货物短少检验说明书

9.因品质或者规格原因，出口货物自出口之日起1年内原状退货复运进境，纳税义务人在办理进口申报手续时，应当按照规定提交有关单证和证明文件，经海关确认后，对退运进境的原出口货物，（　　）。

A.不予征收进口关税　　B.不予征收进口环节增值税

C.不予征收进口环节消费税　　　　　　　D.不予退还原征收的出口关税

10.下列关于进境快件适用报关单证的表述，正确的有（　　）。

A.文件类应当适用KJ1报关单

B.个人物品类应当适用快件个人物品报关单

C.海关规定准予免税的货样、广告品应当适用KJ2报关单

D.其他货物类应当适用KJ3报关单

三、判断题

1.特定减免税货物以外的实际进出口货物都属于一般进出口货物的范围。（　　）

2.涉及动植物及其产品以及其他需依法提供检疫证明的货物，如需在申报前提取货样，应当按照国家的有关法律规定，向主管海关书面申请，并提供事先由检验检疫部门签发的书面批准证明。（　　）

3.外发加工的成品必须运回本企业。（　　）

4.电子化手册管理是海关以企业为单元对加工贸易进行联网监管的方式。（　　）

5.对已存入出口监管仓库因质量等原因要求更换的货物，经仓库所在地海关批准，可以更换，更换货物入仓前，被更换货物应当先行出仓。（　　）

6.如果一批特定减免税货物从不同口岸进口，可以只办理一份“进出口货物征免税证明”。（　　）

7.对于因毁坏而不能复运出境的进境展览品，海关根据毁坏程度估价征税；对于丢失或被窃的进境展览品，海关按照进口的同类货物征收进口税。（　　）

8.按租金支付进口税的租赁货物进口时，收货人应当填制两份进口货物报关单向海关申报。（　　）

9.对货物类快件中海关规定准予免税的货样、广告品，报关时应提交进出境快件KJ1报关单。（　　）

项目拓展

项目拓展3-1：一般进出口货物

案例：深圳某公司从香港进口了一批原产于马来西亚的不锈钢餐刀和其他不锈钢制品（属于法检商品，列入《自动进口许可管理货物目录》），运载该批货物的运输工具于2019年5月26日从深圳口岸申报进境，收货人于2019年6月1日向深圳海关传送报关单电子数据，海关当天受理。后该公司发现，该批货物有多处申报差错，必须要撤销原电子数据报关单，故向海关申报并经海关审核同意后于2019年6月2日撤销原电子数据报关单，并于6月20日重新向海关申报，海关当天受理申报并发出现场交单通知，收货人于6月21日向海关提交了相应的纸质单证。

根据上述案例，选择回答下列问题：

项目拓展3-1

答案

1.该批货物进口申报应符合的海关规定有（　　）。

A.应以电子数据报关单向海关申报，海关审结后，再向海关提交纸质报关单并随附其他单证

B.应同时以电子数据报关单和纸质报关单向海关申报，然后由海关进行电子审单

C.应先向海关提交纸质报关单，由海关预审，再以电子数据报关单向海关正式申报

D.由发货人或其代理人选择使用电子数据报关单或纸质报关单向海关申报

2.如以上日期均不涉及法定节假日，该企业应该缴纳（　　）天的滞报金。

A.在法定申报时限内不存在滞报问题

B.2　　C.3　　D.4

3.该批货物申报时，除进口货物报关单以外，还应向海关提交（　　）等随附单证。

A.自动进口许可证　　B.原产地证

C.入境货物通关单　　D.合同

4.按《海关对报关员记分考核管理办法》的规定，海关对该报关员一次记分的分值为（　　）。

A.1分　　B.2分　　C.5分　　D.10分

项目拓展3-2：电子化手册管理下保税加工货物报关

项目拓展3-2

答案

案例：河北大海成衣有限公司（海关管理类企业）2019年从境外购进一批棉坯布（加工贸易限制类商品），用于加工出口衬衣（加工贸易允许类商品）。该企业为此向主管海关办理了电子化手册备案。由于该企业某项工艺不能达到出口合同要求，经海关批准将半成品运至天津大益制衣公司（海关A类管理企业）加工成成品后直接由天津口岸出口。

根据上述案例，解答下列问题：

1.海关对大海公司加工贸易业务实行电子化手册管理，其管理特点是（　　）。

A.以合同（订单）为管理单元

B.企业通过计算机网络向商务主管部门和海关申请办理合同审批、备案及备案变更等手续

C.无须调度手册，凭身份认证卡实现全国口岸的报关

D.由于企业与海关实现了计算机联网，在口岸实行“无纸化”报关

2.企业在办理电子化手册备案时，银行保证金台账应按照（　　）规定办理。

A.由大海公司在大益公司所在地的中国银行或者中国工商银行设立银行保证金台账

B.由大海公司在其所在地的中国银行或中国工商银行设立银行保证金台账

C.无须缴付保证金

D.需缴付保证金，台账保证金=（进口料件关税+进口料件增值税）×50%

3.大海公司将半成品交大益公司加工成成品后直接出口的行为，在海关管理上称为（　　）。

A.异地加工　　B.外发加工

C.深加工结转　　D.料件结转

4.下列关于出口衬衣报关手续的表述，正确的是（　　）。

A.大海公司或其代理人在出口报关时必须持纸质加工贸易手册

B.出口报关单贸易方式代码为“0615”，征免性质为“503”

C.应向海关提交棉坯布的原进口报关单

D.货物出口后，应向海关领取出口货物报关单加工贸易核销联

项目拓展3-3：保税仓库货物

项目拓展3-3

答案

案例：河北A（廊坊）公司从中国香港购进原产于韩国的二醋酸纤维丝束（商品编码55020010）一批，法定计量单位：千克；转载该批货物进境的货轮于2019年2月5日向天津新港口岸申报进境。2月9日，A公司委托天津B货代公司凭@××××××××××××××××转关申报单编号向天津新港海关办理了该批货物的进境手续。货物于2月10日运抵廊坊，经海关验放存入廊坊C公用型保税仓库。3月31日，A公司经海关批准提取该批货物出库，售予D烟草公司用于生产内销。

根据上述案例，解答下列问题：

1.下列关于该批货物进出仓报关手续先后顺序的表述，正确的是（　　）。

A.向廊坊海关申报进仓—向新港海关办理进口转关—经廊坊海关验放入仓—向廊坊海关申报出仓

B.向廊坊海关申报进仓—经廊坊海关验放入仓—向新港海关办理进口转关—向廊坊海关申报出仓

C.向新港海关办理进口转关—经廊坊海关验放入仓—向廊坊海关申报进仓—向廊坊海关申报出仓

D.向新港海关办理进口转关—向廊坊海关申报进仓—经廊坊海关验放入仓—向廊坊海关申报出仓

2.该批货物向廊坊海关申报验放进仓时应提交的单证包括（　　）。

A.进口货物报关单　　B.自动进口许可证

C.进口转关申报单　　D.发票/装箱单

3.该批货物向廊坊海关申报出仓时应提交的单证有（　　）。

A.进口货物报关单　　B.自动进口许可证

C.进口转关申报单　　D.发票/装箱单

项目拓展3-4：出口监管仓库货物

项目拓展3-4

答案

案例：江苏新元窗帘公司是一家经海关批准、采用电子化手册管理模式管理的加工贸易联网的A类企业。近日，公司进口了一批价值10万美元的塑用稳定剂（加工贸易允许类商品），用于加工出口塑料百叶窗。塑料百叶窗加工完毕，该企业将其分若干批次存入深圳某出口监管仓库，后因市场原因，向海关申请延长存放期限。

根据上述案例，解答下列问题：

1.下列关于该企业办理进仓手续的表述，正确的是（　　）。

A.该企业可以自行办理出口报关手续

B.该企业可以委托代理人办理出口报关手续

C.因批量多、批次少，该企业可以办理集中报关手续

D.该企业应当提交由仓库经营单位填制的“出口监管仓库货物入仓清单”

2.企业向海关申请延长存放期限，其延长期限最长不超过（　　）。

A.3个月　　B.6个月　　C.1年　　D.2年

项目拓展3-5：保税区货物

案例：神力工具制造有限公司是一家设立在保税区的加工贸易企业。在企业建设过程中，从境外购进了供本企业使用的数控车床、小轿车、仓储式货架、办公电脑等物品。建成投产后，该企业向海关申报从境外购进汽油发动机引擎、钢板材等料件，用于加工生产机动旋转式割草机（割草机原料都购自境外）。由于生产工艺原因，企业向海关申请将割草机半成品外发至区外加工，后运回保税区内。此时，由于国际市场行情发生变化，企业向海关申请将部分割草机内销。

根据上述案例，解答下列问题：

1.该企业自境外进口的（　　）物品，海关予以免税。

A.数控车床　　B.小轿车

C.仓储式货架　　D.办公电脑

2.下列物品适用的报关制度，表述正确的是（　　）。

A.数控机床采取备案制，填写进出境货物备案清单

B.办公电脑采取报关制，填写进出境货物备案清单

C.汽油发动机引擎采取备案制，填写进出境货物备案清单

D.钢板材采取报关制，填写进出口货物报关单

3.以下关于神力公司外发加工的期限，表述正确的是（　　）。

A.期限为3个月，经海关批准最长再延长3个月

B.期限为6个月，经海关批准最长再延长3个月

C.期限为6个月，经海关批准最长再延长6个月

D.期限为1年，经海关批准最长再延长6个月

4.割草机内销时，计征进口税应按照（　　）规定办理。

A.按割草机的状态计征税款

B.根据单耗关系折算耗用掉的汽油发动机引擎、钢板材等料件计征税款

C.以割草机内销价格为基础，审查确定完税价格

D.以接受割草机内销申报的同时或者大约同时进口的相同或者类似割草机的完税价格为基础，审查确定完税价格

项目拓展3-6：特定减免税货物

案例：大连海燕毛纺织进出口公司（中外合营企业）由于生产需要，在其投资额内，于2019年1月21日自行从境外购进羊毛整理机8台，由大连联合报关有限公司代为申报进口。在海关查验货物时，由于开箱工人不慎，将其中一台机器的导毛轨损坏。后该公司又于2019年1月27日从同一供货商处购进羊毛条20吨，向海关申报。进口后该企业对此批货物进行了以下处理：其中12吨用于加工内销毛纱；5吨用于加工毛纱后直接返销日本；其余3吨用于加工毛纱后，结转给上海纺织进出口公司继续加工成混纺面料，全部返销日本（上述两项加工已在海关办理了进料加工合同登记备案手续）。后由于企业生产结构调整，该企业在完成上述全部加工后，将8台羊毛整理机卖给了浙江某内资企业。

根据上述案例，解答下列问题：

1.报关企业应当具备的条件为（　　）。

A.具备境内企业法人资格

B.企业注册资本不低于人民币300万元

C.报关员人数不少于5人

D.报关业务负责人具有5年以上报关工作经验

2.羊毛整理机进口申报时应（　　）。

A.提前办理减免税手续，凭进出口货物征免税证明及其他有关单证向海关申报，贸易方式填报为“合资合作设备”，免税进口

B.贸易方式填报为“加工贸易设备”，征税进口

C.提前办理加工贸易合同备案手续，凭登记手册及其他有关单证向海关申报，贸易方式填报为“进料加工”，保税进口

D.贸易方式填报为“不作价设备”，免税进口

3.上述羊毛整理机进口时，报关员进行电子申报时错将货物价格198 500.00美元申报为195 800.00美元，后被海关现场审单人员发现，此时应（　　）。

A.经海关批准删除原电子申报数据，重新申报

B.海关在纸制报关单上直接修改

C.根据《海关对报关员记分考核管理办法》的规定，对其作记1分处理

D.海关以纸制告知单的形式告知该报关员记分原因和分值

4.羊毛条进口申报时应（　　）。

A.贸易方式填报为“进料加工”，同时免税进口

B.分别申报，其中12吨羊毛条，贸易方式填报为“一般贸易”；另外8吨羊毛条，贸易方式填报为“进料加工”

C.分别申报，其中12吨羊毛条，贸易方式填报为“一般贸易”；5吨羊毛条，贸易方式填报为“进料加工”；另外3吨羊毛条，贸易方式填报为“进料非对口”

D.分别申报，其中5吨羊毛条，贸易方式填报为“一般贸易”；另外3吨羊毛条，贸易方式填报为“进料加工”

5.将3吨羊毛条加工成毛纱后，结转给上海纺织进出口公司继续加工成混纺面料，全部返销日本的做法，在海关监管中被称为（　　）。

A.跨关区异地加工　　B.跨关区深加工结转

C.跨关区委托加工　　D.跨关区进料加工结转

6.该企业在完成上述全部加工后，将8台整理机卖给浙江某内资企业时，应当（　　）。

A.事先向原审批进口的商务主管部门申请

B.向海关折旧补税

C.补交许可证件

D.向海关申请获得解除监管证明书

7.损坏导毛轨的整理机，应按（　　）办法处理。

A.由海关赔偿直接经济损失　　B.海关与收货人平均分担责任

C.海关监管仓库的经理人与收货人协商解决赔偿办法

D.属于不可抗力原因所致，不予赔偿

项目拓展3-7：暂准进出境货物

案例：××联合公司从国外运入一批车辆以参加在珠海举行的车展，该批车辆属于ATA单证册项下的货物。除了展览品以外，还需要运入一些为展览品做宣传用的印刷品等。展览会结束以后，××联合公司又将该批货物运输出境。

根据上述案例，解答下列问题：

1.案例中所说的展览品在进出境过程中的特点有（　　）。

A.免予缴纳税费

B.规定期限内按原状复运出境

C.按货物实际使用情况办结海关手续

D.除另有规定外，免于提交进出口许可证件

2.题中所说的展览品属于（　　）。

A.转运货物　　　　B.暂准进出境货物

C.进出境快件　　　　D.转关运输货物

3.在展览会结束后，该批车辆如果由境内企业购买，下列说法中正确的是（　　）。

A.应当由主办方向海关办理进口申报、纳税手续

B.应当由实际购买的企业自行办理进口申报、纳税手续

C.如果购买企业属于特定企业，可以免交相关证件

D.无论由何种企业购买，均需提交相关证件

4.关于为展览品做宣传用的印刷品，下列说法中正确的是（　　）。

A.属于使用ATA单证册的展览品

B.可以按展览品申报进境

C.进境申报手续可以在展出地海关办理

D.××联合公司应向海关提供担保

5.ATA单证册的有效期为（　　），ATA单证册项下货物暂时进出境期限为自货物进出境之日起（　　）。

A.1年　1年　　　　B.2年　1年

C.1年　6个月　　　　D.6个月　6个月

项目拓展3-8：无代价抵偿货物

案例：江苏清江印刷设备公司（3207964××××）原委托上海东方技术进出口有限公司（3101910××××）从新加坡南华贸易有限公司购进胶印机（监管条件：O，A）1台，由于该设备在投产使用期间多次发生故障，东方公司与南华公司商议后，南华公司同意退换相同规格型号的胶印机。新胶印机于2019年1月18日由江苏连云港春晖国际货运有限公司（3207980×××）向南京海关隶属的连云港口岸海关办理进口报关手续。请问：报关员将如何办理？

项目拓展3-9：转关运输货物

案例：深圳木瑞公司使用进料加工生产一批童鞋，在东莞海关办妥出口报关手续及出口转关运输手续后，于2019年10月12日在文锦渡海关装船。该批童鞋为手册上出口成品的第三项，品名规格为PU面童鞋，单价为USD3.0，合同协议号为2019（0237），外商公司为香港化生贸易公司。试分析：作为深圳木瑞公司的报关员，应当办理哪些报关手续？

项目4

进出口商品归类

知识目标

掌握商品归类总规则、商品归类方法、重点商品归类；了解归类的依据、申报要求、预归类的申请要求、“预归类决定书”的使用、《商品名称及编码协调制度》的含义和基本结构。

能力目标

会使用归类总规则和商品归类方法为进出口商品归类。

项目介绍

作为报关员，除了懂得报关的流程以外，还需要掌握一个基本技能，那就是商品编码的查找。据此，学生要完成以下任务：

任务1：了解归类总规则。

任务2：使用商品归类方法为进出口商品归类。

项目任务

任务1 了解归类总规则

案例导入

由50%的大麦、30%的大米、20%的燕麦组成的混合物应该如何运用归类总规则来归类？

分析提示：该商品为混合物，其中大麦属于品目10.03的商品，玉米属于品目10.05的商品，燕麦属于品目10.04的商品。由于大麦的含量最大，已构成该混合物的主要特征，因此，根据归类总规则三（二）的基本特征、归类原则，该商品应按主要成分大麦归入商品编码1003.0090。

资讯

4.1.1 我国海关进出口商品分类目录简介

我国海关进出口商品分类目录是指根据海关征税、统计的需要，以协调制度为基础，分别编制的《海关进出口税则》和《海关统计商品目录》。我国采用8～10位编码，由4位税（品）目和4～6位子目构成。

编码：	0 5	0 1	9	2	1	0
位数：	1	3	5	6	7	8
含义：	章号	顺序号	1级子目	2级子目	3级子目	4级子目

第5位编码——它所在税（品）目下所含商品1级子目的顺序号

第6位编码——它所在税（品）目下所含商品2级子目的顺序号

第7位编码——它所在税（品）目下所含商品3级子目的顺序号

第8位编码——它所在税（品）目下所含商品4级子目的顺序号

若5～8位出现数字9，则它不一定代表在该级子目的实际顺序号，而是代表未具体列名的商品。

4.1.2 规则一

归类总规则是为保证每一个商品甚至是层出不穷的新商品都能始终归入同一个品目或子目、避免商品归类的争议而制定的商品归类应遵循的原则。它位于《商品名称及编码协调制度》（以下简称《协调制度》）的部首，由6条构成，它们是指导并保证商品归类统一的法律依据。这里值得注意的是：归类总规则的使用顺序为规则一优先于规则二，规则二优先于规则三，必须按顺序使用。

（1）类、章及分章的标题，仅为查找方便而设。为便于查找，《协调制度》将一类或一章商品加以概括并冠以标题。由于现实中的商品种类繁多，通常情况下，一类或一章标题很难准确地对本类、章商品加以概括，所以类、章及分章的标题仅为查找方便而设，不具有法律效力。换句话说，类、章中的商品并不是全部都符合标题中的描述。

（2）具有法律效力的归类，应按品目条文和有关类注或章注确定。这里有两层含义：第一，具有法律效力的商品归类，是按品目名称和有关类注或章注确定商品编码的；第二，许多商品可直接按目录规定进行归类。注释的作用在于限定品目、类、章商品的准确范围。其常用的方法有：①以定义形式来界定类、章或品目的商品范围及对某些商品的定义做出解释；②列举典型例子的方法；③用详列具体商品名称来定义品目的商品范围；④用排他条款列举若干不能归入某一类、章或编码的商品。

举例4-1

流动马戏团、动物园或其他类似巡回展出用的活动物。

第一类章注：流动马戏团、动物园或其他类似巡回展出用的活动物，不包括在第一类里面。

（3）如品目、类注或章注无其他规定，品目条文及与其相关的类、章注释是最重要的。换言之，它们是在确定归类时应首先考虑的规定。例如，第31章的注释规定该章某些品目仅包括特定的货品，因此，这些品目就不能够根据规则二（二）扩大为包括该章注释规定不包括的商品。这里需注意的是，不能因为品目条文不明确，不论类注、章注有无规定，就按规则二归类，而必须是在品目条文、类注、章注都无其他规定的条件下才能按规则二归类。

案例分析4-1

冻猪胃的商品编码是什么？

答案提示

4.1.3 规则二

规则二（一）品目中所列货品，应包括该项货品的不完整品或未制成品，只要在进口或出口时该项不完整品或未制成品具有完整品或制成品的基本特征；还应包括该项货品的完整品或制成品（或按本款可作为完整品或制成品归类的货品）在进口或出口时的未组装件或拆散件。

规则二（二）品目中所列材料或物质，应视为包括该种材料或物质与其他材料或物质混合或组合的物品。品目中所列某种材料或物质构成的货品，应视为包括全部或部分由该种材料或物质构成的货品。由一种以上材料或物质构成的货品，应按规则三归类。

1）规则二（一）

（1）不完整品。它是指某个商品还不完整，缺少某些零部件，但却具有完整品的基本特征。

（2）未制成品。它是指已具备了成品的形状、特征，但还不能直接使用，需经进一步加工才能使用的商品。

（3）因运输、包装、加工贸易等原因，进口时未组装或拆散的货品。

案例分析 4-2

一套散装收音机（未装有录制或重放设备）。

案例分析 4-2

答案提示

2）规则二（二）

（1）品目中所列某种材料包括了该种材料的混合物或组合物，也是对品目商品范围的扩大。

（2）其适用条件是加进去的东西或组合起来的东西不能失去原商品的特征，即混合或组合后的商品不存在看起来可归入两个及以上品目的问题。

案例分析 4-3

含 20% 柑橘皮的绿茶（每包净重 60 千克）。

答案提示

4.1.4 规则三

当货品按规则二（二）或由于其他原因看起来可归入两个或两个以上品目时，应按以下规则归类：

规则三（一）：列名比较具体的品目，优先于列名一般的品目。但是，如果两个或两个以上品目都仅述及混合或组合货品所含的某部分材料或物质，或零售的成套货品中的某些货品，即使其中某个品目对该货品描述得更为全面、详细，这些货品在有关品目的列名应视为同样具体。

规则三（二）：混合物、不同材料构成或不同部件组成的组合物以及零售的成套货品，如果不能按规则三（一）归类，在本款可适用的条件下，应按构成货品基本特征的材料或部件归类。

规则三（三）：货品不能按规则三（一）或（二）归类时，应按号列顺序归入其可归入的最末一个品目。

（1）规则三（一）具体列名。当一件商品涉及两个或两个以上品目时，哪个品目相对于商品表述更为具体，就归入哪个品目。与商品的类别名称相比，商品的具体名称较为具体。比如，紧身胸衣是一种女式内衣，有两个编码可归入，一个是 6208 女内衣，一个是 6212 妇女紧身胸衣，前一个是类名称，后一个是具体商品名称，故应归入 62123000。如两个税号属同一类商品，可根据它的功能（用途）进行深度比较，哪个功能（用途）更为接近，就应视为更具体。

案例分析4-4

飞机用钢化玻璃。

案例分析4-4

答案提示

(2) 规则三 (二) 基本特征。

第一，归类原则适用条件。其包括：①混合物；②不同材料的组合货品；③不同部件的组合货品；④零售的成套货品。

第二，归类因素。不同货品确定其基本特征的因素有所不同，一般来说，商品的主要特征可根据其外观形态、使用方式、主要用途、购买目的、价值比例、贸易习惯、商业习惯、生活习惯等诸多因素综合考虑、分析来确定。

第三，零售的成套货品。它是指同时符合以下三个条件的货品：①至少由两种看起来可归入不同编码的不同物品构成；②为了适应某一项活动的特别需要而将几件产品或物品包装在一起；③其包装形式适于直接销售给用户而货物无须重新包装。

案例分析4-5

八宝粥罐头（内装有八宝粥，附一个塑料小勺）。

案例分析4-5

答案提示

(3) 规则三 (三) 从后归类。其只能用于不能按规则三 (一) 或规则三 (二) 归类的货品。它规定商品应归入同样值得考虑的品目中顺序排列为最后的品目内，但相互比较的编码或品目只能同级比较。也就是说，如果看起来一个商品可以归入两个或两个以上品目，比较起来每个品目都同样具体，那么就按在商品编码表中位置靠后的那个品目进行归类。

案例分析4-6

由50%的牛肉与50%的鱼肉混合而成的饺子馅。

案例分析4-6

答案提示

4.1.5 规则四

按上述规则无法归类的货品，应归入与其最相类似的品目。这条规则所述的“最相类似”，是指名称、功能、用途或结构上的相似，实际操作中往往难以统一认识。一般来说，这条规则不常使用，尤其是在H.S.编码中，每个品目都下设有“其他”子目，不少章节单独列出了“未列名货品的品目”来收容未考虑到的商品。因此，规则四实际的使用频率很低。

4.1.6 规则五

除上述规则外，本规则适用于下列货品的归类：

(1) 规则五 (一)。其仅适用于同时符合以下各条规定的容器：①制成特定形状或形式，专门盛装某一物品或某套物品，即专门按所要盛装的物品设计的，有些容器还制成所装物品的特殊形状。②适合长期使用的，容器的使用期限与所盛装某一物品使用期限是相称的，在物品不使用期间，这些容器还起保护作用。③与所装物品一同进口或出口，不论其是否为了运输方便而与所装物品分开包装；单独进口或出口的容器应归入其应归入的相应品目。④通常与所装物品一同出售的。⑤包装物本身并不构成整个货品的基本特征，即包装物本身无独立使用价值。

规则五 (一) 不适用于本身构成整个商品基本特征的容器。

案例分析 4-7

长方形香皂装在长方形塑料肥皂盒内（每盒一块），该肥皂盒有底、有盖并适合长期使用。

案例分析 4-7

答案提示

(2) 规则五（二）。它实际上是对规则五（一）规定的补充。当包装材料或包装容器不符合规则五（一）的条件时，如果通常是用来包装某类货品的，则应与所装货品一同归类。但本款不适用于明显可以重复使用的包装材料或包装容器。

举例 4-2

装有压缩液化气体的钢瓶应按钢铁制品和液化气分别归类。

4.1.7 规则六

货品在某一品目项下各子目的法定归类，应按子目条文或有关的子目注释以及以上各条规则来确定，但子目的比较只能在同一数级上进行。除《协调制度》条文另有规定的以外，有关的类注、章注也适用于本规则。

(1) 子目条文、注释先于章注、类注。在类、章注释与子目条文或子目注释不相一致的情况下，应采用子目注释而不应考虑章注释，即类、章注释与子目注释的应用次序为：子目注释-章注释-类注释。

(2) 一、二、三、四级依次确定，同级比较。规则六中所称“同一数级”子目，是指同为五位数级或同为六位数级的子目。据此，当按照规则三（一）的规定考虑某一物品在同一品目项下的两个及两个以上五位数级子目的归类时，只能依据有关的五位数级子目条文来确定哪个五位数级子目所列名称更为具体或更为类似。只有在确定了列名更为具体的五位数级子目后，而且该子目项下又再细分了六位数级子目时，才能根据有关六位数级子目条文考虑物品应归入这些六位数级子目中的哪个子目。

总之，规则六表明，只有在货品归入适当的四位数级品目后，方可考虑将它归入合适的五位数级或六位数级子目，并且在任何情况下，都应优先考虑五位数级子目后再考虑六位数级子目的范围或子目注释。此外，规则六注明只有属同一级别的子目才可作比较并进行归类选择，以决定哪个子目较为合适；比较方法为同级比较、层层比较。

案例分析 4-8

请确定中华绒螯蟹种苗（0306）的商品编码。

案例分析 4-8

答案提示

任务实操

了解归类总规则

实操一

涂有石蜡的软木塞。

分析提示：涂有石蜡的软木塞是一种主要由石蜡和软木构成的组合货品，尽管它不完全由软木构成，还含有石蜡，但由于该涂塑材料未改变软木的基本特征，因此，根据归类总规则二（二）的基本特征归类规定（品目中所列的材料，应包括全部或部分由该种材料构成的货品），该商品仍按软木塞归入第 45 章，并按天然软木制品归入品目 45.03，即该商品应归入商品编码 4503.1000。

实操二

一套由一个带钥匙环的笔形手电筒和一支圆珠笔组成的供零售用货品。

分析提示：该商品为零售的、由手电筒和圆珠笔组成的成套货品。根据归类总规则三（三）零售成套货品的归类规定，其必须同时符合下列3个条件：①零售包装；②由归入不同品目的物品构成；③用途上是相互补充、配合使用的。由于本套货品不符合第三个条件的规定，即用途上不是相互补充、配合使用的，因此，不能按零售成套货品的主要特征进行归类，而应分别归类。圆珠笔应归入商品编码9608.1000；手电筒应归入商品编码8513.1010。

任务2 使用商品归类方法为进出口商品归类

案例导入

重量为150克的活火鸡，供改良种用。

（1）找到所在的类、章。火鸡是活动物，归入第一类第一章。

（2）查阅第一类的类注和第一章的章注，不属于本章不包括的情形，因此可归入第一章。

（3）查阅第一章四位数品目号列及其黑体字。活火鸡属于家禽类，在0105就可以找到家禽。

（4）再进一步确定它的8位数编码：0105.1290。

资讯

4.2.1 商品归类考题做法

通常，给出20个商品名称，并附有规格、成分等的说明，要求考生运用商品知识和归类技能从《进出口商品名称与编码》中查找8位数编码，将该编码的8位数字相加求和，然后根据求和的和数在答题卡上将对应的选项栏数字标号涂黑，十位数涂在上一栏0～9的数字框内，个位数涂在下一栏0～9的数字框内。

举例4-3

冷大马哈鱼，编码是0302.1220。

将这八位数字相加，就是0+3+0+2+1+2+2+0=10。

那么在考试的时候，用2B铅笔将答题卡上面的0～9行的数字框涂黑，就可以了，即上一栏将数字“1”涂黑，下一栏将数字“0”涂黑。

0　**1**　2　3　4　5　6　7　8　9

0　1　2　3　4　5　6　7　8　9

4.2.2 商品归类方法

第一步：确定所给出的商品名称的中心词，判断所归入的类、章（21类97章）。

第二步：查阅类注、章注。

第三步：查阅相应章中的品目条文和注释。

第四步：查找相应的子目。如果有二级子目，则继续往下查，依次确定二、三、四级子目。

4.2.3 进出口商品归类要点

1）第一、二类（第1~14章）

要注意加工方式，依据“加工方式”确定商品是归入第一类、第二类还是第四类。

（1）动物产品。活动物（第1和第3章）经过简单加工后分别归入可食用动物产品（第2、3、4章）和非食用动物产品（第5章），可食用动物产品经过进一步加工后归入动物油脂及其产品（第15章）和食品类（第16章）。

（2）植物产品。活植物（第6章）经过简单加工后归入植物产品（第7~14章），可食用植物产品中的蔬菜、水果、坚果经过进一步加工归入蔬菜、水果、坚果制食品（第20章）。

（3）谷物（第10章）。经过简单加工后归入制粉工业产品（第11章），谷物和制粉工业产品经过进一步加工则归入谷物、粉类食品（第19章）。

（4）干蔬菜归类（第7章章注三）、混合调味香料归类（第9章章注一）、种植用种子归类（第12章章注三）。

小提示4-1

超过了本类加工程度允许范围的非食用植物产品主要归入第四类和第二十类。例如，豆饼应归入第23章、已切割成圆形的供雕刻用象牙果归入第96章等。其中，最容易与本类的非食用植物产品发生归类混淆的是第96章的商品。

案例分析4-9

（1）水煮小虾虾仁。

（2）浸泡在亚硫酸水中的黄瓜。

案例分析4-9

答案提示

2）第三类（第15章）

（1）未炼制的猪脂肪及家禽脂肪。其应归入品目02.09。

（2）从乳中提取的黄油及其他油、脂。其应归入品目04.05（与1517人造黄油区别开）。

（3）可可油、可可脂。其应归入品目18.04。

（4）粗甘油。纯度在95%以下，归入1520；若纯度在95%以上，则归入2905.4500丙三醇（甘油）。

3）第四类（第16~24章）

（1）均化食品、均化混合食品、混合食品。均化食品的满足条件是：精细均化、零售包装食品（每件净重不超过250克）；为了调味、保藏或其他目的，可以加入少量其他配料，还可以含少量的粒或食用杂碎粒。均化肉类——1602.1000（全部由肉类组成）；均化蔬菜——2005.1000（全部由蔬菜组成）；均化果实——2007.1000（全部由植物果实组成）；均化混合食品——2104.2000（由肉和蔬菜、肉和果实、蔬菜和果实等混合组成）。

（2）各种酒。应注意区别是发酵酒还是蒸馏酒。普通红葡萄酒是发酵酒，应归入2204，而威士忌属于蒸馏酒，应归入2208。

（3）水果汁、蔬菜汁。纯的（不加任何其他物质）归入2009；加入了其他物质，则成了饮料，归入2202。

案例分析4-10

一种用微波炉加热的方便快餐食品，净含量250克，其中面条150克、鸡腿块50克、卷心菜30克、鱿鱼丝20克，食品已预先烧制过，装于一次性塑料泡沫盒内。

案例分析4-10

答案提示

4）第五类（第25～27章）

（1）只能经过有限的简单加工。简单加工是指洗涤、磨碎、研粉、淘洗、筛选和其他机械物理方法精选。如果超出这个限度而进行了进一步的深加工，则应该归入后面的章节。

（2）第26章归类要注意的地方。其包括：①第26章的加工程度与第25章相似，只能进行有限的简单加工。除煅烧、焙烧或燃烧引起的变化外，这些加工不得改变所要提炼金属的基本化合物的化学成分。改变了矿物基本化学成分的产品则不能归入本章，一般归入第28章。②矿砂应归入第26章（包括放射性矿砂）。

案例分析4-11

煤油。

案例分析4-11

答案提示

5）第六类（第28～38章）

（1）第一部分（第28和第29章）与第二部分（第30～38章）归类时的区别。其包括：①一般情况下，如果一种化工品是单独的化学元素及单独的已有化学定义的化合物（包括有机化合物和无机化合物），应归入第一部分（第28和第29章）；

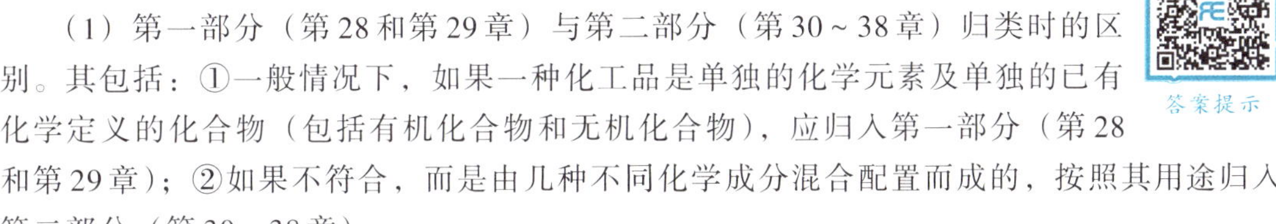

②如果不符合，而是由几种不同化学成分混合配置而成的，按照其用途归入第二部分（第30～38章）。

（2）归类时的步骤。其包括：①判断商品是否符合类注一（一）的规定。如果一种化工品属于放射性化学元素、放射性同位素及它们的无机或有机化合物，应优先归入2844、2845。放射性矿砂除外，其仍按矿砂来归类。②判断商品是否属于类注一（二）的情形。除放射性化学物质（28.44）及非放射性同位素（28.45）外，凡符合品目28.43、28.46、28.52所述的货品，应优先归入此品目。③判断商品是否属于类注二的情形。如果一种化工品被制成一定剂量或制成零售包装而且同时符合3004、3005、3006、3212、3303、3304、3305、3306、3307、3506、3707、3808税目，应优先归入上述品目。

案例分析4-12

500毫升瓶装化学纯级乙酸乙酯。

案例分析4-12

答案提示

6）第七类（第39和第40章）

（1）共聚物的归类方法。其包括：①确定品目。首先，根据其形状确定是否属于3901～3914的范围；其次，将属于同一品目（4位数）下的单体单元的含量相加；再次，按含量高的品目归类，如果含量相等，则“从后归类”；最后，在归子目时注意第39章子目注释一的规定。②确定子目。重点解析子目注释一。

（2）化学改性聚合物应按相应的未改性聚合物的子目归类。聚合物混合体应按单体单元比例相等、种类相同的聚合物归入相应子目。

（3）塑料在加工过程和使用过程中产生的废碎料和下脚料一般情况下可按品目条文的

列名归入3915。但是根据章注七的规定，如果其同时符合初级形状、单一种类、热塑性这三个条件，则不能归入3915，而是要比照正常的塑料原料归入3901～3914的相应品目。

举例4-4

“粒状聚乙烯（密度0.93）下脚料”应归入3901.1000。

案例分析4-13

（1）由20%氯乙烯、20%醋酸乙烯、30%丙烯、30%异丁烯的单体单元组成的共聚物（粉末状）。

（2）聚乙烯（比重0.92）与聚乙酸乙烯酯组成的聚合物混合体（颗粒状），按占聚合物混合体总重量计算：乙烯单体单元和乙酸乙烯酯单体单元各占50%。

案例分析4-13

答案提示

7）第八、九、十类（第41～49章）

（1）第41章结构按其加工程度由低到高排列。生皮：4101～4103；经鞣制但未经进一步加工的皮及其坯革：4104～4106；经鞣制或半硝处理后进一步加工的皮革：4107、4112、4113；特种皮革（油鞣皮革、漆皮及层压漆皮和镀金属皮革）：4114；再生皮革及皮革边角废料：4115。

（2）容易混淆的含有皮、革制品的归类。以皮革或再生皮革制成的服装：4203；以毛皮制成的服装：4303；以毛皮做面或毛皮做里衬的服装：4303；人造毛皮服装：4304；毛皮或人造毛皮仅作为装饰用的服装：按服装面料归类。

（3）第44章结构按加工程度由低到高排列。木制原料（不包括竹的原料）：4401～4406；经简单锯、削、刨平、端接及制成连接形状的木材：4407～4409；木质碎料板、纤维板、胶合板及强化木等：4410～4413；木制品：4414～4421。

（4）纸张的归类。未涂布的机器或手工纸：4801～4805；经进一步加工但未涂布的纸：4806～4808；经涂布的纸：4809～4811；特定用途的纸及其制品：4812～4823。

（5）木制品的归类。其大部分归入第44章，小部分归入其他章。木制的家具和活动房屋：第94章；木制的衣箱：第42章；木制的刷子：第96章；木制的积木：第95章；木制的手杖：第66章。

（6）木地板的归类。天然木地板（又称实木地板）：4409；碎料板制木地板：4410；纤维板制木地板：4411；胶合板制木地板：4412；拼花木地板：4418。

8）第十一类（第50～63章）

第十一类分为四种商品，归类时首先判断商品是属于以下哪类的：

（1）纺织纤维（纺织品的原料，如毛、丝、棉花、化纤）。其包括：①单一纤维的归类。纤维是纺织原料，除56.01的纤维外，其他纺织纤维归入第一部分（第50～55章），直接根据纤维的属性就可以判断其可归入的具体的章节和品目，比较简单。②混纺纤维的归类。首先看一下混纺纤维中的各个纤维属于哪一章，将属于同一章的不同纺织材料的重量相加后进行比较，归入重量大的那一章，如果重量相等，则根据归类总规则三，按从后归类的原则归类。

（2）纱线（用纺织纤维制成的线）。由于第一部分（第50～55章）包括纱线的品目，第二部分的第56章也包括纱线的品目，因此对纱线进行归类时，首先要确定纱线是特种纱线还是普通纱线。如果是特种纱线，则归入第56章的相应品目；如果是普通纱线，要先判断纱线是由一种纤维制成的，还是由多种纤维制成的。由一种纤维制成的，按纱线原料的性质归入相应章（第50～55章）的品目；由多种纤维制成的混纺纱线，则根据混纺纺织品的归类步骤来归类。

（3）织物（属于半制成品）。其与纱线的归类一样，先确定品目是属于特种织物还是普通织物。特种织物归入第58章，普通织物按纤维的种类归入第50～55章，针织物归入第60章。普通织物：平纹、染色、色织、漂白、印花；特种织物为起绒织物、绳绒织物、毛巾织物、纱罗织物、网眼织物、金属线织物等。

（4）服装（制成品）。

第一，制成品中重点掌握的是服装和衣着附件的归类：①首先判断应归入第61章还是第62章。针织服装归入第61章（6212商品除外），非针织（即机织）服装归入第62章。②判断是不是婴儿服装。婴儿服装应优先归入品目6111（针织）或者6209（非针织）。③判断是否为特殊材料制成的服装。比如，用塑料、橡胶或其他材料处理过的织物制成的服装，优先归入6113（针织）或6210（机织）。④根据性别、服装款式（大衣、西服、衬衣、内衣等）、纤维的种类归入相应的编码。

第二，地毯、工业用纺织制品、成套物品等先按照标题查找，再根据章注和类注是否有规定，按照查找商品的步骤来归类就可以确定其品目。

案例分析4-14

涤纶制针织紧身胸衣。

9）第十二、十三、十四类（第64～71章）

（1）鞋靴归类。鞋靴应按其鞋面和外底的材料归入不同的品目。确定鞋面和外底材料的原则是：①鞋面的材料应以占表面面积最大的那种材料为准，外底的主要材料应以与地面接触最广的那种材料为准；②在其他类已列名的鞋则不应归入第64章，如明显已穿用的旧鞋要归入品目6309，玩具鞋及装有冰刀或轮子的滑冰鞋要归入第95章。

（2）第68章。其货品大都是第25章的货品经过进一步加工所得的。第68章货品的加工范围已经超出了第25章（所允许的范围）。在第68章中，要注意6812.9100这个品目，即用石棉制成的服装、衣着附件、帽类及鞋靴。以石棉为原料的制成品，应归入到第68章。

（3）贵金属合金的归类原则。只要其中一种贵金属的含量达到合金重量的2%，便视为贵金属合金；不适用于后面贱金属合金归类时按含量较高的金属进行归类的原则。应用本章注时应注意先后顺序，即章注五（一）最优先，章注五（二）其次，最后应用章注五（三）。

案例分析4-15

按重量计含铁80%、含铜15%、含银3%、含金2%的金属合金（未经锻造，非货币用）。

10）第十六类（第90章）

（1）第十六类的归类方法。

第一，机械、电气设备的零部件归类的步骤（参见第十六类类注二）。

第二，家用电动器具的归类。品目85.09的家用器具通常是指：任何重量的真空吸尘器、地板打蜡机、食品研磨机及食品搅拌器、水果或蔬菜榨汁器。但是有部分品目是受重量限制的（这个标准是重量不超过20千克）。另外，还要注意，虽然称为家用电器，但是归类的时候，其他的品目有具体列名的，不按家用电器归类。

第三，干燥机、干衣机的归类。其包括：①只有明显用于干燥纺织品的干燥机才能归入84.51；②用于干燥非纺织品的干燥器应归入84.19；③离心式干燥机应归入84.21；④干洗机不论其洗衣容量大小，均归入8451.10。

第四，液体泵、气泵和压缩机的归类。其包括：①液体泵归入品目8413，这个液体泵可以是带有计量装置或计价装置的，不要将计量泵按仪器归入第90章，这是要注意的地方；②气泵和压缩机归入品目8414，除了真空泵以及各种压缩机外，还包括手动或动力驱动的用以压缩空气或其他气体的设备，如风扇、吊扇和排风扇、手动的打气筒。

第五，自动数据处理设备及其零件的归类。其包括：①一起报验的中央处理部件（含CPU、主板、硬盘等）、输入部件（键盘或扫描仪）和输出部件（显示器或打印机），进口时按“系统”归入8471.49；②单独报验的电脑主机，归入8471.50；③单独报验的键盘，归入8471.6071；④单独报验的内存条，归入8473.3090；⑤单独报验的显示器，归入8528。

（2）第90章的归类方法。

第一，仪器装置的零件、附件归类。其详见第90章章注二，先考虑是否属于“通用类”，然后考虑是否属于“具体列名”，再考虑是否为“专用零件”，最后看是否为“未列名的零件”。

第二，光学元件的归类。未加工的光学元件（玻璃材料）见第70章；已加工但未装配的光学元件归入9001；已装配（即带有镜筒或框架）的光学元件归入9002。

第三，医疗器械及器具的归类。其一般归入9018～9022。要准确归类，必须了解它的工作原理、特性及用途：①用于诊断的医疗器械：9018；②用于X射线或其他射线扫描成像：9022（冶金工业中的X射线）；③机械疗法、氧疗法、臭氧疗法、吸入疗法、人工呼吸及按摩等用的设备及装置：9019；④矫形及弥补人体生理缺陷的器具：9021；⑤X射线和其他放射线的应用设备（不仅包括用于医疗上的，还包括用于其他行业上的）：9022；⑥用于探测X射线等反射性射线的设备：9030。

任务实操

查找商品编码

（1）“雀巢”纯速溶咖啡，125克/瓶；（2）用于加工粉丝的豌豆粉；（3）干海参；（4）五香烤牛肉干，150克/袋；（5）赤霉素片剂（每盒20片，每片25毫克），用于作物，具有促进种子发芽、植物生长、提前开花结果的作用；（6）橡胶制的鼠标垫；（7）容量500毫升的塑料饮料瓶；（8）未曝光的X光平片；（9）脱脂剪羊毛；（10）人造棉机织印花布。

项目检验

查找下列商品的编码：

（1）精制的玉米油；（2）一次成像平片，未曝光；（3）精梳喀什米尔山羊绒制针织女式披巾；（4）“飞利浦”牌915型电动剃须刀；（5）上过釉的瓷砖，用于厨房、卫生间的墙面装饰，规格：15厘米×15厘米；(6) 宽1米、厚2毫米的非合金钢热轧卷板，表面涂有防锈漆；(7) 洗手液，400毫升塑料瓶装，含有机表面活性剂、杀菌剂、香精等成分；(8)“可口可乐”饮料自动灌装机；(9) 表面镀铬的铜制浴缸用水龙头；(10) 家用电卷发器；(11) 500克袋装的干制的小白蘑菇；(12) 甜杏仁（1 000克塑料瓶装，已炒熟）；(13) 一种可用微波炉加热的方便快餐食品，净含量250克，其中含面条150克、鸡块50克、卷心菜30克、鱿鱼丝20克，食品已预先烧制过，装于一次性塑料餐盒中；(14) 已制成特定形状的B型超声波诊断仪的外壳；(15) 云南白药药粉，含三七等中药原料，有止血、消炎等功效，5千克装；(16) 乙烯-乙酸乙烯酯-氯乙烯接枝共聚物，其中乙烯单体单元为36%、乙酸乙烯酯单体单元为24%、氯乙烯单体单元为40%，外观为白色粉末，未加增塑剂；(17) 含棉40%、涤纶短纤40%、桑蚕丝20%的灯芯绒（已割绒），已染色，每平方米250克；(18) 女式雨衣，由涤纶机织物表面（单面）涂布高分子树脂的面料（涂层可明显看出）制成；(19) 经研光处理的书写纸，A4规格（21厘米×29.7厘米），80克/平方米，用化学木浆制得；(20) 成套的理发工具，由一个手动的理发推剪、一把木梳、一把剪刀、一把刷子组成，装于一个塑料盒中。

项目拓展

查找下列商品的编码：

(1) 粘胶无纺布制男式上衣；(2) 涂有黄铜粉末的每根单纱细度为80公支的粗疏双股棉纱线；(3) 汽车发动机的曲柄轴；(4) 手机用1G容量的存储记忆卡（未储存信息）；(5) 变速箱（总重20吨、使用柴油的大卡车用）；(6) 家用空调，分体式，制冷量2 500大卡/小时；(7) 乒乓球网；(8) 水果包装纸，25厘米×25厘米；(9) 成套的银餐具；(10) 阴沟盖，用铸铁（性脆、无可锻性）制成。

项目5

进出口税费

知识目标

掌握进出口税费的范围、概念、计征方法，进出口货物完税价格的审定，价格质疑和磋商程序，进口货物原产地的确定，税率的适用，税款和滞纳金的计算，法定减免税、特定减免税的范围以及管理，税款退还、税款追征和补征，加工贸易保税货物缓税利息，税收保全和强制措施；熟悉进口关税的种类，暂准进出境货物进出口关税、船舶吨税的含义，进口货物完税价格审定中运输及其相关费用、保险费的计算，纳税义务人在海关审定完税价格时的权利和义务，进口环节海关代征税的计算，临时减免税、税款缴纳、延期纳税。

能力目标

能利用《海关法》《进出口关税条例》以及其他有关法律、法规，缴纳进出口税费。

项目介绍

进出口税费是指在进出口环节中由海关依法征收的关税、消费税、增值税等税费。依法缴纳税费是有关纳税义务人的基本义务。学会缴纳进出口税费是报关员应具备的报关技能之一。据此，学生要完成以下任务：

任务1：了解进出口税费的基础知识。

任务2：确定进出口货物完税价格。

任务3：确定进口货物原产地与适用税率。

任务4：进出口税费的计算、减免、缴纳与退补。

项目任务

任务1　了解进出口税费的基础知识

案例导入

凯信贸易进出口公司从美国进口一批货物，经核定进口关税和增值税合计为50万元人民币，海关于2019年6月21日（周五）开出税款缴款书，该公司于10月14日缴纳税款（10月1日至10月7日为法定节假日），请问：该批货物海关应征滞纳金多少元人民币？

资讯

5.1.1　关税

关税是海关代表国家按有关的政策与法规（《税法》及《进出口税则》），对准许进出关境的货物和物品向纳税义务人征收的一种流转税。关税征收主体：国家，海关代表国家向纳税义务人征收；关税课税对象：进出关境的货物和物品；关税纳税义务人：进出口货物的收发货人、进出境物品的所有人。

1）进口关税

（1）含义。进口关税指一国海关以进境货物和物品为课税对象所征收的关税。它是一种重要的经济保护手段，以货物、物品的价格作为计税标准。

（2）计征方法。

第一，从价税。它以应征税额占货物价格的百分比为税率，以货物、物品的价格作为计税标准，价格和税额成正比例关系。

小提示5-1

我国对进口货物征收进口关税主要采用从价计税标准。

第二，从量税。它是以货物和物品的计量单位为计税标准，按每一计量单位的应征税额征收的关税。适用商品：冻鸡、原油、啤酒等。

第三，复合税。它是同时使用从价、从量两种标准计税，将两者之和作为应征税额征收的关税。适用商品：摄像机、非家用型摄录放一体机、部分数字照相机等。

第四，滑准税。它是指按产品的价格高低分档制定税率，再根据商品的价格变动而增减税率，价格上涨，低税率；价格下跌，高税率。适用商品：关税配额外进口的棉花。例如：

2019年棉花滑准税率：对配额外进口的一定数量棉花，适用滑准税形式暂定关税，具体方式如下：

1. 当进口棉花完税价格高于或等于15元/千克时，按0.300元/千克计征从量税。

2. 当进口棉花完税价格低于15元/千克时，暂定从价税率按下式计算：

$R_i=9.45/P_i+2.6\%\times P_i-1$

对上式计算结果四舍五入保留3位小数。其中，R_i为暂定从价税率，当按上式计算值高于40%时，R_i取值40%；P_i为关税完税价格，单位为元/千克。

（3）种类（如图5-1所示）。

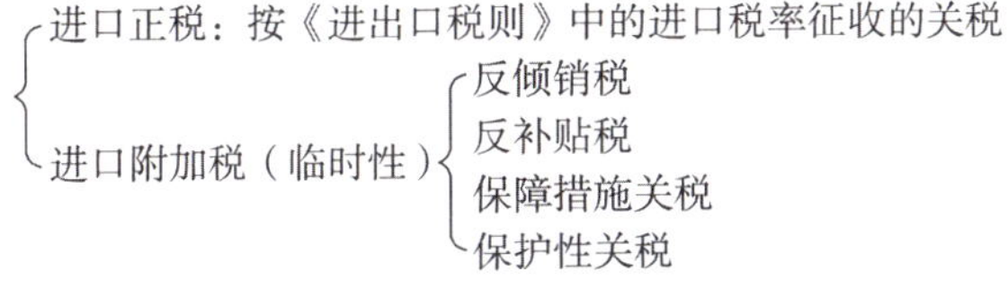

图5-1 进口关税的种类

2）出口关税

出口关税是指以出境货物、物品为课税对象所征收的关税。目的是限制、调控某些商品的过度、无序出口，特别是防止本国一些重要自然资源和原材料的无序出口。

小提示5-2

我国出口关税主要以从价税为计征标准。适用出口税率的出口货物有暂定税率的，应当适用暂定税率。除法律、法规明确规定可以免征出口关税外，对外商投资企业出口的应税商品，一律照章征收出口关税。

3）暂准进出境货物进出口关税

第二类暂准进出境货物，海关按照审定进出口货物完税价格的有关规定和接受该货物申报进出境内之日适用的计征汇率、税率，审核确定其完税价格，按月征收税款，或者在规定期限内货物复运出境或者复运进境时征收税款。

5.1.2 进口环节海关代征税

1）增值税

（1）含义。增值税是以商品的生产、流通和劳务服务各个环节所创造的新增价值为课税对象的一种流转税。进口环节增值税由海关征收，人民币50元起征；其他环节增值税由税务机关征收。

（2）增值税征纳。征收范围：在我国境内销售货物或者提供加工、修理、修配劳务以及进口货物的单位或个人。增值税的组成计税价格：进口关税完税价格 + 进口关税税额 + 消费税税额。

《进出口税则》是税率查询的依据，每年更新，内容全面。查询税率时要注意国家的最新政策，如目前我国一般纳税人增值税税率分为13%、9%和6% 3档。

2）消费税

（1）含义。消费税是以消费品或消费行为的流转额作为课税对象而征收的一种流转税。

（2）征收目的。调节我国的消费结构、引导消费方向、确保国家财政收入。

小提示5-3

进口环节消费税由海关征收，人民币50元起征；其他环节消费税由税务机关征收。

（3）计征方法。其包括从价税、从量税、复合税。

（4）征收范围。其仅限于少数消费品，大致分为四类：①一些过度消费会对人的身体健康、社会秩序、生态环境等方面造成危害的特殊消费品，如烟、酒、酒精、鞭炮、焰火等；②奢侈品、非生活必需品，如贵重首饰及珠宝玉石、化妆品及护肤护发品等；③高能耗的高档消费品，如小轿车、摩托车、汽车轮胎等；④不可再生和替代的资源类消费品，如汽油、柴油等。

5.1.3 船舶吨税

（1）含义。船舶吨税是由海关在设关口岸对进出、停靠我国港口的国际航行船舶征收的一种使用税。

（2）征收依据。国际航行船舶在我国港口行驶，使用了我国的港口和助航设备，应缴纳一定的税费。需要注意的是，征收了船舶吨税的船舶不再征收车船税，对已经征收车船税的船舶，不再征收船舶吨税。

船舶吨税的税率分为：①优惠税率。其适用于与我国签有互惠协议的国家或地区。②普通税率。其适用于与我国未签有互惠协议的国家或地区。

小提示5-4

中国香港、澳门籍船舶适用船舶吨税优惠税率。

（3）征收范围。其包括：①在我国港口行驶的外国籍船舶；②外商租用（程租除外）的中国籍船舶；③中外合资海运企业自有或租用的中、外国籍船舶；④我国租用的外国籍国际航行船舶。

小提示5-5

香港、澳门特别行政区为单独关税区。对于香港、澳门特别行政区海关已征收船舶吨税的外国籍船舶，进入内地港口时，仍应照章征收船舶吨税。

效果检测5-1

下列几种船舶，哪种船舶应征收船舶吨税？

效果检测5-1

（1）在青岛港口航行的日本油轮；（2）在厦门港口航行的台湾货轮；（3）航行于广州港口、被马来西亚商人以期租的方式租用的中国籍船舶；（4）航行于国外兼营国内沿海贸易、被中国商人租用的韩国籍船舶。

答案提示

（4）计算公式。

第一，船舶吨位的计算。其公式为：

净吨位=船舶有效容积×吨÷立方米

第二，吨税征收和退补。①征收方法。分90天期缴和30天期缴，可自行选择。进口船舶应自申报进口之日起征。②起征日。进境驶达锚地：以船舶抵达锚地之日起计算；进境直接靠泊：以靠泊之日起计算。③计算公式：应纳船舶吨税税额=注册净吨位×船舶吨税税率（元/净吨）。④可退补的情况（1年内办理）：船舶负责人因不明规定而造成重复缴纳船舶吨税的；其他原因造成错征、漏征的。

5.1.4 税款滞纳金

1）征收范围

按照规定，关税、进口环节增值税、消费税、船舶吨税等的纳税人或其代理人，应当自海关填发税款缴纳书之日起15日内缴纳进口税款；逾期缴纳的，海关依法在原应纳税款的基础上，按日征收0.5‰的滞纳金，如图5-2所示。

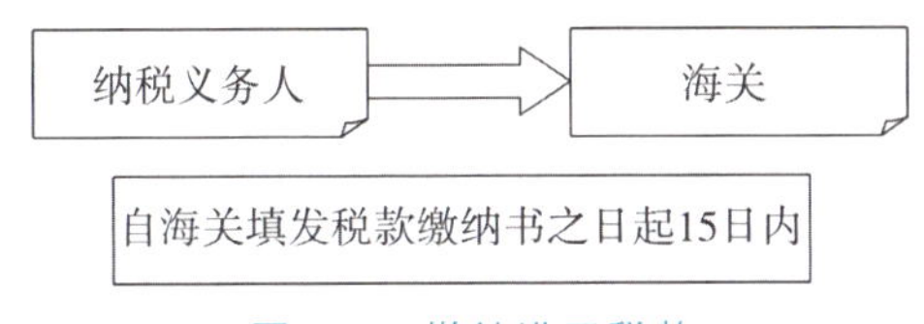

图5-2 缴纳进口税款

逾期缴纳税款应该征收滞纳金的几种情况包括：

（1）进出口货物放行后，海关发现纳税义务人违反规定造成少征或者漏征税款的，可以自缴纳税款或货物放行之日起3年内追征税款，并自缴纳税款或货物放行之日起至海关发现之日止，按日加收少征或者漏征税款0.5‰的滞纳金。

（2）因纳税义务人违反规定造成海关监管货物少征或者漏征税款的，海关应当自纳税义务人应缴纳税款之日起3年内追征税款，并自应缴纳税款之日起至海关发现违规行为之日止按日加收少征或者漏征税款0.5‰的滞纳金。

（3）租赁进口货物分期支付租金的。租赁货物应该在租期期满30日内向海关办理结关手续；逾期未办理结关手续的，除征收税款外，加收滞纳金；滞纳天数：自租赁期限届满后30日起至纳税义务人申报纳税之日止；标准：按日征收应纳税款0.5‰的滞纳金。

（4）暂时进出境货物未按规定期限复运进出境，且未在规定期限届满前办理纳税手续的，除征收应纳税款外，加收滞纳金；滞纳天数：自期限届满之日起至纳税义务人申报纳税之日止；标准：按日征收应纳税款0.5‰的滞纳金。

2）征收标准

滞纳金按每票货物的关税、进口环节增值税、消费税单独计算，起征点为50元，不足50元的免予征收。其计算公式为：

关税滞纳金金额=滞纳关税税额×0.5‰×滞纳天数

进口环节税滞纳金金额=滞纳进口环节税税额×0.5‰×滞纳天数

任务实操

滞纳金的计算

某公司进口一批割草机，应征关税税额为60 000元，进口环节增值税为12 000元，海关于2019年8月19日（星期一）填发海关专用缴款书，该公司于2019年9月12日缴纳税款，则该企业应向海关缴纳的税款滞纳金是多少？

步骤一：滞纳天数的计算

从8月20日开始算15天不用交滞纳金，即8月20日至9月3日缴纳税款无须缴滞纳金。9月4日至9月12日一共滞纳9天。

步骤二：税款滞纳金的计算

60 000×9×0.5‰=270（元）

12 000×9×0.5‰=54（元）

270＋54=324（元）

任务2　确定进出口货物完税价格

案例导入

海洋公司从英国进口一套机械设备，发票列明如下：发票价格为CIF上海USD200 000，设备进口后的安装及调试费为USD8 000，设备进口后从上海运至武汉的运费为USD1 000，进口关税为USD1 000，上述安装及调试费、运费、进口关税已包括在价款中，则经海关审定的该设备的成交价格为多少？

资讯

5.2.1　我国海关审价的法律依据

我国海关审价的法律依据包括法律（如《海关法》）、行政法规（如《进出口关税条例》）和部门规章（如《中华人民共和国海关审定进出口货物完税价格办法》(以下简称《审价办法》)。

5.2.2　进口货物完税价格的审定

进口货物完税价格的审定包括一般进口货物完税价格的审定和特殊进口货物完税价格的审定。

1）一般进口货物完税价格的审定（如图5-3所示）

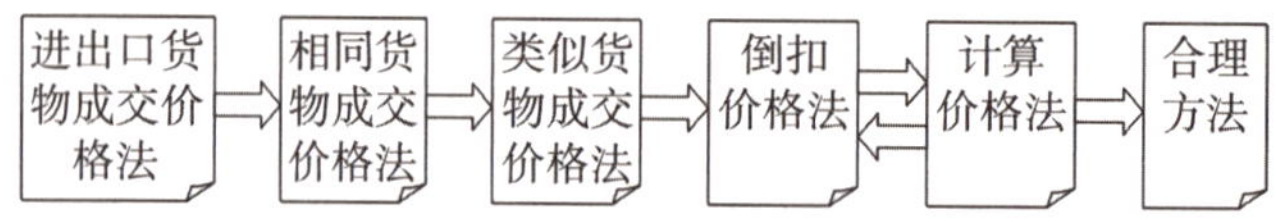

图5-3　一般进口货物完税价格的审定

小提示5-6

倒扣价格法、计算价格法经海关同意，可以颠倒顺序。

（1）进口货物成交价格法。

第一，完税价格。其由海关以进口货物的成交价格为基础审查确定，并且应该包括货物运抵我国境内起卸前的运输及相关费用、保险费等（CIF价）。

第二，成交价格。它是指卖方向我国境内销售货物时买方为进口该货物向卖方实付、应付的，并按有关规定调整后的价款总额，包括直接支付的价款和间接支付的价款。成交价格不完全等同于贸易中实际发生的发票价格，需要按照有关规定进行调整。

第三，关于调整因素。

①计入项目（买方支付的下列项目）：A.购货佣金：买方支付给采购代理人的不计入。B.除购货佣金以外的佣金和经纪费。其中，销售佣金：一般卖方支付给销售代理人的，若转嫁给买方应计入；经纪费：买方支付给经纪人的劳务费用应计入。C.与进口货物作为一个整体的容器费（同一税则号）。D.包装费：包括材料费、劳务费。E.协助的价值（买方以免费或低于成本价的方式向卖方提供）。其计入进口货物完税价格中应满足的条件为：由买方以免费或低于成本价的方式直接或间接提供；未包括在进口货物的实付或应付价格之中；与进口货物的生产和向我国境内销售有关；可适当按比例分摊。下列四项协助费用应计入：进口货物所包含的材料、部件、零件和类似货物的价值；在生产进口货物过程中使用的工具、模具和类似货物的价值；在生产进口货物过程中消耗的材料的价值；在境外完成的为生产该货物所需的工程设计、技术研发、工艺及制图等工作的价值。F.特许权使用费：买方为取得特许权（专利权或分销权等）而支付的费用。G.返还给卖方的转售收益。

②扣减项目。进口货物的价款中单独列明的下列税收、费用，不计入该货物的完税价格：A.厂房、机械或者设备等货物进口后发生的建设、安装、装配、维修或者技术援助费用，但是保修费用除外。B.货物运抵境内输入地点起卸后发生的运输及相关费用、保险费。C.进口关税、进口环节税及其国内税。D.为在境内复制进口货物而支付的费用。E.境内外技术培训及境外考察费用。F.同时符合下列条件的利息费用不计入完税价格中：利息费用是买方为购买进口货物而融资所产生的；有书面的融资协议的；利息费用单独列明的；纳税义务人可以证明有关利率不高于在融资当时当地此类交易通常具有的利率水平，且没有融资安排的相同或者类似进口货物的价格与进口货物的实付、应付价格非常接近的。

码头装卸费（THC）是指货物从船弦到集装箱堆场间发生的费用，属于货物运抵我国境内输入地点起卸后的运输相关费用，因此不应计入货物的完税价格。

第四，成交价格本身需满足的条件：

①买方对进口货物的处置和使用不受限制，以下情况除外：A.进口货物只能用于展示或者免费赠送的；B.进口货物只能销售给指定第三方的；C.进口货物加工为成品后只能销售给卖方或者指定第三方的；D.其他经海关审查，认定买方对进口货物的处置或者使用受到限制的。

小提示5-7

不影响成交价格的限制：

（1）国内法律、行政法规或规章规定的限制。

（2）对货物转售地域的限制。

（3）对货物价格无实质影响的限制。

②进口货物的价格不应受到某些条件或因素的影响而导致该货物的价格无法确定。有下列情形之一的，视为进口货物的价格受到了使该货物成交价格无法确定的条件或者因素的影响：A.进口货物的价格是以买方向卖方购买一定数量的其他货物为条件而确定的；B.进口货物的价格是以买方向卖方销售其他货物为条件而确定的；C.其他经海关审查，认定货物的价格受到使该货物成交价格无法确定的条件或者因素影响的。

③卖方不得直接或间接从买方处获得因转售、处置或使用进口货物而产生的任何收益，除非上述收益能够被合理确定。

④买卖双方之间的特殊关系不影响价格。

知识链接5-1 特殊关系

- 买卖双方互为对方公司的高级职员或董事。
- 买卖双方为法律承认的商业合伙人。
- 买卖双方为雇主和雇员的关系。
- 一方直接或间接拥有、控制双方5%或以上公开发行的有表决权的股票或股份。
- 一方直接或间接地受另一方控制。
- 双方都直接或间接地受第三方控制。
- 双方共同直接或间接地控制第三方。
- 双方为同一家族成员。

小提示5-8

若能证明其成交价格与下列任一款价格相近，则视为无影响：

（1）向境内无特殊关系的买方出售的相同或者类似进口货物的成交价格。

（2）按照倒扣价格估价方法所确定的相同或者类似进口货物的完税价格。

（3）按照计算价格估价方法所确定的相同或者类似进口货物的成交价格。

若不能证明，则视为特殊关系影响了成交价格。

（2）相同及类似货物成交价格法（进口货物非因销售引起或销售不符合成交价格需满足的条件时采用）。

第一，相同及类似货物成交价格法，即以与被估货物同时或大约同时向我国境内销售的相同或类似货物的成交价格为基础，审查确定进口货物完税价格的方法。相同货物：与进口货物在同一国家或地区生产，除表面微小差异外，在物理性质、质量和信誉等所有方面都相同的货物；类似货物：与进口货物在同一国家或地区生产，有相似的特征、材料，相同的功能，在商业中可以互换的货物。

第二，时间要素。“同时”或“大约同时”指进口货物接受申报之日的前后各45天内。

第三，运用。首先应使用和进口货物处于相同商业水平、大致相同数量的相同或类似货物的成交价格；应优先使用同一生产商生产的相同或类似货物的成交价格。

（3）倒扣价格法。它是以进口货物、相同或类似进口货物在境内第一环节的销售价格为基础，扣除境内发生的有关费用来估定完税价格的方法。“第一环节”是指有关货物进口后进行的第一次转售，且转售者与境内买方之间不能有特殊关系。

第一，上述销售价格应具备的条件：①在被估货物进口时或大约同时，以该货物、相同或类似进口货物在境内销售的价格为基础；②按照该货物进口时的状态销售的价格；③在境内第一环节销售的价格；④向境内无特殊关系方销售的价格；⑤按照该价格销售的货物合计销售总量最大。

第二，倒扣价格法的核心要素：①按进口时的状态销售；②时间要素是进口时或大约同时，即被估货物申报日前后各45天或各90天；③合计的货物销售总量最大。

第三，倒扣价格法的倒扣项目：①该货物的同级或同种类货物在境内第一环节销售时通常支付的佣金或利润和一般费用；②货物运抵境内输入地点之后的运输及相关费用、保险费；③进口关税、进口环节税及其他国内税；④加工增值税。如果将货物经过加工后在境内转售的价格作为倒扣价格的基础，则必须扣除上述加工增值部分。

（4）计算价格法。计算价格是以生产国或地区的生产成本作为基础的价格。

第一，计算价格的构成项目：①生产该货物所使用的原材料价值和进行装配或其他加工的费用；②向境内销售同等级或者同种类货物通常的利润和一般费用（包括直接费用和间接费用）；③货物运抵我国境内输入地点起卸前的运输费用及相关费用、保险费。

第二，注意事项。应纳税人的要求，可以与倒扣价格法颠倒次序用，海关在征得同意后可以到境外核实有关资料。

（5）合理方法。它是指不能依据上述几项方法时，根据公平、统一、客观的估价原则，以客观量化的数据资料为基础审查确定完税价格的方法。在运用合理方法估价时，禁止使用下列六种价格：①境内生产的货物在境内销售的价格；②在两种价格中选择的高价格；③货物在出口地市场的销售价格；④以计算价格法规定之外的价值或者费用计算的相同或者类似货物的价格；⑤出口至第三国或地区的货物的销售价格；⑥最低限价或武断、虚构的价格。

2）特殊进口货物完税价格的审定

（1）加工贸易（含出口加工区、保税区）进口料件或制成品的一般估价方法（见表5-1）。

（2）出境修理复运进境货物。①按规定期限复运进境：以境外修理费和料件费审查确定；②未按规定期限复运进境：按一般进口货物完税价格确定。

（3）出境加工复运进境货物。①正常运回：以境外加工费、料件费、复运进境的运输及相关费用、保险费审查确定；②未正常运回：按一般进口货物的完税价格确定。

（4）暂时进境货物。①应纳税的，按一般进口货物的完税价格确定；②留购的，以海关审查确定的留购价格作为完税价格。

（5）租赁进口货物。①以租金方式支付的，以租金为完税价格；②留购的，以海关审查确定的留购价格作为完税价格；③一次性纳税的，可以申请按规定估价方法确定完税价格或以租金总额作为完税价格。

表 5-1　　加工贸易进口料件或制成品的一般估价方法

<table>
<tr><th>贸易方式</th><th>货物类型</th><th colspan="2">完税价格</th></tr>
<tr><td>进料加工（不予保税部分）</td><td>料件</td><td colspan="2">以该料件申报进口时的成交价格为基础</td></tr>
<tr><td rowspan="2">进料加工（保税）</td><td>料件</td><td>以料件原进口成交价格为基础确定</td><td rowspan="2">料件原进口成交价格不能确定的，海关以接受内销申报的同时或大约同时进口的与料件相同或类似的货物的进口成交价格为基础确定</td></tr>
<tr><td>制成品（残次品、副产品）</td><td>以所含料件原进口成交价格为基础确定</td></tr>
<tr><td>来料加工</td><td>料件或制成品（残次品）</td><td colspan="2">以接受内销申报的同时或大约同时进口的与料件相同或类似的货物的进口成交价格为基础确定</td></tr>
<tr><td>进料加工、来料加工</td><td>边角料、副产品</td><td colspan="2">以海关审查确定的内销价格作为完税价格</td></tr>
<tr><td rowspan="2">出口加工区</td><td>制成品、残次品</td><td colspan="2">以接受内销申报的同时或大约同时进口的相同或类似货物的进口成交价格为基础确定</td></tr>
<tr><td>边角料、副产品</td><td colspan="2">以海关审查确定的内销价格作为完税价格</td></tr>
<tr><td rowspan="5">保税区加工企业</td><td>进口料件或制成品（包括残次品）</td><td colspan="2">以接受内销申报的同时或大约同时进口的相同或类似货物的进口成交价格为基础确定</td></tr>
<tr><td rowspan="2">进料加工制成品（含境内采购料件）</td><td colspan="2">以制成品所含的从境外购入的料件原进口成交价格为基础确定</td></tr>
<tr><td colspan="2">料件原进口成交价格不能确定的，海关以接受内销申报的同时或大约同时进口的与料件相同或类似的货物进口成交价格为基础确定</td></tr>
<tr><td>来料加工制成品（含境内采购料件）</td><td colspan="2">海关以接受内销申报的同时或大约同时进口的与料件相同或类似的货物进口成交价格为基础确定</td></tr>
<tr><td>边角料、副产品</td><td colspan="2">以海关审查确定的内销价格作为完税价格</td></tr>
<tr><td>保税区、出口加工区、保税物流园区、保税物流中心进入境内</td><td></td><td colspan="2">除进口料件及其制成品外，均以进入境内的销售价格为基础确定</td></tr>
</table>

（6）减免税货物。经批准可以出售、转让、移作他用的货物，补税时征税，以该货物原进口时的价格扣除折旧部分价值作为完税价格：

完税价格=海关审定的该货物原进口时的价格×（1－征、补税时实际进口的月数÷监管年限×12）

（7）无成交价格货物。易货贸易、寄售、捐赠、赠送，不适用成交价格法的，应采用其他几类方法确定完税价格。

（8）软件介质。介质本身的价值或成本与所载软件价值分列，或虽未分列，但能提供文件证明各自价值的，以介质本身的价值或成本为基础审查确定完税价格。

（9）跨境电子商务零售进口商品。其按照实际交易价格作为货物完税价格，实际交易价格包括货物零售价格、运费和保险费。进口商或报关服务单位在确定该类货物完税价格时需要注意：

第一，国家对跨境电子商务零售进口商品的范围及平台的经营有明确的限定。对于不属于跨境电子商务零售进口的个人物品，以及无法提供交易、支付、物流等电子信息的跨境电子商务零售进口商品，按现行邮递物品进口税的规定执行。

第二，要符合规定的金额限制。跨境电子商务零售进口商品的单次交易限值为人民币2 000元，个人年度交易限值为人民币20 000元。在限值以内的跨境电子商务零售进口商品，关税税率暂设为0；进口环节增值税、消费税取消免征税额，暂按法定应纳税额的70%征收。超过单次限值、累加后超过个人年度限值的单次交易，以及完税价格超过2 000元限值的单个不可分割商品，均按照一般贸易方式全额征税。

第三，税费如事先商定由相关平台或物流企业承担并已支付，则无须另行核算应缴的税费。

效果检测5-2

判断：运往境外加工的货物，离岸价格和加工后进境的到岸价格都无法获取，此时应当怎样确定该批货物的完税价格？

效果检测5-2

答案提示

3）进口货物完税价格中的运输及相关费用、保险费的计算

（1）运费：①按实际支付费用计算；②利用自身动力进境的，不算运费；③不确定时，以进口同期公布的运费率计算。

（2）保险费：①按实际支付费用计算；②无法确定或未实际发生的，保险费=（货价+运费）×3‰。

（3）邮运货物运费：邮费即运保费。

（4）边境口岸运费：以境外边境口岸价格的1%计算运输及相关费用、保险费。

5.2.3　出口货物完税价格的审定

（1）出口货物的完税价格。其以成交价格为基础确定，包括货物运至输出地点前的运输及相关费用、保险费。

（2）出口货物的成交价格。它是指货物出口销售时，卖方为出口该货物向买方直接或间接收取的价款总额。

（3）不计入的税收、费用。其包括：①出口关税；②在货物价款中单独列明的货物运至我国境内输出地点装载后的运费及相关费用、保险费；③在货物价款中单独列明由卖方承担的佣金。

（4）出口货物的其他估价方法。依次以下列价格审查确定货物的完税价格：①同时或者大约同时向同一国家或者地区出口的相同货物的成交价格；②同时或者大约同时向同一国家或者地区出口的类似货物的成交价格；③根据境内生产相同或者类似货物的成本、利润和一般费用（包括直接费用和间接费用）、境内发生的运输及相关费用、保险费计算所得的价格；④按照合理方法估定的价格。

出口货物完税价格的计算公式如下：

出口货物完税价格=FOB（中国境内口岸）价－出口关税

=FOB（中国境内口岸）价÷（1＋出口关税税率）

5.2.4 海关估价中的价格质疑程序和价格磋商程序

（1）价格质疑程序（如图5-4所示）。

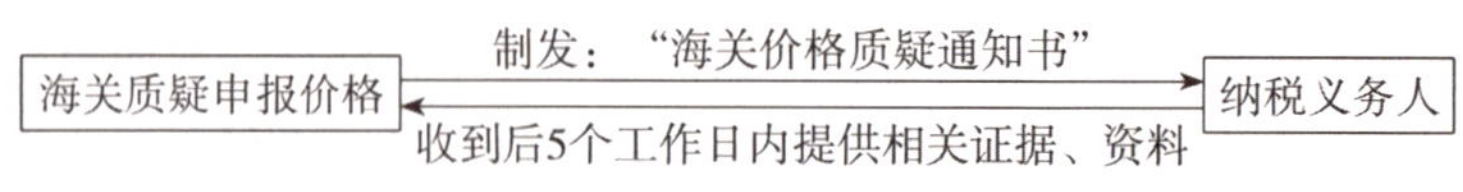

图5-4 价格质疑程序

（2）价格磋商程序。价格磋商是指海关在使用除成交价格法以外的估价方法时，在保守商业秘密的基础上，与纳税义务人交换彼此掌握的用于确定完税价格的数据资料的行为。价格磋商程序如图5-5所示。

制发："海关价格磋商通知书"

海关

纳税义务人

收到后5个工作日内进行价格磋商，海关制作"价格磋商记录表"

图5-5 价格磋商程序

经纳税义务人书面申请，海关可以不进行价格质疑和价格磋商的情形：①同一合同项下分批进出口的货物，海关对其中一批货物已经实施估价的；②进出口货物的完税价格在人民币10万元以下或者关税及进口环节税总额在人民币2万元以下的；③进出口货物属于危险品、鲜活品、易腐品、易失效品、废品、旧品等。

任务实操

完税价格的审定

某工厂从美国某企业购买了一批机械设备，成交条件为CIF广州，该批货物的发票列示如下：机器设备USD100 000，运保费USD500，卖方佣金USD1 500，买方佣金USD1 000，设备调试费USD700，特许权使用费USD1 000。请问该批货物海关申报的总价应是多少？

步骤一：确定哪些是计入因素，哪些是扣减因素

本题不包括买方佣金和设备调试费。

步骤二：完税价格的确定

本题所列进口机械设备中，到岸价格应包括机器设备USD100 000，运保费USD500，卖方佣金USD1 500，特许权使用费USD1 000。

海关申报的总价为：100 000+500+1 500+1 000= USD103 000

知识链接5-2　纳税义务人在海关审定完税价格时的义务

1.如实提供单证及其他相关资料的义务，即纳税义务人向海关申报时，应当按照《审价办法》的有关规定，向海关如实提供发票、合同、提单、装箱清单等单证。根据海关的要求，纳税义务人还应当如实提供与货物买卖有关的支付凭证以及证明申报价格真实、准确的其他商业单证、书面资料和电子数据。

2.如实申报及举证的义务，即货物买卖中发生《审价办法》规定所列的价格调整项目的，纳税义务人应当如实向海关申报。价格调整项目需要分摊计算的，纳税义务人应当根据客观量化的标准进行分摊，并同时向海关提供分摊的依据。

3.举证证明特殊关系未对进口货物的成交价格产生影响的义务，即买卖双方之间虽然存在特殊关系，但是纳税义务人认为特殊关系未对进口货物的成交价格产生影响时，应提供相关资料，以证明其成交价格符合《审价办法》的规定。

任务3 确定进口货物原产地与适用税率

案例导入

所谓实质性加工，是指产品经加工后，在《海关进出口税则》中4位数一级的税则归类已经改变，或者加工增值部分占新产品总值的比例已达到30%以上。

试分析这种说法是否正确。

资讯

5.3.1 进口货物原产地的确定

1）原产地规则的含义

各国为了适应国际贸易的需要，并为执行本国关税及非关税方面的国别歧视性贸易措施，必须对进出口商品的原产地进行确定，这一标准就是原产地规则。WTO原产地规则协议是指一国（地区）为了确定货物的原产地而实施的普遍适用的法律、法规和行政决定。

2）类别

（1）优惠原产地规则。它是指一国为了实施国别优惠政策而制定的法律、法规，是以优惠贸易协定通过双边、多边协定形式或者由本国自主形式制定的一些特殊的原产地认定标准。其具有排他性，优惠范围以原产地为受惠国的进口产品为限。

小提示5-9

部分优惠贸易协定包括：①《亚太贸易协定》，适用国家有韩国、印度、斯里兰卡、孟加拉国、老挝；②《中国-东盟全面经济合作框架协议》，适用国家有越南、泰国、新加坡、马来西亚、印度尼西亚、文莱、缅甸、老挝、柬埔寨、菲律宾。

（2）非优惠原产地规则。它是指一国出于实施其海关税则和其他贸易措施的需要，由本国立法自主制定的原产地规则，也称自主原产地规则。按照WTO的规定，其实施必须遵循最惠国待遇规则，包括实施最惠国待遇、反倾销、反补贴、保障措施、数量限制、关税配额、原产地标记或贸易统计、政府采购时采用的原产地规则。

3）原产地认定标准

（1）优惠原产地认定标准。

第一，完全获得标准。它是指货物完全是在一个国家（地区）生产或制造的。相关货物包括：①在该成员国或者地区境内收获或采集的植物产品；②在该成员国或者地区境内出生和饲养的活动物；③在该成员国或者地区领土或领海开采的矿产品；④其他符合相应优惠贸易协定项下完全获得标准的货物。

第二，税则归类改变标准。它是指原产于非成员国或地区的材料在出口成员国或者地区境内进行制造、加工后，所得货物在《商品名称及编码协调制度》中的税则归类发生了变化。

第三，区域价值成分标准。它是指出口货物船上交货价（FOB）扣除货物生产过程中该成员国或地区非原产原料的价格后，所余价款在出口货物船上交货价（FOB）中所占的百分比。

小提示5-10　　部分贸易协定的区域价值成分标准

1.《亚太贸易协定》：非成员国或原产地不明的总价值≤55%；孟加拉国≤65%。

2.《中国-东盟全面经济合作框架协议》下的《中国-东盟自由贸易区原产地规则》，来自自由贸易区≥40%，即非自由贸易区＜60%。

3.CEPA项下的港澳产品不低于30%。

4.“特别关税优惠待遇”：受惠国增值≥40%。

第四，制造加工工序标准。它是指赋予加工后所得货物基本特征的主要工序。

第五，其他标准。它是指除上述标准之外，成员国或者地区一致同意采用的确定货物原产地的其他标准。

第六，直接运输规则。直接运输是指优惠贸易协定下进口货物从该协定成员国或者地区直接运输至中国境内，途中未经过该协定成员国或者地区以外的其他国家或者地区。若经过其他国家或者地区，不论在运输途中是否转换运输工具或者作临时储存，同时符合下列条件的，都视为直接运输：①经过其他国家或地区时未作除使货物保持良好状态所必须处理以外的其他处理；②在其他国家或地区停留的时间未超出相应优惠贸易协定规定的期限；③在其他国家或地区停留时，处于该国或地区的海关监管之下。

（2）非优惠原产地认定标准。我国的非优惠原产地认定标准主要有完全获得标准和实质性改变的确定标准。

第一，完全获得标准。其适用于：①在该国（地区）出生并饲养的活的动物；②在该国（地区）野外捕捉、捕捞、搜集的动物；③从该国（地区）的活的动物身上获得的未经加工的物品；④在该国（地区）收获的植物和植物产品；⑤在该国（地区）采掘的矿物；⑥在该国（地区）获得的除上述五项范围之外的其他天然生成的物品；⑦在该国（地区）生产过程中产生的只能弃置或者回收用作材料的废碎料；⑧在该国（地区）收集的不能修复或者修理的物品，或者从该物品中回收的零件或者材料；⑨由合法悬挂该国旗帜的船舶从其领海以外海域获得的海洋捕捞物和其他物品；⑩在合法悬挂该国旗帜的加工船上加工上述第⑨项所列物品获得的产品；⑪从该国领海以外享有专有开采权的海床或者海床底土获得的物品；⑫在该国（地区）完全从上述①～⑪项所列物品中生产的产品。

第二，实质性改变的确定标准。其适用于非优惠原产地贸易措施下两个及以上国家参与生产或制造的货物，以最后完成实质性改变的国家为原产地。

A.税则归类改变。它是指在某一国家（地区）对非该国（地区）原产材料进行制造、加工后，使其4位税号一级的税则归类发生改变。

B.若税则归类不能够反映实质性改变，则采用下列标准：①制造或加工工序：指在某一国家（地区）进行的赋予制造、加工后所得货物基本特征的主要工序。②从价百分比：在某一国家（地区）对非该国（地区）原产材料进行制造、加工后的增值部分，超过货物价值30%。

注意：以上述①、②作为标准来判定实质性改变的货物在《关于非优惠原产地规则中实质性改变标准的规定》所附的“适用制造或者加工工序及从价百分比标准的货物清单”

（以下简称“货物清单”）中具体列明的，按列明的标准判定是否发生实质性改变。

税则改变标准是确定实质性改变的基本标准，但由于现行法规没有针对货物制定具体的税则改变规则，只是规定列入“货物清单”的货物按照规定的标准进行判断，因此在具体操作中，应先参照“货物清单”，对未列入上述清单的，其实质性改变的判定适用税则归类改变标准。

4）申报要求

（1）进口货物申报要求。其包括：①进口货物收货人填制报关单，申明适用协定或特惠税率后提交原产地证书、商业发票、运输单证；经过其他国家运输的，还需提交有关证明。②若在①中未提交原产地证书或证明，可进行补充申报，海关按照协定或特惠税率收取等值保证金后放行货物。③若海关要对原产地证书的真实性进行核查，在按照最惠国税率或普通税率或其他税率收取等值保证金后放行货物。

小提示5-11

有下列情形之一的，不适用于协定或特惠税率：

1.进口货物收货人或其代理人在货物申报进口时没有提交符合规定的原产地证书、原产地申明，也未就进口货物是否具备原产资格进行补充申报的。

2.进口货物收货人或其代理人未提供商业发票、运输单证等其他商业单证，也未提交其他证明符合《海关进出口货物优惠原产地管理规定》第十四条规定的文件的。

3.经查验或核查，确认货物原产地与申报内容不符，或者无法确认货物真实原产地的。

4.其他不符合《海关进出口货物优惠原产地管理规定》及相应优惠贸易协定规定的情形。

（2）部分优惠贸易协定申报要求。其包括：①《亚太贸易协定》：原产地证书、商业发票正本、装箱单及相关运输单证等。②《中国-东盟全面经济合作框架协议》：主动申明适用协定税率，提交原产地证书等。③港澳CEPA：申明零关税税率；证件：有效的原产地证书等。④“特别关税优惠待遇”：申明适用特别优惠关税，提交原产地证书、商业发票等。

（3）出口货物申报要求。出口货物发货人按照规定填制出口货物报关单，提交原产地证书电子数据或正本复印件。

（4）货物申报的其他规定。进出口货物收发货人可以依照《海关行政裁定管理暂行办法》的有关规定，向海关申请原产地行政裁定。

5）原产地证明书

原产地证明书是受惠国的原产品出口到给惠国时享受关税优惠的凭证，是进口货物是否适用反倾销、反补贴税率、保障措施等贸易政策的参考凭证。

（1）适用优惠原产地规则的原产地证明书。优惠原产地证书是证明产品原产地的书面文件，是受惠国的产品出口到给惠国时享受关税优惠的重要凭证。货物申报进口时，进口货物的收货人或其代理人应当按照海关的申报规定填制“海关进口货物报关单”，申明适用协定税率或者特惠税率，并同时提交货物的有效原产地证明书正本。

（2）适用非优惠原产地规则的原产地证明书。一般情况下，按照WTO相关制度的要求，我国海关对非优惠贸易协定下的进口货物执行最惠国待遇条款，即对进口货物按照最惠国税率征税，不需要进口单位提供原产地证明书。但遇有执行反倾销、反补贴等特殊情况时，因涉及不同国家及厂商的差别待遇，必须提供原产地证明书。

5.3.2 税率适用

1）税率适用原则

税率分为最惠国税率、协定税率、特惠税率、普通税率、关税配额税率、暂定税率。

（1）进口税率适用原则。

第一，同时适用多种税率的进口货物从低计征（见表5-2）。

表5-2 多种税率的总结

税率	适用进口货物范围	备注
最惠国税率	原产于WTO成员、相互给予最惠国待遇条款的国家或地区的货物；原产于我国境内的货物	适用范围最广
协定税率	原产于与我国签订含有关税优惠条款的区域性贸易协定的国家或地区的货物	—
特惠税率	原产于与我国签订含有特殊关税优惠条款的贸易协定的国家或地区的货物	—
普通税率	上述国家以外的以及原产地不明的进口货物	税率最高

第二，适用最惠国税率的进口货物有暂定税率的，应当适用暂定税率。适用协定税率、特惠税率的进口货物有暂定税率的，从低适用税率。按照普通税率进口的货物，不适用暂定税率。

第三，国家实行关税配额管理的货物，在进口配额内，适用关税配额税率，对配额外的进口货物则按照其他相关规定执行。

第四，按照有关法律、行政法规的规定对进口货物采取反倾销、反补贴、保障措施的，其税率适用《反倾销条例》、《反补贴条例》和《保障措施条例》的有关规定。

第五，任何国家或地区违反与我国签订或者共同参加的贸易协定及相关协定，对我国在贸易方面采取禁止、限制、加征关税或其他影响正常贸易措施的，对原产于该国家或地区的进口货物可以征收报复性关税。

第六，凡原产于与我国达成优惠贸易协定的国家或地区并享受协定税率的商品，同时该商品又属于我国实施反倾销或反补贴措施范围的，按照优惠贸易协定税率计征进口关税。凡原产于与我国达成优惠贸易协定的国家或地区并享受协定税率的商品，同时该商品又属于我国采取保障措施范围的，应在该商品全部或部分中止、撤销、修改关税减让义务后所确定的适用税率的基础上计征进口关税。

第七，执行国家有关进出口关税减征政策时，首先应该在最惠国税率的基础上计算有关税目的减征税率，然后根据进口货物原产地及各种税率形式的适用范围，将这一税率与同一税目的特惠税率、协定税率、进口暂定最惠国税率进行比较，从低计征，但是不得在暂定最惠国税率的基础上再进行减免。

（2）出口税率适用原则。出口暂定税率优先于出口税率。

2）税率适用的时间

进出口货物，应当适用海关接受该货物申报进口或出口之日实施的税率，具体情况如下：

（1）先行申报：适用载货运输工具申报进境之日之税率。

（2）进口转关运输：适用指运地海关接受该货物申报进口之日之税率。海关核准先行申报的，适用载货运输工具运抵指运地之日之税率。

（3）出口转关运输：适用起运地海关接受该货物申报进口之日之税率。

（4）集中申报的进口货物：适用每次货物进口时海关接受该货物申报进口之日之税率。

（5）超期未报依法变卖的货物：适用载货运输工具申报进境之日之税率。

（6）纳税义务人违反规定需追征的：适用该行为发生之日实施的税率；行为发生之日不能够确定的，适用海关发现之日实施的税率。

（7）下列情形应该适用海关接受纳税义务人再次填写报关单申报办理纳税及有关手续之日实施的税率：①保税货物经批准不复运出境的；②保税仓储货物内销的；③经批准转让或者移作他用的减免税货物；④暂准进出境货物内销的；⑤租赁进口货物分期缴纳税款的。

任务实操

税率的适用

内地某公司与香港某公司签约进口韩国产的彩色超声波诊断仪一台，直接由韩国运抵上海，成交价格为CIF上海10 000美元/台。设1美元=6.3元人民币，最惠国税率为5%，普通税率为17%，《亚太贸易协定》税率为4.5%。请问应征的进口关税税额为多少？

步骤一：确定货物的原产地

该货物的原产地是韩国，韩国是《亚太贸易协定》的成员国之一，所以适用协定税率。

步骤二：关税税额的计算

10 000×6.3×4.5%=2 835（元）

任务4 进出口税费的计算、减免、缴纳与退补

案例导入

某进出口公司出口某种货物100件，每件重250千克，成交价为CFR香港50 000元人民币。已申报运费为每公吨350元，出口关税税率为15%，请问海关应征收的出口税税额为多少？

资讯

5.4.1 进出口关税税款的计算

1）进口关税税款的计算

（1）从价关税。

第一，计算公式。

应征进口关税税额=进口货物完税价格×进口从价税税率

减税征收的进口关税税额=进口货物完税价格×减按进口关税税率

第二，计算程序。其包括：①确定货物的完税价格（即确定货物的CIF报价）；②根据汇率适用原则将外币换算为人民币；③按照公式计算应该征收的税款。

举例5-1

国内某公司从香港购进日本皇冠轿车10辆，成交价格合计为FOB香港120 000美元，实际支付运费5 000美元、保险费800美元。已知该轿车的汽缸容量为2 000cc，适用中国银行的外汇折算价为1美元=6.8396元人民币，计算应征进口关税（原产国日本适用最惠国税率为25%）。

计算方法：

第一步：确定货物的完税价格（即确定货物的CIF报价）。

审定完税价格为125 800美元（120 000 + 5 000 + 800）。

第二步：根据汇率适用原则将外币换算为人民币。

将外币价格折算成人民币为860 421.68元。

第三步：按照公式计算应该征收的税款。

应征进口关税税额=完税价格×法定进口关税税率

=860 421.68×25%

=215 105.42（元）

小提示5-12

海关征收的关税、进口环节增值税、进口环节消费税、船舶吨税、滞纳金等税费一律以人民币计征，起征点为人民币50元。完税价格、税额采用四舍五入法计算至分。

成交价格及有关费用以外币计价的，先按货物适用税率之日所适用的计征汇率折合为人民币计算完税价格。

海关每月使用的计征汇率为上一个月第三个星期三（假日则顺延至第四个星期三）中国银行外汇折算价，元后数字采用四舍五入法，保留4位小数。

（2）从量关税。

第一，计算公式。

应征进口关税税额=进口货物数量×单位税额

第二，计算程序。其包括：①确定货物的实际进口数量，如果进口计量单位与计税单位不同，应该进行换算；②按照公式计算应该征收的税款。

举例5-2

国内某公司从香港购进原产于日本的柯达彩色胶卷50 400卷（宽度35毫米，长度不超过2米），成交价格为CIF境内某口岸10.00元港币/卷，已知适用中国银行的外汇折算价为1元港币= 0.8415元人民币；以规定单位换算表折算，规格“135/36”1卷=0.05775平方米。计算应征进口关税（原产地日本适用最惠国税率为26元/平方米）。

计算方法：

第一步：确定货物的实际进口数量，如果进口计量单位与计税单位不同，应该进行换算。确定其实际进口量为：

50 400×0.05775 =2 910.6（平方米）

第二步：按照公式计算应该征收的税款。

应征进口关税税额=货物数量×单位税额

=2 910.6×26=75 675.60（元）

（3）复合关税。

第一，计算公式。

应征进口关税税额=货物数量×单位税额+完税价格×关税税率

第二，计算程序。其包括：①根据完税价格的审定办法、规定，确定应税货物的完税价格；②根据汇率适用原则，将外币折算成人民币；③按照计算公式正确计算应征税款。

举例5-3

国内某公司从日本购进该国企业生产的广播级电视摄像机40台，其中有20台成交价格为CIF境内某口岸4 000美元/台，其余20台成交价格为CIF境内某口岸5 200美元/台，已知适用中国银行的外汇折算价为1美元= 6.8396元人民币，计算应征进口关税（原产国日本的关税税率适用最惠国税率，经查关税税率为：完税价格低于5 000美元/台的，关税税率为单一从价税35%；CIF境内某口岸5 000美元/台以上的，关税税率为12 960元从量税再加3%的从价关税）。

计算方法：

第一步：根据完税价格的审定办法、规定，确定应税货物的完税价格。

确定后的成交价格合计为80 000美元（4 000×20）和104 000美元（5 200×20）。

第二步：根据汇率适用原则，将外币折算成人民币。

将外币价格折算成人民币分别为547 168.00元和711 318.40元。

第三步：按照计算公式正确计算应征税款。

20台单一从价进口关税税额=完税价格×进口关税税率

=547 168.00×35%

=191 508.80（元）

20台复合进口关税税额=货物数量×单位税额+完税价格×关税税率

=20×12 960+711 318.40×3%

=280 539.55（元）

40台合计进口关税税额=从价进口关税税额+复合进口关税税额

=191 508.80+280 539.55

=472 048.35（元）

（4）滑准关税。

第一，计算公式。应征税款计算公式为：

从价计征应征进口关税税额=完税价格×暂定关税税率

从量计征应征进口关税税额=进口货物数量×暂定关税税率

第二，计算程序。其包括：①根据完税价格的审定办法、规定，确定应税货物的完税价格；②根据关税税率的计算公式计算关税税率；③根据汇率适用原则，将外币折算成人民币；④按照计算公式正确计算应征税款。

举例5-4

国内某公司购进配额外未梳棉花1吨，原产地为美国，成交价格为CIF某口岸1 012.27美元/吨。该公司已向海关提交国家发改委授权机构出具的“关税配额外优惠关税税率进口棉花配额证”，经海关审核确认后，征收滑准关税。已知其适用中国银行的外汇折算价为1美元= 6.8396元人民币，计算应征进口关税税额。

计算方法：

审定完税价格：

1 012.27×6.8396=6 923.52（元/吨）=6.924（元/千克）

确定关税税率：折算后棉花的完税价格为每千克6.924元，将此完税价与11.397元/千克（棉花的限定最高完税价格）作比较，鉴于6.924低于11.397，该进口货物原产国适用最惠国税率，根据“当配额外进口棉花完税价格低于11.397元/千克时，暂定关税税率按照公式计算，当公式计算值高于40%时取值40%”的规定，计算该货物的暂定关税税率：

暂定关税税率=8.686÷完税价格+2.526%×完税价格-1

=8.686÷6.924+2.526%×6.924-1=42.9%

该滑准关税税率计算后为42.9%，大于40%，按照40%的关税税率计征关税。

应征进口关税税额=暂定关税税率×完税价格

=40%×6 923.52=2 769.41（元）

2）反倾销税税款的计算

（1）计算公式。其公式为：

反倾销税税额=完税价格×反倾销税税率

（2）计算程序。

第一步：根据完税价格的审定办法、规定，确定应税货物的完税价格。

第二步：根据汇率适用原则，将外币折算成人民币。

第三步：按照计算公式正确计算应征反倾销税税额。

举例5-5

国内某公司从韩国购进厚度为0.7毫米的冷轧板卷一批，成交总价为115 687.70美元，已知该批冷轧板卷需要征收反倾销税，适用中国银行的外汇折算价为1美元= 6.8396元人民币。试计算应征的反倾销税税款（根据有关规定，进口韩国生产的冷轧板卷反倾销税率为14%）。

计算方法：

第一步：根据完税价格的审定办法、规定，确定应税货物的完税价格。审定完税价格为115 687.70美元。

第二步：根据汇率适用原则，将外币折算成人民币，即791 257.59元。

第三步：按照计算公式正确计算应征反倾销税税额。

反倾销税税额=完税价格×反倾销税税率

=791 257.59×14%=110 776.06（元）

3）出口关税税款的计算

（1）计算公式。其公式为：

应征出口关税税额=完税价格×出口关税税率

完税价格=FOB（中国境内口岸）÷（1＋出口关税税率）

若为其他报价则需换算。若报价为CFR，则：

完税价格=（CFR－运费（F））÷（1＋出口关税税率）

若报价为CIF，则：

完税价格=（CIF－运费（F）－保险费（I））÷（1＋出口关税税率）

（2）计算程序。

第一步：确定货物的完税价格（即确定货物的FOB报价）。

第二步：根据汇率适用原则将外币折算为人民币。

第三步：按照公式计算应该征收的税款。

举例5-6

国内某企业从广州出口硅铁一批，申报价格为FOB广州黄埔港8 705.50美元。其适用中国银行的外汇折算价为1美元= 6.8396元人民币，要求计算出口关税（出口税率为25%）。

计算方法：

第一步：确定货物的完税价格（即确定货物的FOB报价），审定FOB价为8 705.50美元。

第二步：根据汇率适用原则将外币折算为人民币，即59 542.14元。

第三步：按照公式计算应该征收的税款。

出口关税税额=成交价格÷（1＋出口关税税率）×出口关税税率

=［59 542.14÷（1+25%）］×25%=11 908.43（元）

5.4.2 进口环节海关代征税的计算

1）消费税税款的计算

（1）计算公式。

第一，以从价定率办法计算纳税，采用价内税的计税方法，即计税价格的组成中包含了消费税税额。其计算公式为：

消费税组成计税价格=（关税完税价格+关税税额）÷（1－消费税税率）

消费税应纳税额=组成计税价格×消费税税率

第二，从量征收的消费税的计算公式为：

应纳税额=应征消费税消费品数量×消费税单位税额

第三，实行从量、从价复合征收的消费税是上述两种征税方法的结合。其计算公式为：

消费税组成计税价格=（关税完税价格+关税税额+进口数量×消费税定额税率）÷（1－消费税税率）

应纳税额=应征消费税消费品数量×单位税额+组成计税价格×消费税税率

（2）计算程序。

第一步：确定货物的完税价格（即确定货物的CIF报价）。

第二步：根据汇率适用原则将外币折算为人民币。

第三步：按照公式计算应该征收的税额。

举例5-7

某进出口公司进口丹麦产啤酒3 800升，经海关审核其成交价格为CIF境内某口岸1 672.00美元。其适用中国银行的外汇折算价为1美元=6.8396元人民币，要求计算应征的税款（进口完税价格小于370美元/吨的消费税税率为220元/吨；进口完税价格大于或等于370美元/吨的，则消费税税率为250元/吨；1吨=988升）。

计算方法：

进口啤酒数量：3 800÷988=3.846（吨）

计算完税价格单价：1 672÷3.846=434.74（美元/吨）

由于434.74美元/吨＞370美元/吨，所以消费税税率为250元/吨。

按照计算公式计算进口环节消费税。

进口环节消费税税额=应征消费税消费品数量×单位税额

=3.846×250=961.50（元）

2）增值税税款的计算

应纳税额=增值税组成计税价格×增值税税率

增值税组成计税价格=进口关税完税价格+关税税额+消费税税额

举例5-8

某公司进口货物一批，经海关审核其成交价格为1 239.50美元，其适用中国银行的外汇折算价为1美元=6.8396元人民币。已知该批货物的关税税率为12%，消费税税率为10%，增值税税率为13%。要求计算应征增值税税额。

计算方法：

首先计算关税税额，然后计算消费税税额，最后再计算增值税税额。

将外币折算成人民币：

1 239.50×6.8396=8 477.68（元）

计算关税税额：

应征关税税额=完税价格×关税税率

=8 477.68×12%=1 017.32（元）

计算消费税税额：

应征消费税税额=（关税完税价格+关税税额）÷（1－消费税税率）×消费税税率

=［（8 477.68+1 017.32）÷（1－10%）］×10%

=1 055.00（元）

计算增值税税额：

应征增值税税额=（关税完税价格+关税税额+消费税税额）×增值税税率

=（8 477.68+1 017.32+1 055.00）×13%

=1 371.50（元）

举例5-9

某进出口公司进口某批不用征收进口消费税的货物，经海关审核其成交价格总值为CIF境内某口岸827.00美元。已知该批货物的关税税率为35%、增值税税率为13%，其适用中国银行的外汇折算价为1美元= 6.8396元人民币。请计算应征增值税税额。

计算方法：

首先计算关税税额，然后再计算增值税税额。

计算关税税额：

应征关税税额=完税价格×关税税率

=827.00×6.8396×35%=1 979.72（元）

计算增值税税额：

应征增值税税额=（完税价格+关税税额）×增值税税率

=（5 656.35+1 979.72）×13%=992.69（元）

5.4.3 进出口税费减免

根据《海关法》的规定，关税的减免分为三大类，即法定减免税、特定减免税和临时减免税。

1）法定减免税

海关对法定减免税货物一般不进行后续管理，具体包括：①关税税额在人民币50元以下的一票货物；②无商业价值的广告品和货样；③外国政府、国际组织无偿赠送的物资；④在海关放行前遭受损坏或者损失的货物；⑤进出境运输工具运载的途中必需的燃料、物料和饮食用品；⑥中华人民共和国缔结或者参加的国际条约规定减征、免征关税的货物、物品；⑦法律规定减征、免征关税的其他货物、物品。

2）特定减免税（政策性减免）

（1）外商投资企业项目投资总额内进口自用设备。

第一，外商投资企业需在境内设立，领取外商投资企业批准证书和营业执照。

投资项目：《外商投资产业指导目录》鼓励类或《中西部地区外商投资优势产业目录》中的项目。

自用设备范围：投资总额内进口的自用设备及随设备进口的配套技术、配件、备件（《外商投资项目不予免税的进口商品目录》所列商品除外）。

税收减免：免关税，进口环节增值税照收。

A.中外投资者采取发起或者募集方式在境内设立的外商投资股份有限公司，或已设立的外商投资有限责任公司转变为外商投资股份有限公司，并且外资比例不低于25%的，在投资总额内进口的自用设备可以享受外商投资项目进口税收优惠政策。

B.持有外商投资企业批准证书的A股上市公司股权分置改革方案实施后增发新股，或原外资法人股股东出售股份，但是外资股比不低于25%的，在投资总额内进口的自用设备可以享受外商投资项目进口税收优惠政策。

C.外商投资企业向中西部地区再投资设立的企业或通过投资控股的公司，注册资本中外资比例不低于25%，并且取得外商投资企业批准证书的，在投资总额内进口的自用设备可以享受外商投资项目进口税收优惠政策。

第二，下列情况中，所投资项目符合《外商投资产业指导目录》鼓励类或《中西部地区外商投资优势产业目录》规定的产业条目，在投资总额内进口的自用设备，除《外商投资项目不予免税的进口商品目录》所列商品外，可免关税，进口环节增值税照收：

A.外国投资者的投资比例低于25%的外商投资企业。

B.境内内资企业发行B股或者发行海外股（H股、N股、S股、T股或者红筹股）转化为外商投资股份有限公司。

C.外商投资企业向中西部地区再投资设立的外资比例低于25%的企业，以及向中西部地区以外地区再投资设立的企业。

（2）外商投资企业项目投资总额外进口自用设备。属于国家鼓励发展产业的外商投资企业（外国投资者的投资比例不低于25%），外商研究开发中心，先进技术型、产品出口型的外商投资企业，在企业投资额以外的自有资金（指企业储备基金、发展基金、折旧、税后利润）内，对原有设备更新或维修，进口国内不能生产或性能不能满足需要的设备，以及与上述设备配套的技术、配件、备件，可以免征进口关税，进口环节增值税照收。

（3）国内投资项目进口设备。属国家重点鼓励发展产业的国内投资项目，在投资额内进口的自用设备，除《国内投资项目不予免税的进口商品目录》所列商品外，可以免征进口关税，进口环节增值税照收。

（4）贷款项目进口物资。外国政府贷款和国际金融组织贷款项目，在项目额度或者投资总额内进口的自用设备，除《外商投资项目不予免税的进口商品目录》所列商品外，可以免征进口关税和进口环节增值税；按照合同随设备进口的技术及配套件、备件，免征进口关税，进口环节增值税照收。

（5）特定区域物资。

第一，保税区、出口加工区等特定区域进口的区内生产性基础项目所需的机器、设备和基建物资可以免税。

第二，区内企业进口企业自用的生产、管理设备和自用合理数量的办公用品及其所需的维修零配件，生产用燃料，建设生产厂房、仓储设施所需的物资、设备可以免税。

第三，行政管理机构自用合理数量的管理设备和办公用品及其所需的维修零配件，可以免税。

（6）科教用品。从事科学研究开发的机构和教育部承认学历的全日制大专院校，以科研和教学为目的，在合理数量范围内进口国内不能生产或者性能不能够满足需要的科学研究和教学用品，且直接用于科学研究和教学的，可以免征进口关税和进口环节增值税、消费税。

（7）科技开发用品。在合理数量范围内进口国内不能生产的或者性能不能够满足需要的科技开发用品，免征进口关税和进口环节增值税、消费税。

（8）无偿援助项目进口物资。根据我国与外国政府、国际组织间的协定或协议，由外国政府、国际组织直接无偿赠送的物资或由其提供无偿赠款，由我国受赠单位自行按照协议规定采购进口的物资；外国地方政府和民间组织受外国政府委托无偿赠送进口的物资，国际组织成员受国际组织委托无偿赠送进口的物资；我国履行国际条约规定减免税进口的物资。

（9）残疾人专用品。民政部直属企事业单位和各省、自治区、直辖市民政部门所属福利机构和康复机构进口的残疾人专用物品，免征进口关税和进口环节增值税、消费税。

（10）远洋渔业项目进口自捕水产品。对经农业农村部批准获得“农业部远洋渔业企业资格证书”的远洋渔业企业运回的产品及产地符合要求的自捕水产品实施不征进口关税和进口环节增值税的政策。

（11）远洋船舶及设备部件项目。为发展远洋渔业，我国对国内远洋渔业企业和船舶及船用设备制造企业进口的船用关键设备和部件实施了进口税收优惠政策。

（12）集成电路项目。我国对集成电路生产企业进口自用生产性原材料及净化室专用建筑材料等实施税收优惠政策，对在中国境内设立的投资额超过80亿元或集成电路线宽小于0.25微米的集成电路生产企业进口自用生产性原材料、消耗品、净化室专用建筑材料、配套系统以及集成电路生产设备零配件，免征进口关税，进口环节增值税照章征收。

（13）海上石油、陆上石油项目。国家对在我国海洋（指我国内海、领海、大陆架以及其他属于我国海洋资源管辖的海域（包括浅海滩涂））和陆上特定地区开采石油（天然气）所进口的物资实施税收优惠政策。凡在我国海洋进行石油和天然气开采作业的项目，进口直接用于开采作业的设备、仪器、零附件、专用设备，依照规定免征进口关税和进口环节增值税。

（14）贷款中标项目进口零部件。为了鼓励国内机电制造企业积极参与利用国际金融组织贷款和外国政府贷款项目采购设备的国际招标活动，平衡国内外中标设备的税收负担，在利用世界银行贷款、亚洲开发银行贷款、日本国际协力银行贷款及其赠款的国际招标中，国内中标单位为生产中标机电设备而进口国内不能生产或性能不能满足需要的零部件，免征进口关税，照章征收进口环节增值税和消费税。

（15）救灾捐赠物资。对外国民间团体、企业、友好人士和华侨、港澳居民和台湾同胞无偿向我国境内受灾地区捐赠的直接用于救灾的物资，在合理数量范围内，免征关税和进口环节增值税、消费税。

（16）扶贫慈善捐赠物资。对境外捐赠人无偿向受赠人捐赠的直接用于扶贫、慈善事业的物资，免征进口关税和进口环节增值税。

3）临时减免税

临时减免税指法定减免税和特定减免税以外的其他减免税，一般是“一案一批”。其适用于内销远洋船用设备及关键部件、国内航空公司进口维修用航空器材、国有公益性收藏单位进口藏品。

4）专项税收政策

振兴装备制造业进口部分关键设备先征后退。

5.4.4 减免税申办及管理

1）减免税申办手续（如图5-6所示）

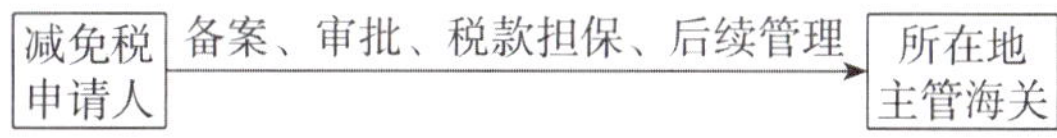

图5-6 减免税申办手续

减免税申请人可以自行也可以委托他人办理减免税手续。减免税申请人委托他人办理的，需出具“减免税手续办理委托书”；投资项目所在地海关与减免税申请人所在地海关不是同一海关的，减免税申请人应当向投资项目所在地海关申请办理减免税备案、审批手续。

投资项目涉及多个海关的，减免税申请人可以向其所在地海关或者有关海关的共同上级海关申请办理减免税备案、审批手续。有关海关的共同上级海关可以指定相关海关办理减免税备案、审批手续。投资项目由其单位所属非法人分支机构具体实施的，在获得投资项目单位的授权并经投资项目所在地海关审核同意后，该非法人分支机构可以向投资项目所在地海关申请办理减免税备案、审批手续。

（1）减免税备案。减免税申请人按照有关进出口税收优惠政策的规定申请减免税进出口相关货物，海关需要事先对减免税申请人的资格或者投资项目等情况进行确认的，减免税申请人应当在申请减免税进出口货物前，向主管海关申请办理减免税备案手续，并同时提交下列材料：①“进出口货物减免税备案申请表”；②企业营业执照或者事业单位法人证书、国家机关设立文件、社团登记证书、民办非企业单位登记证书、基金会登记证书等证明材料；③相关政策规定的享受进出口税收优惠政策资格的证明材料；④海关认为需要提供的其他材料。

减免税申请人按照本条规定提交证明材料的，应当交验原件，同时提交加盖减免税申请人有效印章的复印件。

（2）减免税审批手续。减免税申请人应当在货物申报进出口前，向主管海关申请办理进出口货物减免税审批手续，并同时提交下列材料：①“进出口货物征免税申请表”；②企业营业执照或者事业单位法人证书、国家机关设立文件、社团登记证书、民办非企业单位登记证书、基金会登记证书等证明材料；③进出口合同、发票以及相关货物的资料；④相关政策规定的享受进出口税收优惠政策资格的证明材料；⑤海关认为需要提供的其他材料。减免税申请人按照上述规定提交证明材料的，应当交验原件，同时提交加盖减免税申请人有效印章的复印件。海关审核同意后向减免税申请人签发“中华人民共和国海关进出口货物征免税证明”。

（3）实际进出口货物。减免税申请人持海关签发的征免税证明，在有效期内向口岸海关办理进出口货物通关手续。

（4）税款担保。有下列情形之一的，减免税申请人可以向海关申请凭税款担保先予办理货物放行手续：①主管海关按照规定已经受理减免税备案或者审批申请，尚未办理完毕的；②有关进出口税收优惠政策已经国务院批准，具体实施措施尚未明确，海关总署已确认减免税申请人属于享受该政策范围的；③其他经海关总署核准的情况。

2）对减免税货物的管理

（1）在海关监管年限内（船舶、飞机：8年；机动车辆：6年；其他货物：5年），未经海关许可，减免税申请人不得擅自将减免税货物转让、抵押、质押、移作他用或者进行其他处理。

（2）在海关监管年限内，减免税申请人将进口减免税货物转让给进口同一货物享受同等减免税优惠待遇的其他单位的，应当事先向主管海关办理减免税货物结转手续；在海关监管年限内，减免税申请人将进口减免税货物转让给不享受进口税收优惠政策或者进口同一货物不享受同等减免税优惠待遇的其他单位的，应当事先向减免税申请人主管海关申请办理减免税货物补缴税款和解除监管手续。

（3）在海关监管年限内，减免税申请人需要将减免税货物移作他用的，应当事先向主管海关提出申请。经海关批准，减免税申请人可以按照海关批准的使用地区、用途、企业将减免税货物移作他用。

（4）在海关监管年限内，减免税申请人要求以减免税货物向金融机构办理贷款抵押的，应当向主管海关提出书面申请。经审核符合有关规定的，主管海关可以批准其办理贷款抵押手续。

（5）在海关监管年限内，减免税申请人应当自进口减免税货物放行之日起，在每年的第一季度向主管海关递交“减免税货物使用状况报告书”，报告减免税货物使用状况。

（6）在海关监管年限内，减免税货物应当在主管海关核准的地点使用。需要变更使用地点的，减免税申请人应当向主管海关提出申请，说明理由，经海关批准后方可变更使用地点。

（7）在海关监管年限内，减免税申请人发生分立、合并、股东变更、改制等情形的，权利义务承受人（以下简称承受人）应当自营业执照颁发之日起30日内，向原减免税申请人的主管海关报告有关情况，并按规定办理补税或减免税货物结转手续。因破产、改制或者其他情形导致减免税申请人终止，没有承受人的，原减免税申请人或者其他依法应当承担关税及进口环节海关代征税缴纳义务的主体应当自资产清算之日起30日内向主管海关申请办理减免税货物的补缴税款和解除监管手续。

（8）在海关监管年限内，减免税申请人要求将进口减免税货物退运出境或者出口的，应当报主管海关核准。减免税货物退运出境或者出口后，减免税申请人应当持出口货物报关单向主管海关办理原进口减免税货物的解除监管手续。

（9）在海关监管年限内的进口减免税货物，减免税申请人书面申请提前解除监管的，应当向主管海关申请办理补缴税款和解除监管手续。

（10）减免税货物转让给进口同一货物享受同等减免税优惠待遇的其他单位的，不予恢复减免税货物转出申请人的减免税额度，减免税货物转入申请人的减免税额度按照海关审定的货物结转时的价格、数量或者应缴税款予以扣减。

减免税货物因品质或者规格原因原状退运出境，减免税申请人以无代价抵偿方式进口同一类型货物的，不予恢复其减免税额度；未以无代价抵偿方式进口同一类型货物的，减免税申请人自原减免税货物退运出境之日起3个月内向海关提出申请，经海关批准，可以恢复其减免税额度。对于其他提前解除监管的情形，不予恢复减免税额度。

（11）减免税申请人将减免税货物移作他用，应当补缴税款的，税款的计算公式为：

补缴税款=海关审定的货物原进口时的价格×税率×（需补缴税款的时间÷监管年限×12×30）

上述计算公式中的“税率”，应当按照《进出口关税条例》的有关规定，采用相应的适用税率；“需补缴税款的时间”是指减免税货物移作他用的实际时间，按日计算，每日实际生产不满8小时或者超过8小时的，均按1日计算。

（12）减免税货物因转让或者其他原因需要补征税款的，补税的完税价格以海关审定的货物原进口时的价格为基础，按照减免税货物已进口时间与监管年限的比例进行折旧。其计算公式为：

补税的完税价格=海关审定的货物原进口时的价格×（1－减免税货物已进口时间÷监管年限×12）

减免税货物已进口时间自其放行之日起按月计算。不足1个月但超过15日的，按1个月计算；不超过15日的，不予计算。

已进口时间的截止日期按以下规定确定：①转让减免税货物的，应当以海关接受减免税申请人申请办理补税手续之日作为计算其已进口时间的截止之日。②减免税申请人未经海关批准，擅自转让减免税货物的，应当以货物实际转让之日作为计算其已进口时间的截止之日；转让之日不能确定的，应当以海关发现之日作为截止之日。③在海关监管年限内，减免税申请人发生破产、撤销、解散或者其他依法终止经营情形的，已进口时间的截止日期应当为减免税申请人破产清算之日或者被依法认定终止生产经营活动的日期。

案例分析5-1

出口加工区内的某服装厂签订了一份1万套服装来料加工合同，加工期3年，成品全部返销日本，合同规定外商无偿提供一套价值2.5万美元的专用设备。该合同执行期满，加工成品全部返销出口。该厂在海关办理了合同返销手续，该设备也随之解除海关监管。试分析此种说法正确吗？

案例分析5-1

答案提示

5.4.5 进出口税费的缴纳与退补

1）税款缴纳

（1）缴纳地点与方式。纳税义务人应当在进出境地向海关缴纳税款，经海关批准也可以在纳税义务人所在地向其主管海关缴纳税款，即属地纳税。纳税义务人既可以向签有协议的银行办理电子交付税费的手续，也可以持缴款书到指定的银行营业柜台办理税费交付手续。

（2）缴纳凭证。其包括进出口关税和进口环节税的缴纳凭证"海关专用缴款书"、滞纳金的缴纳凭证"海关专用缴款书"。

2）税款退还

（1）退税的范围。

第一，已缴纳进口关税和进口环节税的进口货物，因品质或者规格原因原状退货复运出境的。

第二，已缴纳出口关税的出口货物，因品质或者规格原因原状退货复运进境的，并已重新缴纳因出口而退还的国内环节有关税收的。

第三，已缴纳出口关税的货物，因故未装运出口已退关的。

第四，已征税放行的散装进出口货物发生短卸、短装，如果该货物的发货人、承运人或者保险公司已对短卸、短装部分退还或者赔偿相应货款的，纳税义务人可以向海关申请退还进口或者出口短卸、短装部分的相应税款。

第五，进出口货物因残损、品质不良、规格不符等原因，由进出口货物的收发货人、承运人或者保险公司赔偿相应货款的，纳税义务人可以向海关申请退还赔偿货款部分的相应税款。

第六，因海关误征，致使纳税义务人多缴税款的。

（2）退税的期限及要求。

第一，海关发现多征税的，应立即通知纳税人办理退还手续。

第二，纳税义务人发现多征税的，可自缴纳税款之日起1年内要求海关退还多征税款和利息。利息按海关填发"收入退还书"之日中国人民银行规定的活期储蓄利率计算，利息期限为自纳税义务人缴款之日起至海关填发"收入退还书"之日止。

第三，进口环节增值税已予抵缴的，除国家另有规定外不予退还；已征收的滞纳金不予退还。

第四，海关应自受理退税申请之日起30日内查实并通知纳税义务人办理退还手续，纳税义务人应自收到通知之日起3个月内办理有关退税手续。

第五，退税在原征税海关办理。

（3）退税凭证，即收入退还书。

3）税款追征和补征

（1）追征和补征税款的范围。其包括：①进出口货物放行后，海关发现少征或者漏征税款的；②因纳税义务人违反规定造成少征或者漏征税款的；③海关监管货物在海关监管期内因故改变用途按照规定需要补征税款的。

（2）追征、补征税款的期限和要求。

第一，进出口货物放行后，海关发现少征或者漏征税款的，应当自缴纳税款或者货物放行之日起1年内，向纳税义务人补征税款。

第二，因纳税义务人违反规定造成少征或者漏征税款的，海关可以自缴纳税款或者货物放行之日起3年内追征税款，并自缴纳税款或者货物放行之日起至海关发现违规行为之日止按日加收0.5‰的滞纳金。

第三，海关发现海关监管货物因纳税义务人违反规定造成少征或者漏征税款的，应自纳税义务人应缴纳税款之日起3年内追征，并自缴纳税款之日起至海关发现违规行为之日止按日加收0.5‰的滞纳金。

（3）追征、补征税款凭证，即海关专用缴款书。

4）延期纳税

（1）因不可抗力或政策原因不能按期纳税的，可向直属海关提出延期纳税申请并提供相关资料。

（2）要求海关先放行货物的，应向海关提供税款担保。但最长不超过自货物放行日起6个月，6个月内纳税不收滞纳金，6个月后纳税按日加收0.5‰的滞纳金。

5）加工贸易缓税利息

加工贸易保税货物在规定期限内全部出口，由海关通知中国银行将保证金及其利息全部退还。加工贸易保税料件或制成品内销，补征税款，加征缓税利息。缓税利息的利率为中国人民银行公布的活期存款利率。实行实转的保税货物，若缓税利息大于台账保证金利息，由海关开具两份缴款书，将不足部分单开海关缴款书，企业另行支付。

加工贸易保税料件或制成品经批准内销的，缓税利息计息期限为内销料件或制成品所对应的加工贸易合同项下首批料件进口之日至海关填发税款缴款书之日。加工贸易保税料件或制成品未经海关批准擅自内销，违反海关监管规定的，或加工贸易保税货物需要后续补税但海关未按违规处理的，缓税利息计息期限为内销料件或制成品所对应的加工贸易合同项下首批料件进口之日至内销之日。涉及多本合同并无法一一对应的，计息期限为最近一本合同项下首批料件进口之日至内销之日。加工贸易E类电子账册项下的料件或制成品擅自内销的，计息期限为内销料件或制成品所对应的电子账册的最近一次核销之日（若核销日期为空，则为电子账册的首批料件进口日）至保税料件或制成品内销之日。

加工贸易保税料件或制成品违规内销的，还应该根据规定征收滞纳金。加工贸易剩余料件、残次品、副产品和受灾保税货物等内销需征收缓税利息的，也按照上述规定办理。其计算公式为：

缓税利息=补征税款×计息期限×（活期存款储蓄年利息率÷360）

6）税款强制执行

（1）强制扣缴。它是指海关自行或向人民法院申请，从纳税义务人开户银行或其他金融机构的存款中强制划拨应纳税款及滞纳金至中央国库。

（2）变价抵缴。它是指银行中没有存款或存款不足以强制扣缴的，依法变卖未放行货物或依法变卖其他货物、财产，所得款以抵缴税款（含滞纳金）。

任务实操

关税的计算

某加工生产企业内销配额外未梳棉花1吨，原产地为美国，成交价格为CIF某口岸1 053.58美元/吨。企业已向海关提交国家发改委授权机构出具的“关税配额外优惠关税税率进口棉花配额证”，经海关审核确认后，征收滑准关税。已知其适用中国银行的外汇折算价为1美元=6.8396元人民币，计算应征进口关税税款。

步骤一：审定完税价格

完税价格折算成人民币为：

1 053.58×6.8396=7 206.07（元/吨）=7.206（元/千克）

将此完税价格与11.397元/千克作比较，由于7.206元/千克小于11.397元/千克，所以该进口货物原产国适用最惠国税率，根据“当配额外进口棉花完税价格低于11.397元/千克时，暂定关税税率按照公式计算，当公式计算值高于40%时取值40%”的规定计算。

步骤二：计算该货物的暂定关税税率

暂定关税税率=8.686÷完税价格+2.526%×完税价格-1

=8.686÷7.206+2.526%×7.206-1

=38.7%

该滑准关税税率为38.7%，小于40%，按照实际计算的关税税率计征关税。

步骤三：应征进口关税税额

应征进口关税税额=暂定关税税率×完税价格

=38.7%×7 206.07=2 788.75（元）

项目检验

一、单选题

随堂测5

1.海关于2019年5月10日（星期五）填发税款缴款书，纳税义务人最迟应于（　　）缴纳税款，才可避免滞纳。

A.5月24日　　B.5月25日

C.5月26日　　D.5月27日

2.目前，我国不实行从量计税的进口商品是（　　）。

A.冻乌鸡　　B.鲜啤酒

C.未梳原棉　　D.盘装胶卷

3.某企业以CIF成交方式购进一台砂光机，先预付设备款25 000元港币，发货时再支付设备价款40 000元港币，并另直接支付给境外某权利所有人专有技术使用费15 000元港币。此外，提单上列明THC费为500元港币。则该批货物经海关审定的成交价格为（　　）元港币。

A.65 500　　B.65 000

C.80 500　　D.80 000

4.某企业从德国进口医疗设备一台，发票分别列明CIF上海50 000美元/台、境外培训费3 000美元。此外，设备投入使用后买方从收益中另行支付给卖方20 000美元。则该货物经海关审定的完税价格为（　　）美元。

A.73 000　　B.50 000

C.70 000　　D.53 000

5.非优惠原产地认定标准之一的从价百分比标准，是指在某一国家（地区）对非该国（地区）原产原料进行制造、加工后的增值部分超过所得货物价值的（　　）。

A.30%　　B.40%

C.55%　　D.60%

6.根据《进出口关税条例》的规定，下列表述正确的是（　　）。

A.适用最惠国税率的进口货物有暂定税率的，应当适用最惠国税率

B.适用协定税率的进口货物有暂定税率的，应当从低适用税率

C.适用特惠税率的进口货物有暂定税率的，应当从高适用税率

D.适用普通税率的进口货物有暂定税率的，应当适用暂定税率

7.境内某公司从香港购进孟加拉国产的某商品一批，设该商品的最惠国税率为10%，普通税率为30%，《亚太贸易协定》税率为9.5%，香港CEPA项下税率为0，则该商品进口时适用的税率是（　　）。

A.10%　　B.30%

C.9.5%　　D.0

二、多选题

1.下列关于滑准税表述正确的有（　　）。

A.当商品价格上涨时采用较低税率

B.当商品价格上涨时采用较高税率

C.当商品价格下跌时采用较高税率

D.当商品价格下跌时采用较低税率

2.对应征进口环节增值税的货物，其进口环节增值税组成计税价格包括（　　）。

A.进口货物完税价格　　B.进口货物关税税额

C.进口环节消费税税额　　D.进口环节增值税税额

3.下列关于我国增值税和消费税的表述正确的有（　　）。

A.进口环节的增值税、消费税由海关征收，其他环节的增值税、消费税由税务机关征收

B.增值税、消费税均从价计征

C.对进口货物税、费的计算，一般的计算过程为：先计算进口关税税额，再计算消费税税额，最后计算增值税税额

D.消费税组成计税价格=关税完税价格+关税税额/（1-消费税税率）

4.下列情形中，应当适用海关接受纳税义务人申报办理纳税手续之日实施的税率的有（　　）。

A.保税货物经批准不复运出境的

B.保税仓储货物转入国内市场销售的

C.减免税货物经批准转让的

D.租赁进口货物分期缴纳税款的

5.下列税费中，不足人民币50元免予征收的有（　　）。

A.滞纳金　　B.关税

C.增值税　　D.消费税

三、判断题

1.我国目前征收的进口附加税主要是报复性关税。（　　）

2.关税纳税义务人或其代理人应当自海关填发税款缴款书之日起15个工作日内向指定银行缴纳税款。（　　）

3.公式定价的进口货物，由于销售合同以约定的定价公式而不是以具体明确的数值约定货物价格，因此该类进口货物不存在成交价格。（　　）

4.海关审定的进口货物的成交价格，是指卖方向我国境内销售该货物时买方为进口该货物向卖方实付、应付的价格总额，包括直接交付的价格和间接支付的价款。（　　）

5.优惠原产地规则的实施必须遵循最惠国待遇原则，即必须普遍地、无差别地适用于所有原产地为最惠国的进口货物。（　　）

6.在计算出口关税时，优先执行暂定税率。（　　）

项目拓展

项目拓展5-1：成交价格的计算

某工厂从德国进口一批机械设备，以CIF广州价格条件成交，发票列明：机械设备费500 000美元、运保费5 000美元、卖方佣金25 000美元、培训费2 000美元、设备调试费20 000美元，计算该批货物海关审定的完税价格。

项目拓展5-1

答案

项目拓展5-2：关税的计算

国内某远洋渔业企业向美国购进国内性能不能满足需要的柴油船用发动机2台，成交价格合计为CIF境内目的地口岸680 000美元。经批准该发动机进口关税税率减按1%计征。已知适用中国银行的外汇折算价为1美元=6.8396元人民币，计算应征的进口关税（原产国美国适用最惠国税率5%，减按1%计征）。

项目拓展5-2

答案

项目拓展5-3：税款滞纳金的计算

国内某公司向香港购进日本皇冠轿车10辆，已知该批货物应征关税税额为人民币352 793.52元，应征进口环节消费税为人民币72 860.70元，进口环节增值税税额为人民币247 726.38元。海关于2019年2月5日填发“海关专用缴款书”，该公司于2019年3月3日缴纳税款。现计算应征收的滞纳金。

项目拓展5-3

答案

项目6

进出口货物报关单填制

知识目标

掌握进出口货物报关单各联的用途，报关单填制的一般要求，进出境关别，进（出）口日期，申报日期，备案号，消费使用单位，运输方式，运输工具名称，提运单号，境内收发货人，贸易国（地区），征免性质，许可证号，起运国（地区）/运抵国（地区），经停港/指运港，境内目的地/境内货源地，成交方式，运费，保费，杂费，件数，包装种类，毛重，净重，随附单据，标记唛码及备注，项号，商品名称、规格型号，数量及单位，原产国（地区）/最终目的国（地区），单价，总价，币制，征免，申报单位，监管方式；熟悉进出口货物报关单的法律效力，进口日期/出口日期，申报日期，合同协议号；了解进口货物报关单的含义、类别。

能力目标

能根据单证填制报关单。

项目介绍

进出口货物报关单是进出口货物收发货人或其代理人，按照海关规定的格式对进出口货物的实际情况做出书面申明，以此要求海关对其货物按适用的海关制度办理通关手续的法律文书。它在对外经济贸易活动中具有十分重要的法律地位。它既是海关监管、征税、统计以及开展稽查和调查的重要依据，又是加工贸易进出口货物核销，以及出口退税和外汇管理的重要凭证，也是海关处理走私、违规案件，以及税务、外汇管理部门查处骗税和套汇犯罪活动的重要证书。

进出口货物报关单是报关员代表报关单位向海关办理货物进出境手续的主要单证。按照《海关进出口货物申报管理规定》和《进出口货物报关单填制规范》的要求，完整、准确、有效地填制进出口货物报关单是报关员执业所必备的基本技能。据此，学生要完成以下任务：

任务1：了解进出口货物报关单的基本知识。

任务2：进出口货物报关单各栏目的填报。

项目任务

任务1 了解进出口货物报关单的基本知识

案例导入

某电子设备有限责任公司委托某国际运输代理有限公司向某海关申报进口缝合机3台，海关经查验发现，当事人实际进口缝合机6台，少报了3台，海关遂对此立案调查，查明该电子设备有限责任公司的业务员在向国际运输代理有限公司移交报关单据时未仔细核对便直接以3台缝合机的数量向海关办理申报进口手续，致使申报内容不符合进口货物的实际情况。

海关根据《海关行政处罚实施条例》的规定，对该电子设备有限责任公司做出罚款人民币20万元的行政处罚决定；另根据《海关行政处罚实施条例》第十七条的规定，对该国际运输代理有限公司罚款人民币8万元，并暂停该公司15天报关业务。

分析：通过这个案例说明单单相符的重要性。

资讯

1）进出口货物报关单的含义

进出口货物报关单是进出口货物的收发货人或其代理人按照海关规定的格式对进出口货物的实际情况做出书面申明，以此要求海关对其货物按适用的海关制度办理通关手续的法律文书。

2）进出口货物报关单的类别

报关单按货物的进出口流向，分为进口货物报关单和出口货物报关单；按表现形式，分为纸质报关单和电子数据报关单；按使用性质，分为进料加工进出口货物报关单、来料加工及补偿贸易进出口货物报关单和一般贸易及其他贸易进出口货物报关单。

3）进出口货物报关单各联的用途

进口货物纸质报关单为一式五联，分别是海关作业联、海关留存联、企业留存联、海关核销联、进口付汇证明联。

出口货物纸质报关单为一式六联，分别是海关作业联、海关留存联、企业留存联、海关核销联、出口收汇证明联、出口退税证明联。

进出口货物报关单各联的用途见表6-1。

表6-1 进出口货物报关单各联的用途

海关作业联、海关留存联	报关员配合海关查验、缴纳税费、提取或装运货物的重要单据，也是海关查验货物、征收税费、编制海关统计以及处理其他海关事务的重要凭证
进口付汇证明联、出口收汇证明联	海关对已实际进出境的货物所签发的证明文件，是银行和国家外汇管理部门办理售汇、付汇和收汇及核销手续的重要依据
海关核销联	海关对实际申报进口或出口的货物所签发的证明文件，是海关办理加工贸易合同核销、结案手续的重要凭证
出口退税证明联	海关对已实际申报出口并已装运离境的货物所签发的证明文件，是国家税务部门办理出口货物退税手续的重要凭证之一

小提示6-1

（1）对需要办理进口付汇核销或出口收汇核销的货物，进出口货物的收发货人或其代理人应当在海关放行货物或结关以后，向海关申领进口货物报关单进口付汇证明联或出口货物报关单出口收汇证明联，凭以向银行和国家外汇管理部门办理付汇、收汇核销手续。

（2）加工贸易货物进出口后，申报人应向海关领取进出口货物报关单海关核销联，凭以向主管海关办理加工贸易合同核销手续。该联在报关时与海关作业联一并提供。

（3）对可办理出口退税的货物，出口货物的发货人或其代理人应当在载运货物的运输工具实际离境、海关办理结关手续后，向海关申领出口货物报关单出口退税证明联，凭以向国家税务管理部门申请办理出口货物退税手续。对于不属于退税范围的货物，海关不予签发该联。

知识链接6-1 海关签发出口货物报关单出口退税证明联流程

（1）签发条件。属于出口收汇核销管理的企业范围，并且属于需要使用出口收汇核销单的监管方式的出口货物。

（2）出口前的出口收汇核销单备案。需要使用出口收汇核销单的监管方式的货物出口报关前，出口单位应当通过中国电子口岸出口收汇系统向报关地海关进行出口收汇核销单备案。

（3）出口时持单办理申报、通关。货物出口时，出口单位持加盖单位名称及组织机构代码条形章和在骑缝处加盖单位公章的出口收汇核销单办理通关手续。

出口收汇核销单编号填报在出口货物报关单“批准文号”栏内，一份报关单允许填报一份出口收汇核销单编号。

（4）海关验核。出口需要使用出口收汇核销单监管方式的货物，海关需验核出口收汇核销单和出口收汇核销单电子数据。出口收汇核销单填报的有关内容与出口货物报关单应当一致。出口不需要使用出口收汇核销单监管方式的货物，海关无须验核出口收汇核销单。

（5）海关核放、验讫。海关放行出口货物，在出口收汇核销单“海关核放情况”栏加盖“验讫章”，出口收汇核销单电子底账数据自动置为“已用”状态。

（6）签发证明联，数据传送外汇局。出口货物结关后，海关签发出口货物报关单证明联，核销单电子底账的核注情况和报关单电子底账数据通过中国电子口岸数据中心传送至国家外汇管理局。

（7）特殊情形的处理。通关过程中，出口企业提出部分退关申请的，经核准后，海关修改报关单相关内容，无须对已验核的出口收汇核销单电子底账进行处理。

通关过程中，出口企业提出全部退关申请的，经核准后，海关按自动核查和人工核查方式对出口收汇核销单电子底账做“反核处理”或“退关处理”。“反核处理”的核销单可再次使用，“退关处理”的核销单不可再次使用。

因填报错误被退单的报关单电子数据，核销单电子底账数据恢复为“未用”状态。

4）进出口货物报关单的法律效力

《海关法》规定："进口货物的收货人、出口货物的发货人应当向海关如实申报，交验进出口许可证件和有关单证。"进出口货物报关单及其他进出境报关单（证）在对外经济贸易活动中具有十分重要的法律效力，是货物的收发货人向海关报告其货物实际情况及适用海关业务制度、申请海关审查并放行货物的必备法律文书。它既是海关对进出口货物进行监管、征税、统计以及开展稽查、调查的重要依据，又是出口退税和外汇管理的重要凭证，也是海关处理进出口货物走私、违规案件，以及税务、外汇管理部门查处骗税、套汇等犯罪活动的重要证书。因此，申报人对所填报的进出口货物报关单的真实性和准确性应承担法律责任。

5）海关对进出口货物报关单填制的一般要求

进出口货物的收发货人或代理人向海关申报时，必须填写并向海关递交进口或出口货物报关单。申报人在填制报关单时，应当如实向海关申报，对申报内容的真实性、准确性、完整性和规范性承担相应的法律责任。

（1）报关人必须按照《海关法》、《海关进出口货物申报管理规定》和《进出口货物报关单填制规范》的有关规定要求，向海关如实申报。

（2）报关单的填写必须真实，要做到两个相符：一是单证相符，即报关单与合同、批文、发票、装箱单等随附单据相符；二是单货相符，即报关单中所报内容与实际进出口货物情况相符，特别是货物的品名、规格、数量、价格等内容必须真实，不得出现差错，更不能伪报、瞒报及虚报。

（3）报关单的填报要准确、齐全、完整、清楚。报关单各栏目内容要逐项详细准确填报，字迹要清楚、整洁、端正，不得用铅笔或红色复写纸填写；若有更正，必须在更正项目上加盖校对章。

（4）分单填报。不同批文、不同许可证、不同合同分单填报；同一批货物但存在不同贸易方式、不同备案号、不同提运单、不同征免性质、不同运输方式的分单填报；相同运输方式但有不同航次、不同运输工具名称的分单填报。一份原产地证书对应一份报关单。

小提示6-2

同一份报关单上的商品不能同时享受协定税率和减免税率。在一批货物中，实行原产地证书联网管理的，如涉及多份原产地证书或含非原产地证书的商品，分单填报。

（5）在反映进出口商品情况的项目中，需分项填报的主要有商品编号不同的、商品名称不同的、原产国（地区）/最终目的国（地区）不同的。

（6）已向海关申报的进出口货物报关单，如原填报内容与实际进出口货物不一致而又有正当理由的，申报人应向海关递交书面更正申请，经海关核准后，对原填报的内容进行更改或撤销。

任务实操

报关单与原始单据的联系

步骤一：掌握任务方案

ABC广州有限公司位于广州经济技术开发区，海关注册编号为440124××××，所申报商品位列B52084400153号登记手册备案料件第13项，法定计量单位为千克，货物于2019年7月16日运抵口岸，当日向黄埔海关埔新港办（关区代码为5202）办理进口申报手续。保险费率为0.27%，入境货物通关单编号为442100104064457。

步骤二：找出报关单各项与原始单据的联系

相关资料见表6-2和表6-3。“中华人民共和国海关进口货物报关单”见表6-4。

表6-2

ABC（GUANGZHOU）CO.，LTD.

NO.×× FENGHUA ROAD，GUANGZHOU，CHINA

COMMERCIAL INVOICE

CONSIGNEE：

ABC（GUANGZHOU）CO.，LTD.

NO.×× FENGHUA ROAD，GUANGZHOU，CHINA

INVOICE NO.：BL04060643　　　　CONTRACT NO.：ABC-1001

SHIPPER：

ABC（HONGKONG）LTD.

ROOM×××，SHANTIN GALLERIA

MEI STREET，FOTAN，N.T，HONGKONG

DATE：July 7，2019　　　　REFERENCE NO.：HB184004

SHIPMENT FROM KUNSAN，KOREA TO HUANGPU CHINA VIA HONGKONG.

SHIPPING MARKS	DESCRIPTION	QTY	UNIT PRICE	AMOUNT
N/M	“HI-Q BRAND” ART PAPER 039-44	16 314KG 16ROLLS	0.8040	CFR HUANGPU US$13 116.45
TOTAL		16 314KG 16ROLLS		US$13 116.45

表6-3

ABC（GUANGZHOU）CO.，LTD.

NO.×× FENGHUA ROAD，GUANGZHOU，CHINA

PACKING LIST

DATE：July 7，2019　　　　TO．HUANGPU，CHINA

SHIPMENT FROM KUNSAN，KOREA TO HUANGPU CHINA VIA HONGKONG.

VESSEL AND VOYAGE　　　　NO. 穗德航 30/4Y0708

DESCRIPTION	QTY	WEIGHT	NET WEIGHT	MEASUREMENT
“HI-Q BRAND” ART PAPER 039-44 H.S.：48101300.10	16 314KG 16ROLLS	16 362	16 314	
		16 362	16 314	

1×20’ CONTAINER　　　　TEXU 2263978　TARE WGT 2 280KG

表6-4 中华人民共和国海关进口货物报关单

预录入编号： 海关编号： （××海关）页码/页数：

<table>
<tr><td>境内收货人</td><td colspan="2">进境关别</td><td colspan="2">进口日期</td><td colspan="2">申报日期</td><td>备案号</td></tr>
<tr><td>境外发货人</td><td colspan="2">运输方式</td><td colspan="2">运输工具名称及航次号</td><td colspan="2">提运单号</td><td>货物存放地点</td></tr>
<tr><td>消费使用单位</td><td colspan="2">监管方式</td><td colspan="2">征免性质</td><td colspan="2">许可证号</td><td>起运港</td></tr>
<tr><td>合同协议号</td><td colspan="2">贸易国（地区）</td><td colspan="2">起运国（地区）</td><td>经停港</td><td colspan="2">入境口岸</td></tr>
<tr><td>包装种类</td><td>件数</td><td>毛重（千克）</td><td>净重（千克）</td><td>成交方式</td><td>运费</td><td>保费</td><td>杂费</td></tr>
<tr><td colspan="8">随附单证
随附单证1： 随附单证2：</td></tr>
<tr><td colspan="8">标记唛码及备注</td></tr>
<tr><td colspan="8">项号 商品编号 商品名称及规格型号 数量及单位 单价/总价/币制 原产国(地区) 最终目的国(地区) 境内目的地 征免</td></tr>
<tr><td colspan="8">1</td></tr>
<tr><td colspan="8">2</td></tr>
<tr><td colspan="8">3</td></tr>
<tr><td colspan="8">4</td></tr>
<tr><td colspan="8">5</td></tr>
<tr><td colspan="8">6</td></tr>
<tr><td colspan="8">7</td></tr>
<tr><td colspan="8">特殊关系确认： 价格影响确认： 支付特许权使用费确认： 自报自缴：</td></tr>
<tr><td colspan="6">申报人员 申报人员证号 电话
兹申明以上内容承担如实申报、依法纳税之法律责任。

申报单位
申报单位（签章）</td><td colspan="2">海关批注及签章</td></tr>
</table>

任务2 进出口货物报关单各栏目的填报

案例导入

深圳通惠-开利空调设备有限公司（宝安区）进口了一批凸轮轴位置传感器，机电产品自动进口许可证编号为：1100-2004-10494；运费：USD 19/MT；保险费率：0.3%。

该批货物凸轮轴位置传感器于2019年3月19日进口，于2019年3月30日由五矿国际货运深圳公司向深圳海关申报。该商品的法定计量单位为“件”，成交计量单位为“千克”。

请问：如何填报本报关单？

资讯

6.2.1 预录入编号

预录入编号指预录入报关单的编号，一份报关单对应一个预录入编号，由系统自动生成。

报关单预录入编号为18位，其中第1～4位为接受申报海关的代码（海关编制的“关区代码表”中相应的海关代码），第5～8位为录入时的公历年份，第9位为进出口标志（“1”为进口，“0”为出口；集中申报清单“I”为进口，“E”为出口），后9位为顺序编号。

6.2.2 海关编号

海关编号指海关接受申报时给予报关单的编号，一份报关单对应一个海关编号，由系统自动生成。

报关单海关编号为18位，其中第1～4位为接受申报海关的代码（海关编制的“关区代码表”中相应的海关代码），第5～8位为海关接受申报的公历年份，第9位为进出口标志（“1”为进口，“0”为出口；集中申报清单“I”为进口，“E”为出口），后9位为顺序编号。

小提示6-3

报关单的海关编号由18位数字组成，前4位为接受申报海关的编号（关区代码表中相应的关区代码），第5～8位为海关接受申报的公历年份，第9位为进出口标识（1为进口，0为出口；集中申报清单I为进口，E为出口），第10～18位为报关单顺序编号。

例如：0930　　2019　　1　　028625053

　　丹东海关　　年份　　进口　　报关单顺序编号

6.2.3 境内收发货人

本栏目应填报18位法人和其他组织统一社会信用代码，没有统一社会信用代码的，填报其在海关的备案编码。

1）法人和其他组织统一社会信用代码编号规则

统一社会信用代码由登记管理部门代码（第1位）、机构类别代码（第2位）、登记管理机关行政区划码（第3～8位）、主体标识码（组织机构代码，第9～17位）、校验码（第18位）5个部分组成。

（1）登记管理部门代码（第1位），使用阿拉伯数字或英文字母表示。例如，机构编制、民政、市场监督3个登记管理部门分别使用1、2、3表示，其他登记管理部门可使用相应阿拉伯数字或英文字母表示。

（2）机构类别代码（第2位），使用阿拉伯数字或英文字母表示。登记管理部门根据管理职能，确定在本部门登记的机构类别代码。例如，机构编制部门可用1表示机关单位，2表示事业单位，3表示由中央编办直接管理机构编制的群众团体；民政部门可用1表示社会团体，2表示民办非企业单位，3表示基金会；市场监督部门可用1表示企业，2表示个体工商户，3表示农民专业合作社。

（3）登记管理机关行政区划码（第3～8位），使用阿拉伯数字表示。例如，国家用100000，北京用110000，注册登记时由系统自动生成，体现法人和其他组织注册登记及其登记管理机关所在地，既满足登记管理部门按地区管理的需求，也便于社会对注册登记主体所在区域进行识别［参照《中华人民共和国行政区划代码》（GB/T 2260-2007）］。

（4）主体标识码（第9～17位），使用阿拉伯数字或英文字母表示［参照《全国组织机构代码编制规则》（GB11714-1997）］。

（5）校验码（第18位），使用阿拉伯数字或英文字母表示。

2）海关备案编码编号规则

海关备案编码共10位，由数字和24个英文大写字母（I，O除外）组成。其结构为：

（1）第1～4位为企业注册地行政区划代码，其中1～2位表示省、自治区或直辖市，如北京市为11，江苏省为32；第3～4位表示省所辖的市、地区、自治州、盟或其他省所辖的县级行政区划，如北京西城区1102，广州市4401。

（2）第5位为企业注册地经济区划代码，第6位为企业经济类型代码，结构及含义如图6-1所示。

第5位是企业注册地经济区划代码	第6位是进出口企业经济类型代码
1：经济特区	1：国有企业
2：经济技术开发区	2：中外合作企业
3：高新技术产业开发区	3：中外合资企业
4：保税区	4：外商独资企业
5：出口加工区/珠澳跨境工业区	5：集体企业
6：保税港区/综合保税区	6：民营企业
7：保税物流园区	7：个体工商户
9：其他	8：报关企业
W：保税物流中心	9：其他，包括外国驻华企事业机构，外国驻华使领馆，临时进出口货物的企业、单位和个人等
	A：国有对外加工企业（无进出口经营权）
	B：集体对外加工企业（无进出口经营权）
	C：私营对外加工企业（无进出口经营权）

图6-1 企业注册地经济区划代码、企业经济类型代码的结构及含义

举例6-1

珠海市为4404，包括珠海特区44041、珠海保税区44044、珠海国家高新技术产业开发区44043、珠澳跨境工业区（珠海园区）44045、珠海市其他地区44049。

举例6-2

大连万凯化工贸易公司210291××××，海关备案编码第6位是“1”，表明这是大连的一家国有进出口公司。

广州华威集团440122××××，海关备案编码第5位、第6位都是“2”，表明这是广州的一家中外合作企业，注册于广州经济技术开发区。

小提示6-4 海关备案编码的作用

利用海关备案编码的第5位市内经济区划代码，可以确定报关单上的境内目的地（进口）或出口货物报关单上的境内货源地；利用海关备案编码的第6位经济类型代码，可以确定进出口企业经济类型。

（3）第7位为企业注册用海关经营类别代码，表示海关行政相对人的类别。如数字0～9为进出口货物收发货人/报关企业，英文大写字母D～I为各类保税仓库，L为临时注册登记单位，Z为报关企业分支机构，J为国内结转型出口监管仓库，P为出口配送型出口监管仓库。

（4）第8～10位企业注册流水账号。

3）特殊情况填报要求

（1）进出口货物合同的签订者和执行者非同一企业的，填报执行合同的企业。

举例6-3

中国五矿进出口公司（1106913401）对外统一签约，而由上海五矿进出口公司（310191402）负责合同的具体执行，则境内收发货人栏应为“上海五矿进出口公司310191402”。

（2）外商投资企业委托进出口企业进口投资设备、物品的，填报外商投资企业，并在“标记唛码及备注”栏注明“委托××进出口企业进口”，同时注明被委托企业的18位法人和其他组织统一社会信用代码或10位海关备案编码。

举例6-4

摩托罗拉（中国）有限公司（1207244096）委托中国机械进出口公司（1101919021）进口投资设备，则境内收发货人栏为“摩托罗拉（中国）有限公司1207244096”，并且在“标记唛码及备注”栏注明“委托中国机械进出口公司（1101919021）”。

（3）有代理报关资格的报关企业代理其他进出口企业办理进出口报关手续时，填报委托的进出口企业的名称及编码。

举例6-5

上海城建局委托上海土产进出口公司（3101915031）进口黄铜木材，收发货人为“上海土产进出口公司3101915031”。其关系如下：

上海城建局（委托方）⟹上海土产进出口公司（代理方）

（4）使用海关核发的“中华人民共和国海关加工贸易手册”、电子账册及其分册（以下统称“加工贸易手册”）管理的货物，收发货人应与加工贸易手册的“经营企业”一致。

小提示6-5

收发货人属于与货物成交相关的信息，填报时需要与委托单位进行确认。同时，可以通过以下方式辅助查询海关注册编码：

1.QP录入系统。收发货人的填写由收发货人中文全称和编码组成。报关人员只有单位中文全称或10位编码或其他组织统一社会信用代码单方面信息时，可以在报关单录入系统输入收发货人中文全称或10位编码或其他组织统一社会信用代码，查询到收发货人中文全称及10位编码和其他组织统一社会信用代码全部内容。

2.海关总署官网。报关人员也可以在海关总署官网或中国海关企业进出口信用信息公示平台查询系统中输入收发货人中文全称，查询10位编码等信息。

6.2.4 进（出）境关别

本栏目根据货物实际进出境的口岸海关，填报海关编制的“关区代码表”中相应的口岸海关名称及代码。

举例6-6

丹东某机械公司进口一批塑料垫圈，进口货物空运到大连机场。已知丹东海关的关区代码为0930，大连海关的关区代码为0900，大连机场的关区代码为0902。请问：这批货物的进境关别应怎样填写？

解析：应该填写大连机场0902。因为在填写报关单中的进境关别时，应填写货物实际进境的海关名称及代码。

“关区代码表”由3部分组成，包括关区代码、关区名称和关区简称。关区代码由4位数字组成，前两位为关区关别代码，后两位为隶属海关或海关监管场所的代码；关区名称指直属海关、隶属海关或海关监管场所的中文名称；关区简称指关区（海关）的中文简称，一般为4个汉字。

举例6-7

货物由天津新港口岸进境，“进境关别”栏不能填报为“天津关区”+“0202”，亦不能填报为“天津海关”+“0201”，而应填报为“新港海关”+“0202”。

1）特殊情况填报要求

（1）进口转关运输货物应填报货物进境地海关名称及代码，出口转关运输货物应填报货物出境地海关名称及代码。按转关运输方式监管的跨关区深加工结转货物，出口报关单填报转出地海关名称及代码，进口报关单填报转入地海关名称及代码。

举例6-8

厦门某外商投资企业进口零件（法定计量单位为千克）用于本企业设备维修，货物于2019年6月29日运抵上海浦东国际机场（机场代码PVG），办理完相关手续后，于6月30日运至厦门高崎机场向海关办理进口报关、纳税手续。请问：这批货物的进境关别应怎样填写？

解析：该批货物实际上属于进口转关运输货物，在上海办理转关手续。所以入境地应该是上海，按照进境关别的填报要求，进口转关运输货物应填报货物进境地海关名称及代码，所以本题进境关别栏应该填报浦东机场海关。

（2）在不同海关特殊监管区域或保税监管场所之间调拨、转让的货物，填报对方特殊监管区域或保税监管场所所在的海关名称及代码。

（3）其他无实际进出境的货物，填报接受申报的海关名称及代码。

2）限定口岸要求

（1）国家对汽车整车、药品等货物限定口岸进口；对稀土、甘草、锑及锑制品等货物限定口岸出口；对实行许可证管理的货物，按证件核准口岸限定进出口。相关商品应严格在规定的口岸办理进出口申报手续。

（2）加工贸易进出境货物，应填报主管海关备案时所限定或指定货物进出的口岸海关名称及代码。限定或指定口岸与货物实际进出境口岸不符的，应向合同备案主管海关办理变更手续后填报。

小提示6-6

进（出）境关别指货物实际进出境的口岸海关，属于与海关管理相关的信息。作为物权凭证，提单或运单中注明了运输工具进出境口岸，报关人员根据进出境货物的运输工具进出境口岸填报本栏目。

举例6-9

对于进口提单或运单中的“Port of Destination Xingang China”，根据“关区代码表”可填报为“新港海关”+“0202”。

6.2.5 进（出）口日期

进口日期是指运载所申报进口货物的运输工具申报进境的日期。出口日期是指运载所申报出口货物的运输工具办结出境手续的日期。其填报要求为：

（1）日期均为8位数字，顺序为年（4位）、月（2位）、日（2位）。例如，2019年8月18日进口一批货物，运输工具申报进境日期为8月18日，“进口日期”栏应填报为“20190818”。

（2）进口日期以运载进口货物的运输工具申报进境日期为准。海关与运输企业实行舱单数据联网管理的，进口日期由海关自动生成。

（3）出口日期以运载出口货物的运输工具实际离境日期为准。海关与运输企业实行舱单数据联网管理的，出口日期由系统自动生成，申报环节免予填报。

（4）集中申报的报关单，进出口日期以海关接受报关单申报的日期为准。

（5）无实际进出境的报关单，应填报向海关办理申报手续的日期，并以海关最终接受申报的日期为准。

6.2.6 申报日期

申报日期是指海关接受进出口货物的收发货人、受委托的报关企业向海关申报数据的日期。申报日期为8位数字，顺序为年（4位）、月（2位）、日（2位）。

（1）以电子数据报关单方式申报的，申报日期为海关计算机系统接受申报数据时记录的日期。

（2）以纸质报关单方式申报的，申报日期为海关接受纸质报关单并对其进行登记处理的日期。

小提示6-7

本栏目（即申报日期）在申报时免予填报。

6.2.7 消费使用单位/生产销售单位

“消费使用单位”是指已知的进口货物在境内的最终消费、使用单位，包括自行进口货物的单位、委托进出口企业进口货物的单位。

举例6-10

A公司进口货物，若A自营进口，则收发货人和消费使用单位都是A；若A委托代理公司B进口，则收发货人是消费使用单位，也是A。

“生产销售单位”是指出口货物在境内的生产或销售单位，包括自行出口货物的单位、委托进出口企业出口货物的单位。

举例6-11

A公司出口货物，若A自营出口，则收发货人和生产销售单位都是A；若A委托代理公司B代理出口，则收发货人是B，生产销售单位是A。

消费使用单位/生产销售单位的填报要求为：

（1）已在海关注册登记的，应填报中文名称、18位法人和其他组织统一社会信用代码（或10位海关备案编码、加工生产企业登记编码）。

（2）未在海关注册登记的，应填报中文名称、18位法人和其他组织统一社会信用代码或9位组织机构代码。没有18位法人和其他组织统一社会信用代码的可不填，没有9位组织机构代码的应填报“NO”。

（3）使用加工贸易手册管理的货物，消费使用单位/生产销售单位应与加工贸易手册的“加工企业”一致。

（4）减免税货物报关单的消费使用单位/生产销售单位应与征免税证明的“减免税申请人”一致。

（5）保税监管场所与境外之间的进出境货物，消费使用单位/生产销售单位应当填报保税监管场所的名称（保税物流中心（B型）填报中心内企业名称）。

小提示6-8

消费使用单位/生产销售单位属于与货物成交相关的信息，报关人员需要与委托单位确认消费使用单位/生产销售单位的名称。本栏目的填报需要做到信息准确，包括每个字录入准确。

6.2.8 运输方式

运输方式是指国际贸易买卖双方就进出口货物交接、交换所磋商决定采用的运输方式。在进出口货物报关单中，其专指载运货物进出关境所使用的运输工具的分类，即海关规定的运输方式。海关规定的运输方式分为实际进出境货物运输方式和无实际进出境货物运输方式。

（1）实际进出境货物运输方式。其包括：水路运输（代码为2）、铁路运输（代码为3）、公路运输（代码为4）、航空运输（代码为5）、邮件运输（6）、其他运输（9）。海关规定的实际运输方式用于载运实际进出关境的货物。进境货物的运输方式，按其运抵我国关境第一个口岸时的运输方式填报；出境货物的运输方式，按其运离我国关境最后一个口岸时的运输方式填报；可填报运输方式名称，也可填报代码。

小提示6-9

❖ 非邮政方式进出口的快递货物，按实际运输方式填报。

❖进出境旅客随身携带的货物，按旅客所乘运输工具填报。

❖进口转关运输货物，根据载运货物抵达进境地的运输工具填报；出口转关运输货物，根据载运货物驶离出境地的运输工具填报。

❖不复运出（入）境而留在境内（外）销售的进出境展览品、留赠转卖物品等，填报"其他运输"（代码为9）。

（2）无实际进出境货物运输方式填报要求（见表6-5）。

表6-5 无实际进出境货物运输方式填报要求

序号	无实际进出境货物运输方式	填报方式
1	境内非保税区运入保税区货物和保税区退区货物	非保税区（代码0）
2	保税区运往境内非保税区货物，填制进口报关单	保税区（代码7）
3	境内存入出口监管仓库和出口监管仓库退仓货物	监管仓库（代码1）
4	保税仓库转内销货物，填制进口报关单	保税仓库（代码8）
5	从境内保税物流中心外运入中心或从中心运往境内中心外的货物	物流中心 （代码W）
6	从境内保税物流园区外运入园区或从园区内运往境内园区外的货物	物流园区（代码X）
7	保税港区、综合保税区与境内区外（非特殊区域、保税监管场所）之间进出的货物	保税港区/综合保税区（代码Y）
8	出口加工区、珠澳跨境工业区（珠海园区）、中哈霍尔果斯国际边境合作中心（中方配套区）与境内区外（非特殊区域、保税监管场所）之间进出的货物	出口加工区（代码Z）
9	境内运入深港西部通道港方口岸区的货物	边境特殊海关作业区（代码H）
10	经横琴新区和平潭综合实验区（以下简称"综合实验区"）二线指定申报通道运往境内区外或从境内经二线指定申报通道进入综合实验区的货物，以及综合实验区按选择性征收关税申报的货物	综合实验区（代码T）
11	其他境内流转货物，包括特殊监管区域内货物之间的流转、调拨货物，特殊监管区域、保税监管场所之间相互流转货物，特殊监管区域内企业申报的与境内进出的货物，特殊监管区域外的加工贸易余料结转、深加工结转、内销等货物	其他运输（代码9）

小提示6-10

运输方式属于与运输相关的信息，由货物使用的进境运输工具决定。报关人员可以按以下方式填报：

1.提运单。如海运提单，运输方式填报“水路运输”，代码为2；空运运单，运输方式填报“航空运输”，代码为5；铁路运单，运输方式填报“铁路运输”，代码为3等。

2.非实际进出境货物“运输方式”，如加工贸易余料结转、深加工结转、内销等货物，填报“其他运输”，代码为9。

6.2.9 运输工具名称/航次号

运输工具名称是指载运货物进出境的运输工具的名称或运输工具编号。航次号指载运货物进出境的运输工具的航次编号。

报关单运输工具名称与航次号的填报内容应与运输部门向海关申报的舱单（载货清单）所列相应内容一致。

在纸质报关单上，运输工具名称与航次号合并填报在“运输工具名称”一个栏目内。

1）运输工具名称的填报要求

（1）直接在进出境地或采用区域通关一体化通关模式办理报关手续的报关单填报要求如下：

第一，水路运输，填报船舶编号（来往港澳小型船舶为监管簿编号）或者船舶英文名称。

举例6-12

青岛某公司从德国进口货物一批，该货物装于COCSO号轮，航次号HV208N，于2019年4月2日向海关申报进境，则运输工具名称栏应填COCSO/ HV208N。

第二，公路运输，启用公路舱单前，填报跨境运输车辆的国内行驶车牌号，深圳提前报关模式的报关单填报国内行驶车牌号+“/”+“提前报关”；启用公路舱单后，免予填报。

第三，铁路运输，填报车厢编号或交接单号。

第四，航空运输，填报航班号。

举例6-13

北京某进出口公司于2019年6月15日进口货物一批，载运该货物的航班为CA366，总运单号码为CA731060317，则运输工具名称栏应该填写“CA366”。

第五，邮件运输，填报邮政包裹单号。

第六，其他运输，填报具体运输方式名称，如管道、驮畜等。

（2）转关运输货物报关单中运输工具名称的填报要求（进口）见表6-6。

表6-6 转关运输货物报关单中运输工具名称的填报要求

	运输方式	直转、提前报关	中转
进口	水路	“@”+16位转关申报单预录入号或13位载货清单号	进境英文船名
	铁路	“@”+16位转关申报单预录入号	车厢编号
	航空	“@”+16位转关申报单预录入号或13位载货清单号	“@”
	公路及其他运输	“@”+16位转关申报单预录入号或13位载货清单号	

小提示6-11

以上各种运输方式使用广东地区载货清单转关的提前报关货物填报“@”+13位载货清单号。

转关运输货物报关单中运输工具名称的填报要求（出口）为：

第一，水路运输：非中转，“@”+16位转关申报单预录入号或13位载货清单号，如多张报关单需要通过一张转关单转关的，运输工具名称字段填报“@”。

中转货物，境内水路运输填报驳船船名；境内铁路运输填报车名（主管海关4位关区代码+“TRAIN”）；境内公路运输填报车名（主管海关4位关区代码+“TRUCK”）。

第二，铁路运输：填报“@”+16位转关申报单预录入号（或13位载货清单号），如多张报关单需要通过一张转关单转关的，填报“@”。

第三，航空运输：填报“@”+16位转关申报单预录入号（或13位载货清单号），如多张报关单需要通过一张转关单转关的，填报“@”。

第四，其他运输方式：填报“@”+16位转关申报单预录入号（或13位载货清单号）。

（3）采用“集中申报”通关方式办理报关手续的，报关单本栏目填报“集中申报”。

（4）无实际进出境的报关单，本栏目免予填报。

2）航次号的填报要求

（1）直接在进出境地或采用区域通关一体化通关模式办理报关手续的报关单填报要求如下：①水路运输，填报船舶的航次号。②公路运输，启用公路舱单前，填报运输车辆的8位进出境日期［顺序为年（4位）、月（2位）、日（2位），下同］；启用公路舱单后，填报货物运输批次号。③铁路运输，填报列车的进出境日期。④航空运输，免予填报。⑤邮件运输，填报运输工具的进出境日期。⑥其他运输方式，免予填报。

（2）转关运输货物的报关单填报要求如下：

第一，进口。其包括：①水路运输：中转转关方式填报“@”+进境干线船舶航次；直转、提前报关免予填报。②公路运输：免予填报。③铁路运输：“@”+8位进境日期。④航空运输：免予填报。⑤其他运输方式：免予填报。

第二，出口。其包括：①水路运输，非中转货物免予填报；中转货物，境内水路运输填报驳船航次号；境内铁路、公路运输填报6位起运日期［顺序为年（2位）、月（2位）、日（2位）］。②铁路拼车拼箱捆绑出口，免予填报。③航空运输，免予填报。④其他运输方式，免予填报。

（3）无实际进出境的报关单，本栏目免予填报。

小提示6-12

运输工具名称属于与运输相关的信息，小提示和查询方式为：

1.提运单信息。报关人员按照提运单上的船舶或航班信息，填报运输工具名称。

2.使用舱单系统查询。报关单的“运输工具名称”，需要与舱单系统中的进出境运输工具信息一致。报关单电子数据发送后，如本栏目填制信息错误，海关系统会自动退回，报关人员需要与口岸海关的舱单系统数据修改一致后，重新发送。

举例6-14

海运提单船舶信息为“WANHAI235/V.N226”，报关单“运输工具名称”应填报“WANHAI235/N226”。填制时需要注意“/”前信息为船舶信息，“/”后为航次号，“V.”不要填写。

6.2.10 提运单号

“提运单号”是指进出口货物提单或运单的编号。报关单“提运单号”栏所填报的运输单证编号，主要包括海运提单号、海运单号、铁路运单号、航空运单号。提运单号必须与舱单数据一致。

一份报关单只允许填报一个提单或运单号，一票货物对应多个提单或运单时，应分单填报。

（1）直接在进出境地或采用区域通关一体化通关模式办理报关手续的报关单填报要求见表6-7。

表6-7 区域通关一体化通关模式办理报关手续的报关单填报要求

运输方式	填报要求
水路运输	进出口提单号；有分提单的，填写进出口提单号+“*”+分提单号
航空运输	填报总运单号+“－”+分运单号；无分运单的，填报总运单号
铁路运输	填报运单号
公路运输	启用公路舱单前，免予填报；启用公路舱单后，填报进出口总运单号
邮件运输	填报邮运包裹单号

（2）转关运输货物的报关单（进口）填报要求如下：①水路运输：直转、中转填报提单号；提前报关免予填报。②铁路运输：直转、中转填报铁路运单号；提前报关免予填报。③航空运输：直转、中转货物填报总运单号+“-”+分运单号。提前报关免予填报。④其他运输方式：免予填报。⑤以上运输方式进境货物，在广东省内用公路运输转关的，填报车牌号。

（3）采用“集中申报”通关方式办理报关手续的，填报归并的集中申报清单的进出口起止日期（即年（4位）月（2位）日（2位）年（4位）月（2位）日（2位））。如2019年1月15日至2019年2月4日填为：2019011520190204。

（4）无实际进出境的，本栏目免予填报。

小提示6-13

提运单号属于与运输相关的信息，小提示和查询方式为：

1.提运单信息。报关人员按照提运单上的提单号或运单号，填报提运单号。注意：数字“0”与字母“O”的区别。

2.使用舱单系统查询。提运单号的填报，需要与口岸海关的舱单系统数据一致。报关单电子数据发送后，如填制信息错误，海关系统会自动退回，报关人员需要将其与口岸海关的舱单系统数据修改一致后，重新发送。

举例6-15

海运进口提单号为“HASL02MED1EAR55”，舱单数据因字符限制原因显示提单号为“ASL02MED1EAR55”，本栏目按“ASL02MED1EAR55”填报。

6.2.11 申报单位

申报单位是指向海关申报进出口货物的单位。自理报关的，本栏目填报进出口企业的名称及编码；委托代理报关的，本栏目填报报关企业的名称及编码。

本栏目可选填18位法人和其他组织统一社会信用代码或10位海关注册编码中的任一项。

本栏目还包括报关单左下方用于填报申报单位有关情况的相关栏目，包括报关人员、申报单位签章。

6.2.12 监管方式

监管方式是以国际贸易中进出口货物的交易方式为基础，结合海关对进出口货物的征税、统计及监管条件综合设定的海关对进出口货物的管理方式。

监管方式由4位数字构成。前两位是按照海关监管要求和计算机管理需要划分的分类代码。例如，02～08、44、46表示加工贸易货物，11～12表示保税仓储、转口货物，20～22表示外商投资企业进口货物，45表示退运货物，50～53表示特殊区域货物。后两位是参照国际标准编制的贸易方式代码，其中10～39表示列入海关贸易统计，41～66表示列入单项统计；00表示不列入海关贸易统计和单项统计。

本栏目根据对外贸易情况按海关编制的监管方式代码表选择填报相应的监管方式简称及代码。一份报关单中，只允许填报一种监管方式。

1）一般贸易

一般贸易是指我国境内有进出口经营权的企业单边进口或者单边出口的贸易，代码：0110。其适用范围为：

（1）以正常交易方式成交的进出口货物。

（2）贷款援助的进出口货物。

（3）外商投资企业进口的供加工内销产品的料件。

（4）外商投资企业用国产原材料加工产品出口或经批准自行收购国内产品出口的货物。

（5）供应外籍船舶、飞机等运输工具在我国境内添加的国产燃料、物料及零配件。

（6）保税仓库进口供应给中国籍国际航行运输工具使用的燃料、物料等保税货物。

（7）境内企业在境外投资时作为实物投资进出口的设备、物资。

（8）来料养殖、来料种植进出口货物。

（9）国有公益性收藏单位通过合法途径从境外购入的藏品。

举例6-16

沈阳沈港电器产业有限公司（2101930×××）委托辽宁外贸集团公司（21029100×××）

进口货物，用于生产空调设备供应国内市场，于船舶进港次日委托大连连孚物流有限公司（92102980×××）向海关申报。

解析：本题属于外商投资企业进口供加工内销产品的料件，其贸易方式栏应该填写“一般贸易”。

2）加工贸易

（1）来料加工。它是指进口料件由境外企业提供，经营企业不需要付汇进口，按照境外企业的要求进行加工或装配，只收取加工费，制成品由境外企业销售的经营活动。代码：0214。其主要适用于来料加工项下进口的料件和加工出口的成品。

小提示6-14

来料加工进（出）口货物报关单“备案号”栏应填报加工贸易手册或电子账册编号。出口成品报关单“征免”栏应填报“全免”，应征出口税的，应填报“照章征税”。

举例6-17

广州斯达电子有限公司为海关C类管理企业，进口冷轧铁条（加工贸易限制类商品）一批用于加工成品出口，规格为直径18mm与13.9mm，分别位列B5155200188号手册备案料件第7、8项，入境货物通关单单号为440130106008121，法定计量单位为千克。

解析：根据题中“分别位列B5155200188号手册备案料件第7、8项”的信息可以直接确定本进口货物的贸易方式是“来料加工”，征免性质也是“来料加工”。

（2）进料加工。它是指料件由经营企业付汇进口，制成品由经营企业外销出口的经营活动，简称“进料对口”，代码：0615。其主要适用于进料加工项下进口料件和出口成品，以及进料加工贸易中外商免费提供进口的主、辅料和零部件。

知识链接6-2

进料加工对口合同是指买卖双方分别签订进出口对口合同，料件进口时，我方先付料件款，加工成品出口时再向对方收取出口成品款项。其包括动用外汇的对口合同或不同客户的对口联号合同，以及对开信用证的对口合同。

小提示6-15

进料加工进（出）口货物报关单“备案号”栏应填报加工贸易手册或电子账册编号。出口成品报关单“征免”栏应填报“全免”，应征出口税的，应填报“照章征税”。

举例6-18

广州电梯有限公司（440193××××）持C5106600019号加工贸易手册向海关申报进口电梯用曳引机一批，该批货物位列手册第22项，法定计量单位同成交计量单位，保险费率为0.3%。

解析：根据题中“持C5106600019号加工贸易手册向海关申报进口”的信息可以直接确定本进口货物的贸易方式是“进料对口”，征免性质是“进料加工”。

（3）加工贸易项下其他货物。其结转监管方式、内销监管方式、退换监管方式、销毁监管方式分别见表6-8、表6-9、表6-10、表6-11。

表6-8 结转监管方式介绍

分类	介绍	监管方式
加工贸易经营企业将用保税进口料件所加工的产品在境内结转给另一个加工贸易企业，用于再加工后复出口的	转入、转出的企业分别填制进口、出口货物报关单	来料深加工（0225）或进料深加工（0654）
加工贸易经营企业可以向海关申请将剩余料件结转至另一个加工贸易合同项下生产出口，但应当在同一经营单位、同一加工厂、同样的进口料件和同一加工贸易方式的情况下结转	转入、转出的企业分别填制进口、出口货物报关单	来料余料结转（0258）或进料余料结转（0657）

表6-9 内销监管方式介绍

分类	介绍	监管方式	报关单类型
料件内销	加工贸易过程中产生的剩余料件、制成品、半成品、残次品及受灾保税货物，经批准转为国内销售，不再加工复出口的，以及海关事后发现有关企业擅自转内销并准予补办进口补税手续的加工贸易项下货物	填报来料料件内销（0245）或进料料件内销（0644）	进口货物报关单
边角料内销	加工贸易过程中有形损耗产生的边角料，以及加工副产品，有商业价值且经批准在境内销售的	来料边角料内销（0845）或进料边角料内销（0844）	进口货物报关单
成品转减免税	加工贸易项下制成品，在境内销售给凭征免税证明进口货物的企业	来料成品减免（0345）或进料成品减免（0744）	出口货物报关单

加工贸易进口料件因品质、规格等原因退运出境，以及加工过程中产生的剩余料件、边角料退运出境，且不再更换同类货物进口的，分别填报“来料料件复出”（0265）、“来料边角料复出”（0865）、“进料料件复出”（0664）、“进料边角料复出”（0864）。

表6-10 退换监管方式介绍

料件退换	加工贸易保税料件因品质、规格等原因退运出境，更换料件后复进口的	退运出境报关单和复运进境报关单的监管方式应填报来料料件退换（0300）或进料料件退换（0700）
成品退换	加工贸易出口成品因品质、规格等原因退运进境，经加工、维修或更换同类商品复出口的	退运进境报关单和复运出境报关单的监管方式应填报来料成品退换（4400）或进料成品退换（4600）

表6-11 销毁监管方式介绍

分类	监管方式	报关单类型
加工贸易企业因故无法内销或者退运而作销毁处置且未因处置获得收入的料件、残次品，其中残次品应按单耗折成料件	料件销毁（0200），全称：加工贸易料件、残次品（折料）销毁	进口货物报关单
加工贸易企业因故无法内销或者退运而作销毁处置且未因处置获得收入的边角料、副产品	边角料销毁（0400），全称：加工贸易边角料、副产品（按状态）销毁	进口货物报关单

（4）加工贸易进口设备。其监管方式和征免性质介绍见表6-12。

表6-12 加工贸易进口设备监管方式和征免性质介绍

分类	介绍	监管方式	征免性质
加工贸易设备	来料加工、进料加工贸易项下外商作价提供、不扣减企业投资总额的进口设备，以及服务外包企业履行国际服务外包合同，由国际服务外包业务境外发包方免费提供的进口设备	加工贸易设备（0420）	一般征税（101）或加工设备（501）
不作价设备	加工贸易项下外商提供的不作价设备，指境外企业与境内企业开展来料、进料业务，外商免费向境内加工贸易经营单位提供加工生产所需的设备，境内经营单位不付外汇、不需用加工费或差价偿还	不作价设备（0320）	加工设备（501）

知识链接6-3

加工贸易进口不作价设备由加工贸易合同备案地海关办理备案手续，核发加工贸易手册，手册编号第一位标记为“D”。

进口《外商投资项目不予免税的进口商品目录》中所列商品范围外的不作价设备，且符合规定条件的，免征进口关税与加工贸易免税进口不作价设备相关的监管方式见表6-13。

表6-13 加工贸易进口设备内销、结转、退运监管方式介绍

类型	介绍	代码
加工设备内销	海关监管期内的加工贸易免税进口设备经批准转售给境内非加工企业	0446
加工设备结转	海关监管期内的加工贸易免税进口设备经批准转让给另一加工企业，或从本企业一本加工贸易手册结转入另一本加工贸易手册	0456
加工设备退运	加工贸易免税进口设备退运出境	0466

小提示6-16

加工贸易不作价设备的特点：进口设备的一方不能以任何方式、任何途径，包括用工缴费扣付、出口产品减价等来偿付提供设备的一方设备价款或租金。

3）外商投资企业进口自用设备、物品

外商投资企业进口自用设备、物品的监管方式和征免性质介绍见表6-14。

表6-14 外商投资企业进口自用设备、物品的监管方式和征免性质介绍

分类	介绍	监管方式	征免性质
投资总额内进口设备、物品	外商投资企业作为投资进口的设备、物品，是指外商投资企业用投资总额内的资金（包括中方投资）进口的机器设备、零部件和其他建厂（场）物料，安装、加固机器所需材料，以及本企业自用合理数量的交通工具、生产用车辆、办公用品（设备）	中外合资、合作企业进口设备、物品，简称：合资合作设备（2025）	免征
		外商独资企业（以下简称外资企业）进口设备、物品，简称：外资设备物品（2225）	

续表

分类	介绍	监管方式	征免性质
投资总额外自有资金免税进口设备	鼓励类和限制类外商投资企业、外商投资研究开发中心、先进技术型和产品出口型外商投资型企业，以及《符合中西部省、自治区、直辖市利用外资优势产业和优势项目目录》的项目，利用投资总额以外的自有资金，在原批准的生产经营范围内，对设备进行更新维修，进口国内不能生产或性能不能满足需要的自用设备及其配套的技术、配件、备件	一般贸易（0110）	自有资金（799）
减免税设备结转	海关监管年限内的减免税设备从进口企业结转到另一享受减免税待遇的企业	减免税设备结转（0500）	免征

小提示6-17

减免税设备结转的转入、转出企业应分别填写进口/出口货物报关单向海关申报。

加工贸易项下免税进口的不作价设备结转给另一加工贸易企业，不适用本监管方式，适用“加工设备结转”（0456）。

知识链接6-4 名词解释

❖ 外商投资企业是指中外合资企业、中外合作企业、外资企业，包括华侨以及港、澳、台同胞投资企业。

❖ 设备是指外商投资企业在其投资总额内进口的本企业自用的机器设备、零部件和其他物料（指建厂（场）以及安装、加固机器所需的材料）及生产用车辆。

❖ 物品是指外商投资企业进口自用合理数量的办公用品（设备）和交通工具。

4）暂时进出境货物

暂时进出境货物的监管方式、征免性质介绍见表6-15。

表6-15 暂时进出境货物的监管方式、征免性质介绍

分类	介绍	监管方式	征免性质	范围
进出境展览品	外国为来华或我国为到外国举办经济、文化、科技等展览或参加博览会而进出口的展览品，以及与展览品有关的宣传品、布置品、招待品、小卖品和其他物品	展览品（2700）	其他法定（299）	主要包括在展览会、交易会、会议及类似活动中展示或者使用的货物
暂时进出境货物	经海关批准，暂时进出关境并且在规定的期限内复运出境或进境的货物	暂时进出货物（2600）	其他法定（299）	包括国际组织、外国政府或外国企业和我国香港、澳门及台湾地区的企业、群众团体及个人为开展经济、技术、科学、文化合作交流而暂时运入或运出我国关境及复运出入境的货物

小提示6-18

不复运出入境而留在境内外销售的进出境展览品，应按实际监管方式填报。

5）退运进出口货物

退运进出口货物是指原进出口货物因残损、缺少、品质不良、规格不符、延误交货或其他原因退运出进境的货物。

本监管方式代码为“4561”，简称“退运货物”。

本监管方式适用于以下货物的退运出进境：“一般贸易”（0110）、“易货贸易”（0130）、“旅游购物商品”（0139）、“租赁贸易”（1523）、“寄售代销”（1616）、“合资合作设备”（2025）、“外资设备物品”（2225）、“外汇免税商品”（1831）、“货样广告品A”（3010）、“货样广告品B”（3039）、“其他进出口免费”（3339）、“承包工程进口”（3410）、“对外承包出口”（3422）、“无偿援助”（3511）、“捐赠物资”（3612）、“边境小额”（4019）、“对台小额”（4039）、“其他贸易”（9739）。

本监管方式不适用的货物见表6-16。

表6-16 本监管方式不适用的货物

分类	监管方式
加工贸易项下料件、成品维修退换	“来料料件退换”（0300）、“进料料件退换”（0700）、“来料成品退换”（4400）、“进料成品退换”（4600）
加工贸易项下料件、边角料退运	“来料料件复出”（0265）、“来料边角料复出”（0865）、“进料料件复出”（0664）、“进料边角料复出”（0864）
加工贸易设备退运	“加工设备退运”（0466）
货物进境后、放行结关前退运	“直接退运”（4500）
“租赁不满一年”货物退运	“租赁不满一年”（1500）
进出口无代价抵偿货物、被更换的原进口货物退运出境	“其他”（9900）

小提示6-19

退运货物进出口时，应随附原出（进）口货物报关单，并将原出（进）口货物报关单单号填报在“标记唛码及备注”栏内。

6）直接退运货物

直接退运货物是指进口货物收货人、原运输工具负责人或者其代理人在货物进境后、办结海关放行手续前，因海关责令或有正当理由获准退运境外的货物。

本监管方式代码为“4500”，简称“直接退运”。

直接退运货物的适用范围和申报要求见表6-17。

7）其他免费提供的进出口货物

其他免费提供的进出口货物指除已具体列名的礼品、无偿援助和赠送物资、捐赠物资、无代价抵偿进口货物、国外免费提供的货样、广告品等归入列名监管方式的免费提供货物以外，进出口的其他免费提供的货物。

表6-17 直接退运货物的适用范围和申报要求

直接退运货物的适用范围	直接退运货物适用范围不包括	直接退运货物相关申报要求
在货物进境后、办结海关放行手续前，由于客观原因需向海关申请办理直接退运手续的，包括错发、误卸、溢卸、残损货物等	海关放行后需办理退运出境的进口货物，以及进口转关货物在进境地海关放行后申请办理退运手续的货物，均应按“退运货物”（4561）办理报关手续	按照“先报出、后报进”的原则先办理出口手续，后办理进口手续，进口货物报关单“标记唛码及备注”栏将对应的出口货物报关单号作为“关联报关单号”填报，进出口货物报关单监管方式均为“直接退运”（4500），“标记唛码及备注”栏均应填报“进口货物直接退运表”或“海关责令进口货物直接退运通知书”的编号
在货物进境后、办结海关放行手续前，由于不符合有关法令，依法应当退运，由海关责令当事人将进口货物直接退运境外的，包括违反有关进口法令，经海关处理后责令退运境外的		
保税区、出口加工区及其他海关特殊监管区域和保税监管场所进口货物直接退运的		

本监管方式代码为“3339”，简称“其他进出口免费”。其适用范围包括：外商在经贸活动中赠送的物品，外国人的捐赠品，驻外中资机构向国内单位赠送的物资，经贸活动中由外商免费提供的试车材料、消耗性物品等。

本监管方式对应的征免性质为“一般征税”（101）、“其他法定”（299）。

8）租赁贸易

租赁贸易是指经营租赁业务的企业与外商签订的国际租赁合同项下境内企业租赁进口或出租出口的货物。

相关监管方式包括：租赁期在一年及以上的进出口货物，监管方式代码为“1523”，简称“租赁贸易”；租赁期在一年及以上的进出口货物分期办理征税手续时，每期征税适用的监管方式代码为“9800”，简称“租赁征税”；租赁期不满一年的进出口货物，监管方式代码为“1500”，简称“租赁不满一年”。

上述监管方式的适用范围不包括：经营租赁业务的企业进口自用的设备、办公用品，监管方式为“一般贸易”（0110）；加工贸易租赁进口的机器设备，监管方式为“加工贸易设备”（0420）。

租赁贸易货物报关单的主要填制要求见表6-18。

表6-18 租赁贸易货物报关单的主要填制要求

首次进口时	进口后	退运时
分期支付租金的，应填制两份报关单，一份监管方式为“租赁贸易”（1523）或“租赁不满一年”（1500），申报租赁货物的全值，用于监管和统计；另一份监管方式为“租赁征税”（9800），用于计征税款。纳税义务人申请一次性缴纳税款的，可以选择申请按照依次审查确定该货物的完税价格，或者按照海关审查确定的租金总额作为完税价格	按合同约定支付各期租金并征税的，报关单监管方式均为“租赁征税（9800），并将首次进口的报关单号作为“关联报关单号”填报于“标记唛码及备注”栏内	“租赁贸易”（1523）期满复运出（进）口的货物，监管方式为“退运货物”（4561）；“租赁不满一年”（1500）期满复运出（进）口的货物，监管方式为“租赁不满一年”（1500）

9）修理物品

进出境修理物品是指进境或出境维护修理的货物、物品。

本监管方式代码为“1300”，简称“修理物品”。

本监管方式适用于各类进出境维修的货物，以及货物维修所用的原材料、零部件，但不包括：按加工贸易保税货物管理的进境维修业务，以及加工贸易项下进口料件和出口成品的进出境维修退换业务，即“来料料件退换”（0300）、“进料料件退换”（0700）、“来料成品退换”（4400）、“进料成品退换”（4600）。

修理物品进口报关单对应的征免性质为“一般征税”（101）或“其他法定”（299）。进出境维修货物复运出进境，需将关联的出、进口报关单号作为关联报关单号填报在“标记唛码及备注”栏内。

10）无代价抵偿进出口货物

无代价抵偿进出口货物是指进出口货物经海关征税或免税放行后，因货物残损、短少或品质不良及规格不符等原因而由进出口货物的发货人、承运人或保险公司免费补偿或更换的与原货物相同或者与合同规定相符的货物。

本监管方式代码为“3100”，简称“无代价抵偿”。

无代价抵偿进出口货物的相关申报要求如下：如原进出口货物退运出进境，报关单的监管方式填报“其他”（9900）。补偿进口货物的报关单监管方式填报无代价抵偿（3100）。征免性质填报“其他法定”（299）或“一般征税”（101）；补偿出口报关单征免性质填报“其他法定”（299）。

上述退运出进境货物报关单，以及补偿进出口货物报关单，均应在“标记唛码及备注”栏内填报原进出口货物报关单号。

11）国家或国际组织无偿援助和赠送的物资

国家或国际组织无偿援助和赠送的物资，是指我国根据两国政府间的协议或临时决定，对外提供无偿援助的物资、捐赠品，或我国政府、组织基于友好关系向对方国家政府、组织赠送的物资，以及我国政府、组织接受国际组织、外国政府或组织无偿援助、捐赠或赠送的物资。

本监管方式代码为“3511”，简称“无偿援助物资”。本监管方式对应的征免性质为“无偿援助”（201）。

12）进出口捐赠物资

进出口捐赠物资，是指境外捐赠人以扶贫、慈善、救灾为目的向我国境内捐赠的直接用于扶贫、兴办公益福利事业、救灾的物资，以及境内捐赠人以扶贫、慈善、救灾为目的向境外捐赠的直接用于扶贫、兴办公益福利事业、救灾的物资。

本监管方式代码为“3612”，简称“捐赠物资”。其对应的征免性质为“救灾捐赠”（801）、“扶贫慈善”（802）、“公益收藏”（698）、“科教用品”（401）、“残疾人”（413）等。

13）保税仓库进出境仓储及转口货物

保税仓库进出境仓储及转口货物，是指从境外进口直接存入保税仓库的货物，保税仓库出境的仓储、转口货物，以及从出口监管仓库出境的货物。

本监管方式代码为“1233”，简称“保税仓库货物”。

本监管方式无对应的征免性质代码，报关单“运输方式”栏应为实际进出境的运输方式。

保税仓库进出境仓储及转口货物的相关申报要求见表6-19。

表6-19 保税仓库进出境仓储及转口货物的相关申报要求

分类	监管方式	运输方式
保税仓库进境货物销往境内	按货物运出保税仓库的实际用途填报	保税仓库（8）
境内存入出口监管仓库和出口监管仓库退仓货物	按实际监管方式填报	监管仓库（1）
保税仓库货物出仓运往境内其他地方转为正式进口	在仓库主管海关办结出仓报关手续，填制出口货物报关单，监管方式为“保税间货物”（1200）；进口货物报关单按实际进口监管方式填报	—

14）保税物流中心进出境货物

保税物流中心进出境货物，是指从境外直接存入保税物流中心和从保税物流中心运出境的仓储、转口货物。

本监管方式代码为“6033”，简称“物流中心进出境货物”。

保税物流中心进出境货物相关申报要求如下：从境内（海关特殊监管区域除外）运入保税物流中心的货物应填制出口货物报关单，从保税物流中心提取运往境内的货物应填制进口货物报关单，监管方式按实际情况选择填报。

保税物流中心与保税区、出口加工区、保税物流园区、保税仓库、出口监管仓库及保税物流中心等海关特殊监管区域或保税监管场所之间往来的货物，监管方式填报“保税间货物”（1200）。

15）保税区进出境仓储及转口货物

保税区进出境仓储及转口货物，是指从境外存入保税区、保税物流园区和从保税区、保税物流园区运出境的仓储、转口货物。

本监管方式代码为“6033”，简称“保税区仓储转口”。

保税区进出境仓储及转口货物实行“备案制”，区内企业凭“保税区、保税物流园区进（出）境货物备案清单”向保税区、保税物流园区海关办理申报。保税区进出境仓储、转口货物无须填报征免性质。

保税区进出境仓储及转口货物的相关申报要求见表6-20。

表6-20 保税区进出境仓储及转口货物的相关申报要求

保税区、保税物流园区除仓储、转口货物以外的其他进出境货物	从保税区、保税物流园区运往境内非海关特殊监管区域、保税监管场所的货物	从境内非海关特殊监管区域、保税监管场所运入保税区、保税物流园区的货物以及从境内非海关特殊监管区域、保税监管场所运入保税区、保税物流园区后又退回境内的货物
按实际监管方式填报。如区内企业开展加工贸易业务所需进口料件和制成品出口，监管方式应填报“来料加工”（0214）或“进料对口”（0615）	按实际监管方式填报，运输方式为“保税区”（7）	按实际监管方式填报，运输方式为“非保税区”（0）

16）保税区加工贸易内销货物

保税区进料加工、来料加工的成品不复运出境，转为国内使用，按征税方式适用的监管方式见表6-21。

表6-21 保税区加工贸易内销货物的监管方式

分类	监管方式
区内加工企业来料、进料加工全部用境外运入的料件，加工的制成品销往非保税区，以及来料、进料加工内销制成品所含进口料件的品名、数量、价值难以区分的，按照制成品征税	保区来料成品（0445）、保区进料成品（0444）
区内加工企业来料、进料加工用含有部分境外运入的料件，加工的制成品销往非保税区时，对其制成品按照所含进口料件征税	保区来料料件（0545）、保区进料料件（0544）

保税区加工贸易内销货物的相关申报要求如下：保税区加工贸易成品转内销货物填报进口货物报关单，运输方式均为“保税区”（7），“0444”和“0445”备案号栏应填报加工贸易手册编号，原产国（地区）填报中国（142）；“0544”和“0545”备案号栏为空，原产国（地区）填报原进口料件的原产国（地区）。

17）海关特殊监管区域进出境货物

下列6种监管方式，适用于保税港区、综合保税区、出口加工区、珠澳跨境工业区（珠海园区）、中哈霍尔果斯边境合作区（中方配套区）内的企业申报使用，不适用于区外企业和保税区、保税物流园区内的企业（见表6-22）。

表6-22 海关特殊监管区域进出境货物的监管方式

区内来料加工货物（5014）	海关特殊监管区域与境外之间进出的来料加工货物，适用于海关特殊监管区域内企业在来料加工贸易项下的料件从境外进口及制成品出境
区内进料加工货物（5015）	海关特殊监管区域与境外之间进出的进料加工货物，适用于海关特殊监管区域内企业在进料加工贸易项下的料件从境外进口及制成品出境
区内物流货物（5034）	海关特殊监管区域与境外之间进出的物流货物，适用于海关特殊监管区域内企业从境外运进或运往境外的仓储、分拨、配送、转口货物，包括流通领域的物流货物及供区内加工生产用的仓储货物
境外设备进区（5335）	海关特殊监管区域从境外进口的设备及货物，适用于海关特殊监管区域内企业从境外进口的区内业务所需的设备、物资，以及区内企业和行政管理机构自用合理数量的办公用品等
区内设备退运（5361）	海关特殊监管区域设备及货物退运境外，适用于海关特殊监管区域内企业监管方式代码“5335”项下的设备、物资退运境外
特殊区域研发货物（5010）	海关特殊监管区域与境外之间进出的研发货物，适用于海关特殊监管区域内企业从境外购进的用于研发的材料、成品，或研发后将上述货物退回境外，但不包括企业自用或其他用途的设备

在上述监管方式中，“区内进料加工货物”（5015）适用征免性质“进料加工”（503），“区内物流货物”（5034）无须填报征免性质。

18）海关特殊监管区域进出区货物

下列3种监管方式，适用于保税港区、综合保税区、出口加工区、珠澳跨境工业区（珠海园区）、中哈霍尔果斯边境合作区（中方配套区）内的企业申报使用，不适用于区外企业和保税区、保税物流园区内的企业（见表6-23）。其相关申报要求见表6-24。

表6-23 海关特殊监管区域进出区货物的监管方式

料件进出区（5000）	料件进出海关特殊监管区域，适用于海关特殊监管区域内保税加工、保税物流或研发企业与境内（区外）之间进出的料件，包括此类料件在境内的退运、退换
成品进出区（5100）	成品进出海关特殊监管区域，适用于海关特殊监管区域内保税加工、保税物流或研发企业与境内（区外）之间进出的成品，包括此类成品在境内的退运、退换
设备进出区（5300）	设备及物资进出海关特殊监管区域，适用于海关特殊监管区域内企业从境内（区外）购进的自用设备、物资，或将设备、物资销往区外，结转到同一海关特殊监管区域或另一海关特殊监管区域的企业，以及在境内的退运、退换

表6-24 海关特殊监管区域进出区货物的相关申报要求

分类	报关单	监管方式	运输方式	原产国/目的国	起运国/运抵国
出区货物	区外企业填制进口货物报关单	填报区外企业提取区内货物适用的监管方式	出口加工区（Z）	按实际填报（对于未经加工的进口货物，按货物原进口时的原产国统计；对于经加工的成品或半成品，按现行进口原产地规则确定原产国）	中国（142）
	区内企业填制出境货物备案清单	料件进出区（5000）、成品进出区（5100）、设备进出区（5300）	其他（9）		
进区货物	区外企业填制出口货物报关单	填报区外企业将货物运入区内适用的监管方式	出口加工区（Z）	中国（142）	中国（142）
	区内企业填制进境货物备案清单	料件进出区（5000）、成品进出区（5100）、设备进出区（5300）	其他（9）		

小提示6-20

表6-23中3种监管方式下的进出区货物均无须填报征免性质。

加工贸易货物监管方式的特殊填报要求见表6-25。

表 6-25　　加工贸易货物监管方式的特殊填报要求

分类	监管方式
进口少量低值辅料（5 000 美元以下、78 种以内的低值辅料）按规定不使用加工贸易手册的	低值辅料
进口少量低值辅料（5 000 美元以下、78 种以内的低值辅料）使用加工贸易手册的	按加工贸易手册上的监管方式填报
外商投资企业为加工内销产品而进口的料件，属非保税加工的	一般贸易
外商投资企业全部使用国内料件加工的出口成品	一般贸易
加工贸易料件结转或深加工结转货物	按批准的监管方式填报
加工贸易料件转内销货物，以及按料件办理进口手续的转内销制成品、残次品、未完成品，应填制进口货物报关单	来料料件内销、进料料件内销
加工贸易成品凭征免税证明转为减免税进口货物的，应分别填制进、出口货物报关单	出口货物报关单本栏目填报“来料成品减免”或“进料成品减免”，进口货物报关单本栏目按照实际监管方式填报
加工贸易出口成品因故退运进口及复运出口	“来料成品退换”或“进料成品退换”
加工贸易进口料件因换料退运出口及复运进口	“来料料件退换”或“进料料件退换”
加工贸易过程中产生的剩余料件、边角料退运出口，以及进口料件因品质规格等原因退运出口且不再更换同类货物进口	“来料料件复出”“来料边角料复出”“进料料件复出”“进料边角料复出”
备料加工贸易手册中的料件结转转入加工贸易手册	“来料加工”或“进料加工”
保税工厂的加工贸易进出口货物	根据加工贸易手册填报“来料加工”或“进料加工”
加工贸易边角料内销和副产品内销，应填制进口货物报关单	“来料边角料内销”或“进料边角料内销”
企业销毁处置加工贸易货物未获得收入，销毁处置货物为料件、残次品	料件销毁
销毁处置货物为边角料、副产品	边角料销毁
企业销毁处置加工贸易货物获得收入	“进料边角料内销”或“来料边角料内销”

小提示 6-21

监管方式属于与海关管理相关的信息，报关人员需要了解不同监管方式的内涵和使用范围，在报关前与委托单位进行沟通，根据实际进口状况、目的最终确认监管方式。

19）海关特殊监管区域、保税监管场所间往来的货物

海关特殊监管区域、保税监管场所间往来的货物，是指保税区、保税物流园区出口加工区、出口监管仓库、保税仓库、保税物流中心等海关特殊监管区域、保税监管场所间往来的货物，本监管方式代码“1200”，简称“保税间货物”。

本监管方式不适用出口加工区间结转货物。不同出口加工区企业结转货物适用“成品进出区”（5100）和“料件进出区（5000）。

本监管方式下的货物，转出企业和转入企业应分别填制出口货物报关单或进口货物报关单，监管方式“保税间货物”（1200），征免性质免予填报，运输方式“其他”（9），起运国或运抵国为“中国”（142），原产国或最终目的国按照实际国别填报。

常见的重要贸易方式及代码见表6-26。

表6-26 常见的重要贸易方式及代码

代码	简称	代码	简称	代码	简称	代码	简称
0110	一般贸易	0615	进料对口	2225	外资设备物品	3100	无代价抵偿
0214	来料加工	0654	进料深加工	2600	暂时进出货物	4561	退运货物
0255	来料深加工	2025	合资合作设备	3010	货样广告品A	4500	直接退运

6.2.13 征免性质

征免性质是指海关根据《海关法》《进出口关税条例》及国家有关政策对进出口货物实施的征、减、免税管理的性质类别。它是海关对进出口货物征、减、免税进行分类统计和分析的重要基础。

本栏目应根据实际情况按海关编制的“征免性质代码表”选择填报相应的征免性质简称及代码。持有海关核发的征免税证明的，应按照征免税证明中批注的征免性质填报。一份报关单只允许填报一种征免性质，涉及多个征免性质的，应分单填报。表6-27是常见的重要征免性质代码。

表6-27 常见的重要征免性质代码

代码	简称	范围
101	一般征税	适用于依照《海关法》《进出口关税条例》《进出口税则》及其他法律、行政法规和规章所规定的税率征收进出口关税、进口环节增值税和其他税费的进出口货物，包括除其他征免性质另有规定外的一般照章（包括公开暂定税率、关税配额、反倾销、反补贴、保障措施等）征税或补税的进出口货物
299	其他法定	适用于依照《海关法》《进出口关税条例》，对除无偿援助进出口物资外的其他实行法定减免税的进出口货物，以及根据有关规定非按全额货值征税的部分进出口货物
307	保税区	适用于对保税区单独实施征减免税政策的进口自用物资，包括保税区用于基础设施建设的物资，以及保税区内企业（外商投资企业除外）进口的生产设备、其他自用物资和出口货物、保税区行政管理机构自用合理数量的管理设备和办公用品等

续表

代码	简称	范围
401	科教用品	适用于为促进科学研究和教育事业的发展，科学研究机构和学校以科学研究、教学为目的按照有关征减免税政策，在合理数量范围以内，进口的国内不能生产的或性能不能满足需要的、直接用于科研或教学的货物
405	科技开发用品	为鼓励科学研究和技术开发，促进科技进步，科学研究、技术开发机构在规定的时间内、在合理数量范围内进口的国内不能生产或性能不能满足需要的科技开发用品
501	加工设备	适用于加工贸易经营单位按照有关征减免税政策进口的外商免费（即不需要经营单位付汇，也无须用加工费或差价偿还）提供的加工生产所需设备
502	来料加工	适用于来料加工装配项下进口所需的料件，以及经加工后出口的成品、半成品
503	进料加工	适用于为生产外销产品用外汇购买进口的料件，以及加工后返销出口的成品、半成品
601	中外合资	目前一般适用于中外合资企业自产的出口产品
602	中外合作	目前一般适用于中外合作企业自产的出口产品
603	外资企业	目前一般适用于外商独资企业自产的出口产品
789	鼓励项目	适用于1998年1月1日后经主管部门审批并确认的国家鼓励发展的国内投资项目、外商投资项目、利用外国政府贷款和国际金融组织贷款项目，以及从1999年9月1日起，按国家规定程序审批的外商投资研究开发中心及《符合中西部省、自治区、直辖市利用外资优势产业和优势项目目录》的项目，在投资总额内进口的自用设备，以及按合同规定随设备进口的技术及数量合理的配套件、备件
799	自有资金	适用于已设立的鼓励类外商投资企业（外国投资者的投资比例不低于25%），以及《符合中西部省、自治区、直辖市利用外资优势产业和优势项目目录》的项目，在投资总额以外利用自有资金（包括企业储备基金、发展基金、折旧和税后利润），在原批准的生产经营范围内进口国内不能生产或性能不能满足需要的（不属于《国内投资项目不予免税的进口商品目录》）自用设备及其配套的技术、配件、备件，用于本企业原有设备更新（不包括成套设备和生产线）或维修

小提示6–22

“鼓励项目”和“自有资金”的使用，需依程序取得海关核发的征免税证明并与“征免性质”栏批注内容相符。

知识链接6–5

“其他法定”（299）的具体适用范围如下：

1. 无代价抵偿进出口货物（照章征税的除外）；

2. 无商业价值的广告品和货样；

3.进出境运输工具装载的途中必需的燃料、物料和饮食用品；

4.因故退还的境外进口货物；

5.因故退还的我国出口货物；

6.在境外运输途中或者在起卸时遭受损坏或损失的货物；

7.起卸后海关放行前，因不可抗力遭受损坏或者损失的货物；

8.因不可抗力造成的受灾保税货物；

9.海关查验时已经破漏、损坏或者腐烂，经证明不是保管不慎造成的货物；

10.我国缔结或者参加的国际条约规定减征、免征关税的货物和物品；

11.暂准进出境货物；

12.展览会货物；

13.出料加工项下的出口料件及复进口的成品；

14.进出境的修理物品；

15.租赁期不满1年的进出口货物；

16.边民互市进出境货物；

17.非按全额货值征税的进出口货物（如按租金、修理费征税的进口货物）；

18.其他不按“进出口征免税证明”管理的减免税货物。

加工贸易货物报关单应按照海关核发的加工贸易手册中批注的征免性质简称及代码填报。特殊情况填报要求如下：

（1）保税工厂经营的加工贸易，根据加工贸易手册填报“进料加工”或“来料加工”。

（2）外商投资企业为加工内销产品而进口的料件，属非保税加工的，填报“一般征税”或其他相应征免性质。

（3）加工贸易转内销货物，按实际情况填报（如“一般征税”“科教用品”“其他法定”等）。

（4）料件退运出口、成品退运进口货物填报“其他法定”。

（5）加工贸易结转货物，本栏目免予填报。

（6）我国驻外使领馆工作人员、外国驻华机构及人员、非居民常驻人员、政府间协议规定等应税（消费税）进口的自用小汽车，并且单台完税价格130万元及以上的，本栏填报“特案”。

举例6-19

（1）广州电梯有限公司（440193××××）持C5106600019号加工贸易手册向海关申报进口电梯用曳引机一批，该批货物位列手册第22项，法定计量单位同成交计量单位，保险费率为0.3%。

（2）厦门世新海正家具有限公司（350294××××）委托厦门世伟进出口有限公司（350211××××）进口松木板材（法定计量单位为千克）用于生产内销家具。

解析：（1）本题中“C5106600019号加工贸易手册”作为直接信息，显示征免性质栏应该填报“进料加工”或其代码503。

（2）本题中厦门世新海正家具有限公司属于外商投资企业，其进口的松木板材用于生产内销家具，属于外商投资企业为加工内销产品而进口的料件，征免性质栏应该填报“一般征税”或其代码101。

小提示6-23

报关单监管方式与征免性质的填制，反映了进出口货物适用的报关程序，两个栏目存在相对应的逻辑关系。

1. 对于以“一般贸易”成交，确认按一般进出口通关制度报关（征税）的货物，其对应关系为：监管方式“一般贸易”，征免性质“一般征税”。

2. 对于“来料加工”或“进料加工”进出口货物，并确认按保税通关制度报关（保税）的，其对应关系为：监管方式“来料加工/进料对口”，征免性质“来料加工/进料加工”。

3. 对于来料/进料深加工结转货物，并确认按保税通关制度报关（保税）的，其对应关系为：监管方式“来料深加工/进料深加工”，征免性质为空。

4. 对于外商投资企业在投资额度内进口的设备/物品，并已确认按特定减免税通关制度报关（免税）的，其对应关系为：监管方式“合资合作设备/外资设备物品”，征免性质“鼓励项目”。

5. 对于外商投资企业在投资额度外利用自有资金进口的设备/物品，并已确认按照特定减免税通关制度报关（免税）的，其对应关系为：监管方式“一般贸易”，征免性质“自有资金”。

6.2.14 备案号

1）含义

备案号是指进出口货物的收发货人、消费使用单位、生产销售单位在海关办理加工贸易合同备案或征、减、免税备案审批等手续时，海关核发的“加工贸易手册”、征免税证明或其他备案审批文件的编号，如“加工贸易手册编号”、“加工贸易电子账册编号”、“进出口货物征免税证明编号”、实行联网核查的优惠贸易协定项下原产地证书编号、适用ITA税率的商品用途认定证明编号等。

B：来料加工。来料加工项下加工贸易手册编号如B57707170022。

C：进料加工。进料加工项下加工贸易手册编号如C57707170022。

E：加工贸易电子账册。加工贸易电子账册编号如E09088322223。

Y：原产地证书。实行原产地证书联网管理的香港、澳门CEPA项下进口货物，本栏目填报Y+11位原产地证书编号，如Y3M03A000001。

Z：征免税证明。进出口货物征免税证明如Z22010870142。

2）填报要求

（1）一份报关单只允许填报一个备案号。无备案审批文件的报关单，本栏目免予填报。

（2）备案号的标记码必须与“贸易方式”“征免性质”“征免”“用途”等栏目相协调。

（3）加工贸易合同项下使用加工贸易手册的货物“备案号”栏目应该填写登记手册编号，不得为空，但是少量低值辅料除外。

使用异地直接报关分册和异地深加工结转出口分册在异地口岸报关的，本栏目应填报分册号；本地直接报关分册和本地深加工结转分册限制在本地报关，本栏目应填报总册号。

加工贸易成品凭征免税证明转为减免税进口货物的，进口货物报关单填报征免税证明编号，出口货物报关单填报加工贸易手册编号。

加工贸易设备之间结转，转入和转出企业分别填制进口、出口货物报关单，本栏目填写加工贸易手册编号。

（4）对于涉及进出口征、减、免税备案审批的货物，填报征免税证明编号，不得为空。

正在办理减免税申请，而货物已进境，经海关核准凭担保先予以放行的，报关单“备案号”栏可免予填报，同时应在“标记唛码及备注”栏的“备注”项中注明“后补征免税证明”。事后根据所申请的减免税实际结果，删除或更正原报关单的相关栏目。

（5）进出特殊区域的保税货物，在“备案号”栏填报标记代码为“H”的电子账册的备案号。进出特殊区域的企业自用设备、基建物资、自用合理数量的办公用品，在“备案号”栏应填报标记代码为“H”、编号第6位为“D”的电子账册备案号。

（6）减免税货物退运出口，填报“中华人民共和国海关进口减免税货物准予退运证明”的编号；减免税货物补税进口，填报“减免税货物补税通知书”的编号；减免税货物进口或结转进口（转入），填报征免税证明的编号；相应的结转出口（转出），填报“中华人民共和国海关进口减免税货物结转联系函”的编号。

小提示6-24

备案号属于与海关管理相关的信息，反映了进出口货物适用的通关制度，需要报关人员与收发货人、消费使用单位、生产销售单位确认。同时，备案号的填报，应与报关单“监管方式”“征免性质”“征免”“用途”及“项号”等栏目内容相对应。

1.加工贸易进口料件或出口成品，适用于保税加工货物报关程序，备案号填报进出口货物收发货人的电子账册编号或电子化手册编号。

2.外商投资设备/物品，适用于减免税货物报关程序，备案号填报减免税证明编号。

3.一般进出口货物，备案号为空。

举例6-20

中国矿产钢铁有限公司（110891××××）订购进口一批热拔合金钢制无缝锅炉管（属法定检验检疫和自动进口许可管理商品，法定计量单位为千克），委托辽宁抚顺辽抚锅炉厂有限责任公司（210491××××）制造出口锅炉。载货运输工具于2019年4月7日申报进境，次日辽宁龙信国际货运公司（210298××××）持经营单位登记手册和相关单证向大连大窑湾海关申报货物进口，保险费率为3‰。

解析：在该题中，“订购进口一批热拔合金钢制无缝锅炉管”“制造出口锅炉”的隐含条件是该合同属于进料加工合同，备案号栏不得为空，应填C××××××××××。

6.2.15 贸易国（地区）

对于“贸易国（地区）”，发生商业性交易的，进口填报购自国（地区），出口填报售予国（地区）；未发生商业性交易的，填报货物所有权拥有者所属的国家（地区）。

本栏目应按海关编制的“国别（地区）代码表”选择填报相应的贸易国（地区）或贸

易国（地区）中文名称及代码。

部分国别（地区）代码表（2018年关检融合优化）见表6-28。

表6-28 部分国别（地区）代码表（2018年关检融合优化）

代码	中文名称	英文名称
AUS	澳大利亚	Australia
ARE	阿拉伯联合酋长国	United Arab Emirates（the）
TWN	中国台湾	Taiwan（Province of China）
DEU	德国	Germany
KOR	韩国	Korea（the Republic of）
RUS	俄罗斯联邦	Russian Federation（the）
USA	美国	United States of America（the）
GBR	英国	United Kingdom of Great Britain and Northern Ireland（the）
BRA	巴西	Brazil
CHN	中国	China
HKG	中国香港	Hong Kong（China）
IND	印度	India
FRA	法国	France
SGP	新加坡	Singapore
JPN	日本	Japan
EGY	埃及	Egypt

6.2.16 起运国（地区）/运抵国（地区）

（1）起运国（地区）是指进口货物起始发出直接运抵我国的国家或地区，或者在运输中转国（地区）未发生任何商业性交易的情况下运抵我国的国家或地区。

（2）运抵国（地区）是指出口货物离开我国关境直接运抵的国家或地区，或者在运输中转国（地区）未发生任何商业性交易的情况下最后运抵的国家或地区。

进口货物报关单的起运国（地区）栏和出口货物报关单的运抵国（地区）栏，应按海关编制的“国别（地区）代码表”选择相应国别（地区）的中文名称或代码。

（3）填报要求。直接运抵货物（指由出口国（地区）运入我国境内的进口货物或由我国直接运往进口国（地区）的出口货物），以货物起始发出的国家或地区为起运国（地区）、货物直接运抵的国家或地区为运抵国（地区）。

举例6-21

大连某公司从美国进口一批货物，货物直接从纽约运输到大连，则起运国为美国。

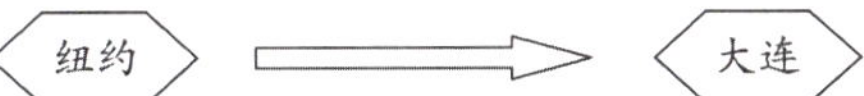

◆大连某公司出口一批货物到美国，货物直接从大连运输到纽约，则运抵国为美国。

大连 → 纽约

中转货物指船舶、飞机等运输工具从装运港将货物装运后，不直接驶往目的港，而在中途的港口卸下后，再换装另外的船舶、飞机等运输工具转运至目的港的货物。

货物中转的原因很多，如至目的港无直达船舶（飞机），或目的港虽有直达船舶（飞机）但时间不定或航次间隔时间太长，或目的港不在装载货物的运输工具的航线上，或货物属于多式联运等。

第一，只有运输中转，未进行中间交易。起运国（地区）为起始发出的国家或地区，运抵国（地区）不变，仍然是最后运抵的国家或地区。

举例6-22

◆北京某公司从美国进口一批货物，货物直接从纽约起运，经香港中转（未发生任何买卖关系）再运输到北京，则起运国为美国。

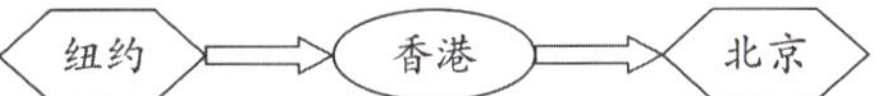

◆北京某公司出口一批货物到美国，在香港中转（未发生任何买卖关系）再运输到美国，则运抵国为美国。

第二，既有运输中转又发生了买卖关系，则以中转地为起运国（地区），以中转地为运抵国（地区）。

举例6-23

上例1中若在香港中转并发生了商业性交易，则起运国（地区）是中国香港；上例2中若在香港中转并发生了商业性交易，则运抵国（地区）是中国香港。

小提示6-25

确定进口货物在中转时是否发生商业性交易（买卖关系）的依据是：发票出票人的地址与进口货物的起运地一致，则说明在中转时没有发生买卖关系；若发票出票人的地址与进口货物的起运地不一致，而与中转地一致，则说明在中转时发生了买卖关系。

确定出口货物在中转时是否发生商业性交易（买卖关系）的依据是：如果收货人的地址与出口货物运输的目的地一致，则说明出口货物在中转时没有发生买卖关系；如果收货人的地址与出口货物运输的目的地不一致，而与中转地一致，则说明出口货物在中转时发生了买卖关系。

中转的信息来源包括：①提运单/发票等单据上有“In transshipment to”“via”等标志；②“In transshipment to”+目的地口岸名称，表示转运到……；③Via+中转地口岸名称，表示经由……。

第三，非实际进出境货物（运输方式代码为“0”“1”“7”“8”“W”“X”“Z”“H”）以及监管方式后两位为42~46、54~58的货物，起运国（地区）和运抵国（地区）均为

“中国”（142）。

小提示 6-26

起运国（地区）/运抵国（地区）属于与运输相关的信息，可以通过以下单证查找填报：

1.提运单信息。提运单列有货物的起运国（地区）或运抵国（地区）信息。

2.发票或合同等，原始报关单证中有时也有起运国（地区）或运抵国（地区）的描述。

举例 6-24

进口提运单上有“Port of Loading Busan Korea”，起运国填制为“韩国”。出口装货单上有“Port of Destination Longbeach U.S.”，运抵国填“美国”。

举例 6-25

发票中注明“From Xingang China To Kobe Japan”。

6.2.17 经停港/指运港

经停港指进口货物在运抵我国关境前的最后一个境外装运港。指运港亦称目的港，指最终卸货的港口。报关单上的指运港栏指出口货物运往境外的最终目的港。出口货物最终目的港不可预知的，指运港按尽可能预知的目的港填报。

本栏目应根据实际情况按海关编制的“港口代码表”选择填报相应的港口中文名称或代码。经停港/指运港在“港口代码表”中无港口中文名称及代码的，可选择填报相应的国家（地区）中文名称或代码。

（1）直接运抵货物以其实际装货的港口为经停港、直接运抵的港口为指运港。

（2）对于发生运输中转的货物，最后一个中转港就是经停港，指运港不受中转的影响。

举例 6-26

大连某进出口公司进口了100台经中国香港中转从美国纽约起运的笔记本电脑，则这批货物的经停港为香港。

（3）对于无实际进出境的货物，经停港/指运港栏填报“中国境内”（142）。

小提示 6-27

经停港/指运港属于与运输相关的信息，可以通过提运单、提货单、船公司或航空公司查询平台等确认。

第一，直接运抵货物。提运单上的“Port of Loading”或“Port of Departure”，都列明了经停港或指运港信息。

第二，在第三国（地区）中转的货物。进口货物提货单上的“Port of Loading”通常为中转港。同时，还可以通过船公司或航空公司的货物查询平台，在相关网站上查询货物的起运港、中转港及目的港的全程信息。

第三，指运港信息确认。报关人员需要与发货人确认最终目的港，或根据代理公司提供的装货单、委托信息等填报本栏目。

部分港口代码表（2018年关检融合优化）见表6-29。

表6-29 部分港口代码表（2018年关检融合优化）

代码	中文名称	英文名称
CHN331	上海（中国）	Shanghai，China
SGP005	丹戎巴葛（新加坡）	Tanjong Pagar，Singapore
CHN731	深圳（中国）	Shenzhen，China
KOR003	釜山（韩国）	Busan，Korea（Republic of）
HKG003	香港（中国香港）	Hong Kong（China）
NLD066	鹿特丹（荷兰）	Rotterdam，Netherlands
ARE018	迪拜（阿拉伯联合酋长国）	Dubai，United Arab Emirates
MYS105	巴生港（马来西亚）	Port Kelang，Malaysia
USA264	洛杉矶（美国）	Los Angeles，United States
DEU063	汉堡（德国）	Hamburg，Germany
CHN000	中国境内	China

6.2.18 境内目的地/境内货源地

境内目的地填报已知的进口货物在国内的消费、使用地或最终运抵地。其中，最终运抵地为最终使用单位所在的地区；最终使用单位难以确定的，填报货物进口时预知的最终收货单位所在地。

境内货源地填报出口货物在国内的产地或原始发货地。出口货物产地难以确定的，填报最早发运该出口货物的单位所在地。

海关特殊监管区域、保税物流中心（B型）与境外之间的进出境货物，境内目的地/境内货源地填报本海关特殊监管区域、保税物流中心（B型）所对应的国内地区。

该栏目按海关编制的“国内地区代码表”选择填报相应的国内地区名称及代码。境内目的地还需根据“中华人民共和国行政区划代码表”选择填报其对应的县级行政区名称及代码；无下属区县级行政区的，可选择填报地市级行政区。

小提示6-28

境内目的地/境内货源地属于与货物成交相关的信息，报关人员需要与收发货人确认。在报关单录入时，录入系统将收发货人代码前5位默认为境内目的地/境内货源地，但需要报关人员根据真实信息重新填报，不能以默认信息为准。

6.2.19 许可证号

许可证号是指商务部配额许可证事务局、驻各地特派员办事处及各省、自治区、直辖市、计划单列市、商务部授权的其他省会城市商务厅（局）、对外经济贸易委员会（厅、局）签发的进出口许可证编号。例如：

16 — AA — 101888

×× — ×× — ××××××

年份 发证机关 顺序号

本栏目填报以下许可证的编号：进（出）口许可证、两用物项和技术进（出）口许可证、两用物项和技术出口许可证（定向）、纺织品临时出口许可证、出口许可证（加工贸易）、出口许可证（边境小额贸易）。进（出）口上述许可证管理的商品，申报时应将相关证件编号（不括证件代码）填报在此栏目内。

非许可证管理商品，此栏目为空。

一份报关单只允许填报一个许可证号。

小提示6-29

许可证号属于与海关管理相关的信息，报关人员需要确认所报关的税则号列涉及的监管条件。如果涉及许可证管理，按照许可证编号填报本栏目。

6.2.20 成交方式

在对外贸易中，进出口商品的价格构成和买卖双方各自应承担的责任、费用和风险，以及货物所有权转移的界限，以贸易术语（价格术语）进行约定。这些贸易术语即成交方式。

小提示6-30

报关单中的成交方式与国际贸易中的贸易术语不完全相同，如CIF/CFR/FOB可以用于任何运输方式，这是与贸易术语的不同点。

其填报要求为：

（1）在填制进（出）口货物报关单时，应依据发票中的实际成交价格条款，按海关"成交方式代码表"选择填报相应的成交方式代码。

（2）无实际进出境的货物，进口成交方式为CIF或其代码，出口成交方式为FOB或其代码。《2000年通则》中的13种贸易术语与报关单"成交方式"栏一般对应关系见表6-30，常用成交方式代码见表6-31。

表6-30 《2000年通则》中的13种贸易术语与报关单"成交方式"栏一般对应关系

组别	E组	F组			C组				D组				
术语	EXW	FCA	FAS	FOB	CFR	CPT	CIF	CIP	DAF	DES	DEQ	DDU	DDP
成交方式	FOB				CFR		CIF						

表6-31 常用成交方式代码表

成交方式代码	成交方式名称
1	CIF
2	CFR（C & F/CNF）
3	FOB

《2010年通则》将《2000年通则》中的13种术语减为11种，删除了《2000年通则》中的4个D组贸易术语，即DDU、DAF、DES、DEQ，新增加了2个D组贸易术语，即

DAT与DAP。

小提示6-31

成交方式属于与货物成交相关的信息，可以通过商业发票、合同等单证查找并填报。

如果商业发票等单证上显示的成交方式不属于海关编制的“成交方式代码表”中的成交方式，报关人员需要依照上述表格对照关系换算填报。

举例6-27

某公司海运出口一批货物，其商业发票上显示“ EXW Beijing”。海关编制的“成交方式代码表”中没有“EXW”，按照上述对应关系，应选择“成交方式代码表”中的“FOB”进行填报。此环节应注意相应的运输及相关费用、保险费在杂费栏中予以体现。

6.2.21 运费

进（出）口货物报关单中所列的运费是指除货价以外，进口货物运抵我国境内输入地点起卸前的运输费用、出口货物运至我国境内输出地点装载后的运输费用。

（1）进口货物成交价格不包含前述运输费用或者出口货物成交价格含有前述运输费用，即进口成交方式为FOB、C&F或出口成交方式为CIF、CFR的，应在本栏目填报运费。进口货物成交价格包含前述运输费用或者出口货物成交价格不包含前述运输费用的，本栏目免予填报。

（2）本栏目应根据具体情况选择运费单价、运费总价和运费率三种方式中的一种填报，同时注明运费标记、相应币种代码。运费标记“1”表示运费率，“2”表示每吨货物的运费单价，“3”表示运费总价。

填报纸质报关单时，“运费”栏不同的运费标记填报如下：①运费率：直接填报其数值，如5%的运费率填报“5/1”。②运费单价：填报运费币值代码+“/”+运费单价的数值+“/”+运费单价标记，如18美元的运费单价填报“502/18/2”。③运费总价：填报运费币值代码+“/”+运费总价的数值+“/”+运费总价标记，如5 000美元的运费总价填报“502/5 000/3”。

（3）运保费合并计算的，运保费填报在“运费”栏中。

小提示6-32

运费属于与货物成交相关的信息，报关人员可通过以下方式确认：

1.与收发货人确认运费金额。

2.部分海运提单或航空运单会在提单或运单上标注运费金额。

3.向船代公司或航空公司查询运费金额。

4.商业发票单证中Freight栏会体现运费，如商业发票上显示“Freight：520 USD”信息，则报关单运费栏填“502/520/3”。

6.2.22 保费

进出口货物报关单中所列的保费是指进出口货物在国际运输过程中，由被保险人付给保险人的保险费用。其中，进口货物保费是指货物运抵我国境内输入地点起卸前的保险费用，出口货物保费是指货物运至我国境内输出地点装载后的保险费用。

进口货物成交价格包含前述保险费用或者出口货物成交价格不包含前述保险费用的，

本栏目免予填报。进口货物成交价格不包含保险费用和出口货物成交价格含有保险费用的，即进口成交方式为FOB、CFR和出口成交方式为CIF、C & F的，应在本栏填报保费。

陆运、空运和海运进口货物的保险费，按照实际支付的费用计算。进口货物保险费无法确定或者未实际发生的，按货价加运费的3‰计算保险费，计算公式如下：

保险费=（货价+运费）×3‰

本栏应根据具体情况选择保险费总价或保险费率两种方式之一填报，同时注明保险费标记，并按海关编制的“货币代码表”选择填报相应的币种代码。保险费标记为“1”表示保险费率，“3”表示保险费总价。

填制纸质报关单时，“保费”栏不同的保费标记填报如下：①保费率：直接填报其数值，如3‰的保费率填报“0.3/1”。②保费总价：填报保费币值代码+“/”+保费总价的数值+“/”+保费总价标记，如10 000港元保险费总价填报“110/10 000/3”。

运保费合并计算的，运保费填报在运费栏中，本栏目免予填报。

小提示6-33

运费属于与货物成交相关的信息，报关人员可通过以下方式确认：

1.按照收发货人提供的保险单，确认保费金额。

2.未实际发生或保险费用无法确认的，可以按照货价加运费的3‰所得金额填报保险费或按3‰的比率填报保险费。

3.商业发票单证中Insurance栏也会体现运费。

6.2.23　杂费

杂费是指成交价格以外的、按照《进出口关税条例》等相关规定应计入完税价格或应从完税价格中扣除的费用，如手续费、佣金、折扣等费用。

本栏根据具体情况选择杂费总价或杂费率两种方式之一填报，同时注明杂费标记，并按海关编制的“货币代码表”选择填报相应的币种代码。杂费标记“1”表示杂费率，“3”表示杂费总价。无杂费时，本栏免填。

应计入完税价格的杂费填报正值或正率，应从完税价格中扣除的杂费填报负值或负率。

填制纸质报关单时，“杂费”栏不同的杂费标记填报如下：①杂费率：直接填报其数值，如应计入完税价格的1.5%的杂费率填“1.5/1”，应从完税价格中扣除的1%的回扣率填“-1/1”。②杂费总价：填报杂费币值代码+“/”+杂费总价的数值+“/”+杂费总价标记，如应计入完税价格的500英镑杂费总价填“303/500/3”。

运费、保费、杂费填写示例见表6-32。

表6-32　运费、保费、杂费填写示例表

项目	费率（1）	单价（2）	总价（3）
运费	5% ⟶ 5/1	USD50/吨 ⟶ 502/50/2	HKD5 000 ⟶ 110/5 000/3
保费	0.27% ⟶ 0.27/1	—	EUR5 000 ⟶ 300/5 000/3
应计入杂费	1% ⟶ 1/1	—	GBP5 000 ⟶ 303/5 000/3
应扣除杂费	1% ⟶ -1/1	—	JPY5 000 ⟶ 116/-5 000/3

小提示6-34

杂费属于与货物成交相关的信息，需要报关人员与收发货人确认。在发票以外，由买方支付的作为调整因素应计入的费用主要包括：除购货佣金以外的佣金和经纪费，与进口货物作为一个整体的容器费、包装费（包括材料费、劳务费），协助的价值，特许权使用费，返还给卖方的转售收益等。

在发票价格中已单独列明，应予以扣除的费用主要包括：机械、设备等进口后发生的除保修费以外的费用，货物运抵境内输入地点起卸后发生的运输及其相关费用、保险费，进口关税、进口环节税及其他国内税，境内外技术培训及境外考察费用等。

以EXW术语成交的进口货物，境外工厂提货地至出口港发生的运输及相关费用、保险费应在本栏填报。以EXW术语成交的出口货物，境内工厂提货地至我国输出港口装载前发生的运输及相关费用、保险费应在本栏填报。

6.2.24 合同协议号

合同协议号是指在进出口贸易中，买卖双方或数方当事人根据国际贸易惯例或有关国家法律、法规，自愿按照一定的条件买卖某种商品所签订的合同（包括协议或订单）的编号。在原始单据（发票）上，合同协议号一般表示为“Contract No.：××××××”。此处的“××××××”即“合同协议号”所应填报内容。

进（出）口货物报关单所申报货物必须是在合同中明确包含的货物。

未发生商业性交易的，本栏目免予填报。

小提示6-35

合同协议号是与货物成交相关的信息，报关人员可以按照收发货人提供的合同/协议或订单填报本栏目。

6.2.25 件数

件数是指有外包装的进出口货物的实际件数。货物可以单独计数的一个包装称为一件。

（1）报关单件数填报的数量，要求与舱单件数相同。填报数量大于舱单数量时，海关系统会退回电子数据，修改后重新发送；填报数量小于舱单数量时，报关单电子数据审结后，现场海关在审单或放行时，海关系统会显示舱单核销异常。

（2）舱单件数为集装箱的，填报集装箱个数；舱单件数为托盘的，填报托盘数。

（3）报关单件数栏不得为空，件数应大于或等于1，不得填报“0”。

（4）散装、裸装货物填报“1”。

（5）同一提运单下，需要多个报关单申报时，要求所有报关单的件数合计数量与舱单件数相同。

小提示6-36

件数属于与运输相关的信息，海运提单或航空运单、装箱单上都会注明货物的件数。按照“单单相符”的原则，提运单、装箱单上的件数应该相同，报关单件数的填报要求与舱单系统件数相同。报关人员可以使用海关总署新舱单信息查询系统，查询核对件数。

6.2.26 包装种类

进（出）口货物报关单中所列的“包装种类”，是指进出口货物在运输过程中外表所呈现出的状态，包括包装材料、包装方式等。一般情况下，应以装箱单或提运单所反映的货物处于运输状态时的最外层包装（或称运输包装）作为“包装种类”向海关申报，并计算相应件数。

本栏应根据进出口货物的实际外包装种类选择填报，如木箱、纸箱、铁桶、散装、裸装、托盘、包、捆、袋等。

在原始单据（装箱单或提运单据）中，件数和包装种类一般表示为“No.of PKGS”，其后数字即表示应填报的“Packages”（包装）的件数，或“TOTAL PACKED IN ××× CARTONS ONLY”，或“TOTAL××× WOODEN CASES ONLY”。

举例6-28

- “PACKED IN 22 CTNS”，表明共有22个纸箱，件数为“22”，包装种类为“纸箱”。
- “2 UNIT & 4 CARTONS ”，表明共有2个计件单位（辆、台等）和4个纸箱，件数合计为6。由于有两种不同的包装出现，所以类似这种情况，件数应填“6”，包装种类为“件”。
- “TOTAL PACKED IN 200 CARTONS ONLY”，表明共有200个纸箱，件数填报“200”，包装种类为“纸箱”。
- “TOTAL FIVE（5）WOODEN CASES ONLY”，表明共有5个木箱，件数填报“5”，包装种类填报“木箱”。

常见包装种类见表6-33。

表6-33 包装种类代码表（2018年关检融合优化）

代码	中文名称	代码	中文名称
00	散装	01	裸装
04	球状罐类	06	包/袋
22	纸制或纤维板制盒/箱	23	木制或竹藤等植物性材料制盒/箱
29	其他材料制盒/箱	32	纸制或纤维板制桶
33	木制或竹藤等植物性材料制桶	39	其他材料制桶
92	再生木托	93	天然木托
99	其他包装		

小提示6-37

包装种类属于与运输相关的信息，报关人员可在报关单据（装箱单或提运单据）上查找。

6.2.27　毛重

毛重指商品的重量加上商品外包装物料的重量。

（1）"毛重"栏填报进出口货物的实际毛重，以千克计，不足1千克的填报"1"。

（2）报关单上的"毛重"栏不得为空，毛重应大于或等于1。

小提示6-38

毛重属于与运输、货物成交相关的信息，在合同、发票、提运单、装箱单等有关单证中，"Gross Weight"（G.W.）所显示的重量即进出口货物的毛重。按照"单单相符"的原则，提运单、装箱单上的毛重数量应该相同。

报关单中毛重的填报要求与舱单系统中的相同。报关人员可以使用海关总署新舱单信息查询系统，查询核对毛重。

6.2.28　净重

净重指货物的毛重扣除外包装材料后的重量，即货物本身的实际重量。部分商品的净重还包括直接接触商品的销售包装物料的重量（如罐头装食品等）。其填报要求为：

（1）"净重"栏填报进出口货物的毛重减去外包装材料后的重量，即货物本身的实际重量，计量单位为千克，不足1千克的填报"1"。

（2）以毛重作净重计价的（如矿砂、粮食等大宗散货或裸装的钢管、钢板等），可以填毛重。

（3）按照国际惯例以公量重计价的货物（如未脱脂羊毛、羊毛条等），填报公量重。

小提示6-39

净重属于与货物成交相关的信息，一般在合同、发票、装箱单或提运单据的"Net Weight"（N.W.）栏体现。合同、发票等有关单证不能确定净重的货物，可以估重填报。

6.2.29　随附单证

随附单证及编号根据海关编制的"监管证件代码表"和"随附单据代码表"选择填报除许可证件以外的其他进出口许可证件或监管证件、随附单据代码及编号。

本栏目分为随附单证代码和随附单证编号两栏。其中，代码栏按海关编制的"监管证件代码表"和"随附单据代码表"选择填报相应的证件代码；编号栏填报证件编号。

（1）对于加工贸易内销征税报关单（使用金关二期加贸管理系统的除外），"随附单证代码"栏填写"C"，"随附单证编号"栏填写海关审核通过的内销征税联系单号。

（2）一般贸易进出口货物，只能使用原产地证书申请享受协定税率或者特惠税率（以下统称优惠税率）的（无原产地声明模式），"随附单证代码"栏填报原产地证书代码"Y"，在"随附单证编号"栏填报"<优惠贸易协定代码>"和"原产地证书编号"。可以使用原产地证书或者原产地声明申请享受优惠税率的（有原产地声明模式），"随附单证代码"栏填写"Y"，"随附单证编号"栏填报"<优惠贸易协定代码>"、"C"（凭原产地证书申报）或"D"（凭原产地声明申报），以及"原产地证书编号"（或者原产地声明序列号）。一份报关单对应一份原产地证书或原产地声明。

各优惠贸易协定代码包括："01"为"亚太贸易协定"；"02"为"中国-东盟自贸协定"；"03"为"内地与香港紧密经贸关系安排"（香港CEPA）；"04"为"内地与澳门紧

密经贸关系安排”（澳门CEPA）；“06”为“台湾农产品零关税措施”；“07”为“中国-巴基斯坦自贸协定”；“08”为“中国-智利自贸协定”；“10”为“中国-新西兰自贸协定”；“11”为“中国-新加坡自贸协定”；“12”为“中国-秘鲁自贸协定”；“13”为“最不发达国家特别优惠关税待遇”；“14”为“海峡两岸经济合作框架协议（ECFA）”；“15”为“中国-哥斯达黎加自贸协定”；“16”为“中国-冰岛自贸协定”；“17”为“中国-瑞士自贸协定”；“18”为“中国-澳大利亚自贸协定”；“19”为“中国-韩国自贸协定”；“20”为“中国-格鲁吉亚自贸协定”。

海关特殊监管区域和保税监管场所内销货物申请适用优惠税率的，有关货物进出海关特殊监管区域和保税监管场所以及内销时，已通过原产地电子信息交换系统实现电子联网的优惠贸易协定项下的货物报关单，按照上述一般贸易要求填报；未实现电子联网的优惠贸易协定项下的货物报关单，“随附单证代码”栏填报“Y”，“随附单证编号”栏填报“<优惠贸易协定代码>”和“原产地证据文件备案号”。“原产地证据文件备案号”为进出口货物的收发货物人或者其代理人录入原产地证据文件电子信息后系统自动生成的号码。

向香港或者澳门特别行政区出口用于生产香港CEPA或者澳门CEPA项下货物的原材料时，按照上述一般贸易填报要求填制报关单，将香港或澳门生产厂商在香港工贸署或者澳门经济局登记备案的有关备案号填报在“关联备案”栏内。

“单证对应关系表”中填报报关单上的申报商品项与原产地证书（原产地声明）上的商品项之间的对应关系。报关单上的商品序号与原产地证书（原产地声明）上的项目编号应一一对应，不要求顺序对应。同一批次进口货物可以在同一报关单中申报，不享受优惠税率的货物序号不填报在“单证对应关系表”中。

（3）对于各优惠贸易协定项下免提交原产地证据文件的小金额进口货物，“随附单证代码”栏填报“Y”，“随附单证编号”栏填报“<优惠贸易协定代码>XJE00000”；“单证对应关系表”享惠报关单项号按实际填报，对应单证项号与享惠报关单项号相同。

（4）海关特殊监管区域和保税监管场所内销货物的填制（其要求见表6-34）。

表6-34 特殊填制要求

<table>
<tr><td rowspan="2">海关特殊监管区域和保税监管场所（以下统称“区域（场所）”）内销货物拟申请适用优惠税率的，有关货物进出区域（场所）以及内销时的报关单填制要求</td><td>已通过原产地电子信息交换系统实现电子联网的优惠贸易协定项下货物报关单，按照“无原产地声明模式”优惠贸易协定项下要求填制</td></tr>
<tr><td>未实现电子联网的优惠贸易协定项下货物报关单，应在“随附单证”栏的“随附单证代码”栏中填写“Y”，在“随附单证编号”栏中填写“<优惠贸易协定代码>”和“原产地证据文件备案号”
“原产地证据文件备案号”为进出口货物的收发货物人或者其代理人录入原产地证据文件电子信息后，系统自动生成的号码</td></tr>
<tr><td>向香港或者澳门特别行政区出口用于生产《内地与香港关于建立更紧密经贸关系的安排》（香港CEPA）或者《内地与澳门关于建立更紧密经贸关系的安排》（澳门CEPA）协定税率货物的原材料时</td><td>按照一般填制要求填制报关单，香港或澳门生产厂商在香港工贸署或者澳门经济局登记备案的有关备案号填写在报关单的关联备案号栏</td></tr>
</table>

举例6-29

未实现电子联网的优惠贸易协定项下进出区域（场所）报关单“随附单证”栏填写示例：

凭编号为AB001234的原产地证书进口中国–哥斯达黎加自贸协定项下货物，企业录入原产地证书电子信息后，系统自动生成的“原产地证据文件备案号”为T15415201500000040，应当在报关单“随附单证”栏的“随附单证代码”栏中填写“Y”，在“随附单证编号”栏中填写“<15>T15415201500000040”。

举例6-30

香港CEPA项下进口的商品，应填报“Y：<03>”。

举例6-31

《亚太贸易协定》项下进口报关单中第1项到第3项和第5项中的优惠贸易协定项下商品，应填报“Y：<01：1-3，5>”。

小提示6-40

随附单证属于与海关管理相关的信息，报关人员可以通过以下方式查找填报：

1.根据税则号列确认海关监管条件，并填报监管证件号。在报关单录入时系统会根据税则号列提示所需的监管证件代码。

2.根据相关文件确定随附单证。优惠原产地项下进口货物，如能提供符合规定的原产地证书及符合其他程序性要求，可在本栏目填报“Y<优惠贸易协定代码：需证商品序号>”，从而享受相应的优惠税率。再如，进口旧的机电设备，需要加验入境货物通关单，代码为“A”。

常见监管证件代码见表6-35。

表6-35 常见监管证件代码表

代码	监管证件名称	代码	监管证件名称
1	进口许可证	A	检验检疫
4	出口许可证	B	电子底账
5	纺织品临时出口许可证	D	出/入境货物通关单（毛坯钻石用）
7	自动进口许可证	P	固体废物进口许可证
O	自动进口许可证（新旧机电产品）	V	人类遗传资源材料出口、出境证明

6.2.30 标记唛码及备注

标记唛码是运输标识的俗称。在进出口货物报关单上，标记唛码专指货物的运输标志。其英文表述为：Marks，Marking，MKS，Marks & No.，Shipping Marks等。其通常由一个简单的几何图形和一些字母、数字及简单的文字组成，包含收货人代号、合同号和发票号、目的地、原产国（地区）、最终目的国（地区）、目的港或中转港和件数号码等内容。

备注是指除按报关单固定栏目申报进出口货物有关情况外，需要补充或特别说明的事项，包括关联备案号、关联报关单号，以及其他需要补充或特别说明的事项。

其填报要求为：

（1）标记唛码中除图形以外的文字和数字，无标记唛码的填报N/M。

（2）受外商投资企业委托代理进口投资设备、物品的进出口企业名称，格式为“委托××公司进口”。

（3）与本报关单有关联关系的，同时在海关业务管理规范方面又要求填报的备案号，填报在电子数据报关单“关联备案”栏内。

保税间流转货物、加工贸易结转货物及凭“征免税证明”转内销货物，其对应的备案号填报在“关联备案”栏内。

减免税货物结转进口（转入），“关联备案”栏内填报本次减免税货物结转所申请的《中华人民共和国海关进口减免税货物结转联系函》的编号。

减免税货物结转出口（转出），“关联备案”栏内填报与其相对应的进口（转入）报关单“备案号”栏中“征免税证明”的编号。

（4）与本报关单有关联关系的，同时在业务管理规范方面又要求填报的报关单号，填报在电子数据报关单的“关联报关单”栏内。

保税间流转、加工贸易结转类报关单，应先办理进口报关，并将进口报关单号填在出口报关单的“关联报关单”栏内。

办理进口货物直接退运手续的，除另有规定外，应先填制出口报关单，再填制进口报关单，并将出口报关单号填报在进口报关单的“关联报关单”栏内。

减免税货物结转出口（转出），应先办理进口报关，并将进口（转入）报关单号填在出口（转出）报关单的“关联报关单”栏内。

（5）办理进口货物直接退运手续的，填报“<ZT”+海关审核联系单号或者“海关责令进口货物直接退运通知书”编号+“>”。办理固体废物直接退运手续的，填报“固体废物，直接退运表××号/责令直接退运通知书××号”。

（6）保税监管场所进出货物，在“保税/监管场所”栏填写本保税监管场所编码（保税物流中心（B型）填报本中心的国内地区代码），其中涉及货物在保税监管场所间流转的，在本栏填写对方保税监管场所代码。

（7）涉及加工贸易货物销毁处置的，填写海关加工贸易货物销毁处置申报表编号。

（8）当监管方式为“暂时进出货物”（代码2600）和“展览品”（代码2700）时，填报要求见表6-36。

（9）跨境电子商务进出口货物，填报“跨境电子商务”。

（10）加工贸易副产品内销，填报“加工贸易副产品内销”。

（11）服务外包货物进口，填报“国际服务外包进口货物”。

（12）公式定价进口货物填报公式定价备案号，格式为：“公式定价”+备案编号+“@”。对于同一报关单下有多项商品的，如某项或某几项商品为公式定价备案，则备注栏内填报：“公式定价”+备案编号+“#”+商品序号+“@”。

表6-36 “暂时进出货物”“展览品”的填报要求

来源	填报要求	举例
根据《中华人民共和国海关暂时进出境货物管理办法》（海关总署令第233号，以下简称《管理办法》）第三条第一款所列项目	填报暂时进出境货物类别	暂进六、暂出九
根据《管理办法》第十条的规定	填报复运出境或者复运进境日期，期限应在自货物进出境之日起6个月内	20180815前复运进境，20181020前复运出境
根据《管理办法》第七条，向海关申请对有关货物是否属于暂时进出境货物进行审核确认的	填报“中华人民共和国××海关暂时进出境货物审核确认书”编号	<ZS海关审核确认书编号>，其中英文为大写字母
货物办理过延期的	填报“货物暂时进/出境延期办理单”的海关回执编号	<ZS海关回执编号>，其中英文为大写字母

（13）进出口与“预裁定决定书”列明情形相同的货物时，按照“预裁定决定书”填报，格式为：“预裁定+‘预裁定决定书’编号”。例如，某份“预裁定决定书”编号为R-2-0100-2018-0001，则填报为“预裁定R-2-0100-2018-0001”。

（14）含归类行政裁定报关单，填报归类行政裁定编号，格式为：“c”+四位数字编号，如c0001。

（15）已经在进入特殊监管区时完成检验的货物，在出区入境申报时，填报“预检验”字样，同时在“关联报检单”栏填报实施预检验的报关单号。

（16）进口直接退运的货物，填报“直接退运”字样。

（17）企业提供ATA单证册的货物，填报“ATA单证册”字样。

（18）不含动物源性低风险生物制品，填报“不含动物源性”字样。

（19）货物自境外进入境内特殊监管区或者保税仓库的，填报“保税入库”或者“境外入区”字样。

（20）海关特殊监管区域与境内区外之间采用分送集报方式进出的货物，填报“分送集报”字样。

（21）军事装备出入境的，填报“军品”或“军事装备”字样。

（22）申报H.S.编码为3821000000、3002300000的货物，属于下列情况的，填报要求为：属于培养基的，填报“培养基”字样；属于化学试剂的，填报“化学试剂”字样；不含动物源性成分的，填报“不含动物源性”字样。

（23）属于修理物品的，填报“修理物品”字样。

（24）有下列情况的：“压力容器”“成套设备”“食品添加剂”“成品退换”“旧机电产品”，填报上述字样。

（25）申报H.S.编码为2903890020的货物（入境六溴环十二烷），用途为“其他（99）”的，填报具体用途。

（26）集装箱体信息填报集装箱号（在集装箱箱体上标示的全球唯一编号）、集装箱规格、集装箱商品项号关系（单个集装箱对应的商品项号，半角逗号分隔）、集装箱货重（集装箱箱体自重+装载货物重量，千克）。

（27）申报 H. S. 编码为 3006300000、3504009000、3507909010、3507909090、3822001000、3822009000 的货物，不属于"特殊物品"的，填报"非特殊物品"字样。"特殊物品"定义见《出入境特殊物品卫生检疫管理规定》（国家质量监督检验检疫总局令第160号公布，根据国家质量监督检验检疫总局令第184号、海关总署令第238号、第240号、第243号修改）。

（28）申报时其他必须说明的事项。

小提示6-41

1.标记唛码属于与运输相关的信息。该信息印刷在货物外包装上，报关人员可以从提运单、装箱单等报关单证中查看。

2.备注项可以录入与海关管理相关的信息，也可以根据收发货人的要求录入部分补充信息。

备注内容介绍见表6-37。

表6-37 备注内容介绍

加工贸易结转的关联备案号或报关单号	加工贸易结转进口申报时，可以请收货人提供对方的手册编号；加工贸易结转出口申报时，可以请发货人提供对方的进口货物报关单，以确认对方手册编号及"转入进口货物报关单编号"
减免税设备结转的关联	需要收发货人提供"减免税进口货物结转联系函"及对方的相关联手册号或减免税证明编号
录入其他必要信息	退运货物的申报，在本栏目填报原进口或出口货物报关单编号。涉及行政审批的货物，填报审批编号

6.2.31 项号

项号是指申报货物在报关单中的商品排列序号及该项商品在加工贸易手册、征免税证明等备案单证中的顺序编号。

木栏目分两行填报及打印。第一行填报报关单中的商品顺序编号；第二行专用于加工贸易、减免税等已备案、审批的货物，填报和打印该项货物在加工贸易手册或征免税证明等备案、审批单证中的顺序编号。

小提示6-42

商品编号、商品名称、原产国（地区）/最终目的国（地区）、征免不同的，都应各自占据表体的一栏。

1）加工贸易项下进出口货物报关单的填报要求

加工贸易项下进出口货物报关单，第一行填报报关单中的商品顺序编号，第二行填报该项商品在加工贸易手册（账册）中的备案项号，用于核销对应项号下的料件或成品数量。如一张加工贸易料件进口纸质报关单上某项商品的项号填报为上"01"、下"10"，说明该商品位列报关单所申报商品的第1项，且对应加工贸易手册备案料件第10项。其第二行特殊情况填报要求见表6-38。

表6-38 第二行特殊情况填报要求

深加工结转货物	分别按照加工贸易手册中的进口料件项号和出口成品项号填报
料件结转货物（包括料件、制成品和未完成品折料）	出口货物报关单按照转出加工贸易手册中进口料件的项号填报；进口货物报关单按照转进加工贸易手册中进口料件的项号填报
料件复出货物（包括料件、边角料）	出口货物报关单按照加工贸易手册中进口料件的项号填报；如边角料对应一个以上料件项号，填报主要料件项号。料件退换货物（包括料件，不包括未完成品），进出口货物报关单按照加工贸易手册中进口料件的项号填报
成品退换货物	退运进境报关单和复运出境报关单按照加工贸易手册原出口成品的项号填报
加工贸易料件转内销货物，以及按料件办理进口手续的转内销制成品、残次品、未完成品	应填制进口货物报关单，本栏目填报加工贸易手册进口料件的项号。边角料、副产品内销，本栏目填报加工贸易手册中对应的进口料件项号。如边角料或副产品对应一个以上料件项号，本栏目填报主要料件项号
加工贸易成品凭征免税证明转为减免税货物进口的	应先办理进口报关手续。进口货物报关单填报征免税证明中的项号，出口货物报关单填报加工贸易手册原出口成品项号，进、出口货物报关单货物数量应一致
加工贸易货物销毁	本栏目应填报加工贸易手册中相应的进口料件项号
加工贸易副产品退运出口、结转出口	本栏目应填报加工贸易手册中新增的变更副产品的出口项号
经海关批准实行加工贸易联网监管的企业，按海关联网监管要求，企业需申报报关清单的	在向海关申报进出口（包括形式进出口）报关单前，向海关申报清单。一份报关清单对应一份报关单，报关单上的商品由报关清单归并而得。加工贸易电子账册报关单中项号、品名、规格等栏目的填制规范比照加工贸易手册

举例6-32

进口某加工贸易料件，该货物位列加工贸易手册第5项，则项号应该填报为：

01

05

2）优惠贸易协定项下的填报要求

有关优惠贸易协定项下报关单的填制要求参照单证对应关系表的填制要求（参见海关总署2016年第51号公告）。

纸质报关单项号栏第一行填写报关单中商品排列序号，第二行填写商品对应原产地证书（或者原产地声明）项号。

3）报关单涉及法检商品与非法检商品的特殊填报要求

必须先录入法检商品，后录入非法检商品，即法检商品项号在前，且法检商品录入顺序与通关单商品顺序一致。

小提示6-43

项号是与海关管理相关的信息，使用报关单录入系统录入时，本栏目有商品序号和备案序号两种项号。

项号填写介绍见表6-39。

表6-39 项号填写介绍

一般贸易通关货物	只需按照顺序填报商品序号
加工贸易通关货物	除需要按照顺序填报商品序号外，还需要按照手册备案内容填报备案项号。报关人员按照原料备案项号填报进口货物报关单，按照成品备案项号填报出口货物报关单
优惠贸易协定项下备案序号	按照单证对应关系表的填制要求填制

6.2.32 商品编号

商品编号由10位数字组成，前8位为《进出口税则》确定的进出口货物税则号列，后2位为符合海关监管要求的附加编号。进出口货物应填报10位海关商品编号。

（1）加工贸易货物，报关单商品编号应与加工贸易手册（账册）中备案的商品编号一致。

（2）减免税货物，报关单商品编号应与征免税证明备案数据一致。

（3）加工贸易保税货物，跨关区深加工结转双方的商品编号的前4位必须一致。

小提示6-44

商品编号是与海关管理相关的信息，与税费、监管条件等密切相关。

商品编号介绍见表6-40。

表6-40 商品编号介绍

一般贸易通关货物	报关人员需了解商品信息（材质、成分含量、工作原理、功能用途等），与收发货人共同完成商品编号的确认工作
加工贸易货物	在报关单录入系统中录入备案号、备案序号后，系统自动调取手册备案的商品编号
减免税货物	在报关单录入系统中录入备案号后，系统自动调取征免税证明备案商品编号

6.2.33 商品名称、规格型号

商品名称，即商品品名，是国际贸易缔约双方同意买卖的商品的名称。进出口货物报关单中的商品名称，是指进出口货物规范的中文名称。

商品的规格型号是指反映商品性能、品质和规格的一系列指标，如品牌、等级、成分、含量、纯度、大小、长短、粗细等。

小提示6-45

一般商品名称及规格型号都在发票的“Description of Goods”“Product and Description”“Goods Description”“Quantities and Description”栏有具体的描述。

（1）“商品名称及规格型号”栏分两行填报：第一行填进出口货物规范的中文名称。如发票中不是中文名，应翻译成规范的中文名称填报。第二行填报规格型号。

举例6-33

棕榈仁油（第一行，规范的中文名称）

H2001G，氢化，碘值0.21，游离脂肪酸0.014%（第二行，规格型号）

（2）商品名称及规格型号应据实填报，并与进出口货物收发货人或委托的报关企业所提交的合同、商业发票等相关单证相符。

（3）商品名称应当规范，规格型号应当足够详细，以能满足海关归类、审价及许可证件的管理要求为准。为了规范进出口企业的申报行为，提高申报数据质量，促进贸易便利化，海关总署制定了《中华人民共和国海关进出口商品规范申报目录》（以下简称《规范申报目录》），进出口货物收发货人或其代理人在报关时应当严格按照《规范申报目录》中关于规范申报商品名称、规格型号的要求填制报关单并依法办理通关手续。

进出口商品申报要素示例见表6-41。

表6-41 进出口商品申报要素示例表

商品编码	商品名称	申报要素
02.03	鲜、冷、冻猪肉	①品名；②制作或保存方法（鲜、冷、冻）；③加工方法（整头及半头、带骨或去骨等）；④包装规格
18.06	巧克力及其他可可食品	
1806.1000	加糖或其他甜物质的可可粉	①品名；②制作或保存方法（粉末状、加糖或其他甜物质）；③容器包装或内包装每件净重；④品牌
例如：归入商品编码3606.1000的Zippo牌打火机用液体燃料，100%石脑油制，125毫升/支，申报要素为：		
商品编码	商品名称	申报要素
3606.1000	直接灌注香烟打火机及类似打火机用的液体燃料或液化气体燃料，其包装容器的容积不超过300立方米	①品名；②用途；③包装容器的容积

注“商品名称、规格型号”栏应填报为：

打火机液体燃料

Zippo牌打火机用，125毫升/支

（4）加工贸易等已备案的货物，填报的内容必须与备案登记中同项号下货物的商品名称一致。

（5）对于需要海关签发货物进口证明书的车辆，商品名称栏应填报“车辆品牌+排气量（注明cc）+车型（如越野车、小轿车等）”。进口汽车底盘不填报排气量。车辆品牌应按照“进口机动车辆制造厂名称和车辆品牌中英文对照表”中“签注名称”一栏的要求填报。规格型号栏可填报“汽油型”等。

（6）由同一运输工具同时运抵同一口岸并且属于同一收货人、使用同一提单的多种进口货物，按照商品归类规则应归入同一商品编号的，应当将有关商品一并归入该商品编号。商品名称填报一并归类后的商品名称；规格型号填报一并归类后商品的规格型号。

（7）加工贸易边角料和副产品内销，边角料复出口，本栏目填报其报验状态的名称和规格型号。

（8）进口货物收货人以一般贸易方式申报进口属于《需要详细列名申报的汽车零

部件清单》(海关总署公告2006年第64号)范围内的汽车生产件的，应按以下要求填报：

第一，商品名称填报进口汽车零部件的详细中文商品名称和品牌，中文商品名称与品牌之间用“/”相隔，必要时加注英文商品名称；进口的成套散件或者毛坯件应在品牌后加注“成套散件”“毛坯”等字样，并与品牌之间用“/”相隔。

第二，规格型号填报汽车零部件的完整编号。在零部件编号前应当加注“S”字样，并与零部件编号之间用“/”相隔，零部件编号之后应当依次加注该零部件适用的汽车品牌和车型。

汽车零部件属于可以适用于多种汽车车型的通用零部件的，零部件编号后应当加注“TY”字样，并用“/”与零部件编号相隔。

汽车零部件报验状态是成套散件的，应当在“标记唛码及备注”栏内填报该成套散件装配后的最终完整品的零部件编号。

(9)进口货物收货人以一般贸易方式申报进口属于《需要详细列名申报的汽车零部件清单》(海关总署公告2006年第64号)范围内的汽车维修件的，填报规格型号时，应当在零部件编号前加注“W”，并与零部件编号之间用“/”相隔；进口维修件的品牌与该零部件适用的整车厂牌不一致的，应当在零部件编号前加注“WF”，并与零部件编号之间用“/”相隔。其余申报要求同上条。

小提示6-46

1.商品名称、规格型号的填报，需要报关人员与委托单位作详细沟通，了解商品信息(如材质、成分含量、工作原理、功能用途等)，根据《规范申报目录》填报本栏目。商品名称及规格型号通常体现在发票的“Description of Goods”“Product and Description”“Goods Description”“Quantities and Description”等栏内。

2.对于加工贸易保税货物、减免税货物，报关人员按照收发货人备案信息，填报商品名称；根据《规范申报目录》的要求，以及报关原始单据及收发货人提供的信息，填报规格型号。

3.报关人员根据税则号列查询《规范申报目录》，按照要求逐项填报申报要素。申报要素的填报，必须建立在正确理解的基础之上，需要报关人员与收发货人作详细的沟通。

例如，某公司进口垫圈，商品编码为73182200.01，发票中注明型号为T-298-119-Z，按照《规范申报目录》的要求，填报：①品名；②材质(钢铁)；③品牌；④规格型号。发票上注明的型号T-298-119-Z，不能作为规格申报。规格指垫圈的厚度、内径和外径尺寸，报关人员需要与收货人沟通确认材质、品牌和规格。经过确认，本栏目填报为：

73182200.01	垫圈
	材质：碳素结构钢制｜品牌：SOMIC｜规格型号：规格厚3.5mmX外径26mmX内径12mm，型号T-298-119-Z

6.2.34 数量及单位

数量指进出口商品的实际数量。进出口货物报关单上的“数量及单位”指进出口商品的成交数量和计量单位，以及海关法定计量单位和按照海关法定计量单位换算的数量。

海关法定计量单位又分为海关法定第一计量单位和法定第二计量单位。海关法定计量单位以《海关统计商品目录》中规定的计量单位为准。例如：天然水为千升/吨，烟卷为千支/千克，牛皮为千克/张，毛皮衣服为千克/件。

1）计量单位的种类

（1）重量单位。如公吨、长吨、短吨、千克、克等，适用于一般天然产品及部分工业制成品，如羊毛、谷类、矿产品、药品等。

（2）长度单位。如米、厘米、码、英尺、英寸等，适用于纺织品、绳索、电线、电缆等。

（3）面积单位。如平方米、平方厘米、平方码、平方英尺等，适用于玻璃板、地毯、皮革等。

（4）体积单位。如立方米、立方厘米、立方码等，适用于木材、化学气体等。

（5）容积单位。如公升、加仑、蒲式耳等，适用于流体商品，如煤油、汽油、酒精等。

（6）个数单位。如只、件、双、台、套、架、打、卷、头、捆等，适用于大多数工业制成品杂货类和一部分土特产品，如机器、车辆、成衣、玩具等。

2）填报格式

纸质报关单本栏分3行填报：第一行应按进出口货物的法定第一计量单位填报数量及单位，法定计量单位以《海关统计商品目录》中的计量单位为准。

举例6-34

商品名称、规格型号　　　　　　　　数量及单位

棕榈仁油　　　　　　　　1 000千克（第一行，法定第一计量单位及数量）

H2001G，氢化，碘值0.21，游离脂肪酸0.014%

凡列明有法定第二计量单位的，应在第二行按照法定第二计量单位填报数量及单位。无法定第二计量单位的，本栏目第二行为空。

举例6-35

商品名称、规格型号　　　　　　　　数量及单位

指示灯（发光二极管）　　15 000个（第一行，法定第一计量单位及数量）

IC ARISTEL-A-S6A　　3千克（第二行，法定第二计量单位及数量）

成交计量单位及数量应填报在第三行。数量栏目不得为空或填报“0”。

举例6-36

商品名称、规格型号　　　　　　数量及单位

短袜　　　　　　　　　　　　12 000双（第一行）

100 PC COTTON SOCKS　　　　110.85千克（第二行）

1 000打（第三行）

小提示6-47

如果进出口货物报关单中只有一项商品且计量单位是千克，其应与报关单表头“净重”栏的重量一致。

3）特殊填报要求

（1）法定计量单位为“千克”的数量填报要求，具体见表6-42。

表6-42 特殊情况下的填报要求

装入可重复使用的包装容器内的货物	按货物扣除包装容器后的重量填报	如灌装同位素、罐装氧气及类似品等
使用不可分割包装材料和包装容器的货物	按货物的净重填报（即包括内层直接包装的净重重量）	如采用供零售包装的罐头、药品及类似品等
按照商业惯例以公量重计价的商品	可按公量重填报	如未脱脂羊毛、羊毛条等
采用以毛重作为净重计价的货物	可按毛重填报	如粮食、饲料等大宗散装货物
采用零售包装的酒类、饮料	按照液体部分的重量填报	

（2）成套设备、减免税货物如需分批进口，在货物实际进口时，应按照实际报验状态确定数量。

（3）具有完整品或制成品基本特征的不完整品、未制成品，按照《协调制度》归类规则应按完整品归类，申报数量按照构成完整品的实际数量申报。

（4）加工贸易等已备案的货物，成交计量单位必须与加工贸易手册中同项号下货物的计量单位一致。

（5）优惠贸易协定项下出口商品的成交计量单位必须与原产地证书上对应商品的计量单位一致。

（6）法定计量单位为立方米的气体货物，应折算成标准状况（0℃及1个标准大气压）下的体积进行填报。

小提示6-48

数量及单位是与货物成交相关的信息，报关人员可以从报关单证中查找确定。

1.报关单证中的发票、装箱单中都列有货物的交易数量、单位和净重。合同或订单中列明的货物数量为订单总数量，有可能大于发票中列名的数量，注意不要混淆。

2.当发票中列明的交易数量单位与法定计量单位不同时，本栏必须按照法定计量单位填报。在报关单录入时，填报税则号列后，系统会自动提示法定计量单位，要求报关人员按照法定计量单位填报。

举例6-37

某公司进口花边（一种做衣服的辅料）500米，净重为120千克，商品编码为58043000.20，法定计量单位为千克，无法定第二计量单位。本栏目应填报为“第一行120千克，第二行为空，第三行500米”。

小提示6-49

加工贸易货物“数量及单位”的填报注意事项：当备案计量单位与法定计量单位不同时，报关人员需要填报法定计量单位及数量、备案计量单位及数量。在报关单录入时，填报备案号、备案项号后，系统会提示法定计量单位及备案计量单位。

6.2.35 原产国（地区）/最终目的国（地区）

1）概念

（1）原产国（地区）指进口货物的生产、开采或加工制造的国家或地区。对于经过几个国家或地区加工制造的货物，以最后一个对货物进行经济上可以视为实质性加工的国家或地区作为该货物的原产国（地区）。

知识链接6-6 原产国（地区）在原始单据上常见的提示

- Made in.
- Origin/Country of Origin.
- Manufacture.

（2）最终目的国（地区）是指已知的出口货物最终实际消费、使用或作进一步加工制造的国家（地区）。

2）填报要求

原产地填报要求见表6-43。

表6-43 原产地填报要求

原产国（地区）栏目填报	根据《中华人民共和国进出口货物原产地条例》（以下简称《原产地条例》）、《中华人民共和国海关关于执行〈非优惠原产地规则中实质性改变标准〉的规定》及海关总署关于各项优惠贸易协定原产地管理规章规定的原产地确定标准填报
	同一批进出口货物的原产地不同的，应当分别申报原产国（地区）
	进出口货物原产国（地区）无法确定的，应当填写“国（地）别不详”（701）
最终目的国（地区）栏目填报	填报出口货物最终实际消费、使用或作进一步加工制造的国家（地区）
	同一批进出口货物的最终目的国（地区）不同的，应分别填报最终目的国（地区）
	不经过第三国（地区）转运的直接运输货物，以运抵国（地区）为最终目的国（地区）；经过第三国（地区）转运的货物，以最后运往国（地区）为最终目的国（地区）
	进出口货物不能确定最终目的国（地区）时，以尽可能预知的最后运往国（地区）为最终目的国（地区）。
加工贸易报关单特殊情况填报	料件结转货物，进口货物报关单原产国（地区）为原进口料件生产国（地区），出口货物报关单最终目的国（地区）填报“中国”（142）
	深加工结转货物，进出口货物报关单原产国（地区）和最终目的国（地区）均为“中国”（142）
	料件复运出境货物，填报实际最终目的国（地区）；加工出口成品因故退运境内的，原产国（地区）填报“中国”（142），复运出境的货物填报实际最终目的国（地区）
	加工贸易剩余料件内销，原产国（地区）填报料件和原实际生产国（地区）；加工贸易成品（包括半成品、残次品、副产品）转内销，原产国（地区）均填报“中国”（142）
	海关特殊监管区域运往区外未经加工的进口货物，填报货物原进口时的原产国（地区）；经加工的成品或半成品，按现行原产地规则确定原产国（地区）。区外运入区内的货物，最终目的国（地区）填报“中国”（142）

小提示6-50

原产国（地区）/最终目的国（地区）是与交易相关的信息，报关人员可以通过以下方式查找：

1. 在进口货物报关单证（发票或原产地证书）上，原产国（地区）一般表示为“Made in”（在……制造）或“Origin/Country of Origin：×××”（原产于：×××）。

2. 在提单或装箱单的唛头中，也会记录原产国（地区），如“Made in Thailand”。

3. 报关人员与委托单位进行确认。如果不能确认，以出口货物报关单证（发票、装货单）上列明的运抵国（地区）为最终目的国（地区）。

6.2.36 单价、总价、币制

1）概念

（1）单价是指进出口货物实际成交的单位价格的金额，包括对外商品价值金额、计量单位、计价货币、价格术语（如佣金、折扣）。

举例6-38

USD	300	per M/T	CIF NewYork
计价货币	计价金额	计量单位	价格术语

（2）总价是指进出口货物实际成交的商品总价的金额。

举例6-39

Total Amount：USD300 000 CIF Kobe

总额：30万美元 CIF Kobe

（3）币制是指进出口货物实际成交的计价货币的名称。

2）填报要求

（1）“单价”栏。

第一，填报同一项号下进出口货物实际成交的商品单位价格的数字部分。

举例6-40

- 珠海某进出口公司出口相机1 000台，每台100美元，“单价”栏应填“100”。
- 北京某进出口公司出口长筒袜，USD20.55/打，“单价”栏应填“20.55”。

第二，无实际成交价格的，本栏填报单位货值。

（2）“总价”栏。

第一，填报同一项号下进出口货物实际成交的商品总价的数字部分。

举例6-41

- 上海某进出口公司出口“数码相机”10000台，每台400美元，“总价”栏应填“4000000”。
- ABC（广州）有限公司进口“铜版纸”16 314千克，每千克0.8040美元，“总价”栏应填“13 116.46”。

第二，无实际成交价格的，本栏填报货值。

（3）“币制”栏。根据实际成交情况按海关的“货币代码表”（见表6-44）选择填报相应的币制名称或代码或符号。如“货币代码表”中无实际成交币种，需将实际成交货币按照申报日外汇折算率折算成“货币代码表”中列明的货币填报。

表6-44 常用货币代码表（2018年关检融合优化）

代码	中文名称	英文名称	代码	中文名称	英文名称
HKD	港币	Hong Gong Dollar	JPY	日本元	Yen
CNY	人民币	Yuan Renminbi	GBP	英镑	Pound Sterling
USD	美元	US Dollar	EUR	欧元	Euro
SGD	新加坡元	Singapore Dollar	RUB	俄罗斯卢布	Russian Ruble
CAD	加拿大元	Canadian Dollar	AUD	澳大利亚元	Australian Dollar

案例分析6-1

案例分析6-1

答案提示

发票显示：

DESCRIPTION OF GOODS QUANTITY/UNIT UNIT PRICE AMOUNT

DELIVERY OF CIF DALIAN CHINA OF 3 UNITS OF B30S TRUCKS USD

B30S-2 17 951.00 53 853.00

FREIGHT CHARGES: 2 050.00

INSURANCE 1 346.00

TOTAL 57 249.00

小提示6-51

单价、总价、币制是与交易相关的信息，报关人员可以从相关报关单证中查找。

1.发票、合同中会列明商品的交易单价、总价、币制。

2.在报关单数据录入中，录入数量单位、总价、币制后，系统会自动核算单价。

6.2.37 征免

征税是指海关依照《海关法》《进出口关税条例》及其他法律、行政法规，对进出口货物进行征税、减税、免税或特案处理的实际操作方式。同一份报关单上可以有不同的征减免税方式。

1）报关单填制中的主要征减免税方式

（1）照章征税。它是指对进出口货物依照法定税率计征各类税、费。

（2）折半征税。它是指依照主管海关签发的征免税证明或海关总署的通知，对进出口货物依照法定税率折半计征关税和增值税，但照章征收消费税。

（3）全免。它是指依照主管海关签发的征免税证明或海关总署的通知，对进出口货物免征关税和增值税，消费税是否免征应按照有关批文办理。

（4）特案。它是指依照主管海关签发的征免税证明或海关总署通知中规定的税率或完税价格计征各类税、费。

（5）随征免性质。它是指对某些特定监管方式下的进出口货物按照征免性质的特殊计税公式或税率计征税、费。

（6）保证金。它是经海关批准具保放行的货物由担保人向海关缴纳现金的一种担保形式。

（7）保函。它是担保人根据海关的要求，向海关提交的订有明确权利、义务的一种担保形式。

2）填报要求

（1）根据海关核发的征免税证明或有关政策的规定，对报关单所列每项商品选择填报海关“征减免税方式代码表”（见表6-45）中相应的征减免税方式的名称。

（2）加工贸易报关单应根据登记手册中备案的征免规定填报。加工贸易手册中备案的征免规定为“保证金”或“保函”的，不能按备案的征免规定填报，而应填报“全免”。

表6-45 征减免税方式代码表

代码	名称	代码	名称	代码	名称
1	照章征税	4	特案	7	保函
2	折半征税	5	随征免性质	8	折半补税
3	全免	6	保证金	9	全额退税

小提示6-52

征免是与海关管理相关的信息，与报关单的监管方式及征免性质的填制，存在相对应的逻辑关系。

（1）对于以“一般贸易”方式成交、确认按一般进出口通关制度报关（征税）的货物，其对应关系为：①监管方式为“一般贸易”；②征免性质为“一般征税”；③征免为“照章征税或保证金、保函”。

（2）对于“来料加工”或“进料加工”的进出口货物，确认按保税通关制度报关（保税）的，其对应关系为：①监管方式为“来料加工/进料对口”；②征免性质为“来料加工/进料加工”；③征免为“全免”。

（3）对于来料/进料深加工结转货物，确认按保税通关制度报关（保税）的，其对应关系为：①监管方式为“来料深加工/进料深加工”；②征免性质为“本栏为空”；③征免为“全免”。

（4）对外商投资企业在投资额度内进口的设备/物品，已确认按特定减免税通关制度报关（免税）的，其对应关系为：①监管方式为“合资合作设备/外资设备物品”；②征免性质为“鼓励项目”；③征免为“全免/特案”。

（5）对外商投资企业在投资额度外利用自有资金进口的设备/物品，已确认按照特定减免税通关制度报关（免税）的，其对应关系为：①监管方式为“一般贸易”；②征免性质为“自有资金”；③征免为“全免/特案”。

6.2.38 特殊关系确认

本栏目根据《中华人民共和国海关审定进出口货物完税价格办法》(以下简称《进出口货物审价办法》)第十六条，填报确认进出口行为中买卖双方是否存在特殊关系，有下列情形之一的，应当认为买卖双方存在特殊关系，在本栏目应填报“是”，反之则填报“否”：

(1) 买卖双方为同一家族成员的。

(2) 买卖双方互为商业上的高级职员或者董事的。

(3) 一方直接或者间接地受另一方控制的。

(4) 买卖双方都直接或者间接地受第三方控制的。

(5) 买卖双方共同直接或者间接地控制第三方的。

(6) 一方直接或者间接地拥有、控制或者持有对方5%以上(含5%)公开发行的有表决权的股票或者股份的。

(7) 一方是另一方的雇员、高级职员或者董事的。

(8) 买卖双方是同一合伙的成员的。

买卖双方在经营上相互有联系，一方是另一方的独家代理、独家经销或者独家受让人，如果符合前款的规定，也应当视为存在特殊关系。

本栏目出口货物免予填报，加工贸易及保税监管货物(内销保税货物除外)免予填报。

小提示6-53

报关人员需要与委托单位确认“特殊关系确认”栏目填制相关信息。

6.2.39 价格影响确认

本栏目根据《进出口货物审价办法》第17条填报确认纳税义务人是否可以证明特殊关系未对进口货物的成交价格产生影响，纳税义务人能证明其成交价格与同时或者大约同时发生的下列任何一款价格相近的，应视为特殊关系未对成交价格产生影响，在本栏目应填报“否”，反之则填报“是”：

(1) 向境内无特殊关系的买方出售的相同或者类似进口货物的成交价格。

(2) 按照《进出口货物审价办法》第23条规定所确定的相同或者类似进口货物的完税价格。

(3) 按照《进出口货物审价办法》第25条规定所确定的相同或者类似进口货物的完税价格。

本栏目出口货物免予填报，加工贸易及保税监管货物(内销保税货物除外)免予填报。

小提示6-54

报关人员需要与委托单位确认“价格影响确认”栏目填制相关信息。

6.2.40 特许权使用费支付确认

本栏目根据《进出口货物审价办法》第11条和第13条填报确认买方是否向卖方或者有关方直接或者间接支付与进口货物有关的特许权使用费，且未包括在进口货物的实付、应付价格中。其填写方法见表6-46。

表6-46 支付特许权使用费确认填写方法

买方需向卖方或者有关方直接或者间接支付特许权使用费，且未包含在进口货物实付、应付价格中	符合《进出口货物审价办法》第13条的	“支付特许权使用费确认”栏应填报“是”
	纳税义务人无法确认是否符合《进出口货物审价办法》第13条规定的	“支付特许权使用费确认”栏应填报“是”
	纳税义务人根据《进出口货物审价办法》第13条可以确认需支付的特许权使用费与进口货物无关的	“支付特许权使用费确认”栏应填报“否”
买方无须向卖方或者有关方直接或者间接支付特许权使用费的	—	“支付特许权使用费确认”栏应填报“否”

本栏目出口货物免予填报，加工贸易及保税监管货物（内销保税货物除外）免予填报。

小提示6-55

报关人员需要与委托单位确认“与货物有关的特许权使用费支付确认”栏目填制相关信息。

6.2.41 货物存放地点

本栏目填报货物进境后存放的场所或地点，包括海关监管作业场所、分拨仓库、定点加工厂、隔离检疫场、企业自有仓库等。

6.2.42 起运港

本栏目填报进口货物在运抵我国关境前的第一个境外装运港。根据实际情况，按海关编制的“港口代码表”填报相应的港口名称及代码；未在“港口代码表”列明的，填报相应的国家名称及代码。货物从海关特殊监管区域或保税监管场所运至境内区外的，填报“港口代码表”中相应海关特殊监管区域或保税监管场所的名称及代码；未在“港口代码表”中列明的，填报“未列出的特殊监管区”及代码。

其他无实际进境的货物，填报“中国境内”及代码。

6.2.43 入境口岸/离境口岸

入境口岸填报进境货物从跨境运输工具卸离的第一个境内口岸的中文名称及代码；采取多式联运跨境运输的，填报多式联运货物最终卸离的境内口岸中文名称及代码；过境货物填报货物进入境内的第一个口岸的中文名称及代码；从海关特殊监管区域或保税监管场所进境的，填报海关特殊监管区域或保税监管场所的中文名称及代码。其他无实际进境的货物，填报货物所在地的城市名称及代码。

离境口岸填报装运出境货物的跨境运输工具离境的第一个境内口岸的中文名称及代码；采取多式联运跨境运输的，填报多式联运货物最初离境的境内口岸中文名称及代码；过境货物填报货物离境的第一个境内口岸的中文名称及代码；从海关特殊监管区域或保税监管场所离境的，填报海关特殊监管区域或保税监管场所的中文名称及代码。其他无实际出境的货物，填报货物所在地的城市名称及代码。

入境口岸/离境口岸包括港口、码头、机场、机场货运通道、边境口岸、火车站、车辆装卸点、车检场、陆路港、坐落在口岸的海关特殊监管区域等，该栏目按海关编制的“国内口岸编码表”选择填报相应的境内口岸名称及代码。

6.2.44 境外收发货人

境外收货人通常指签订并执行出口贸易合同中的买方或合同指定的收货人，境外发货人通常指签订并执行进口贸易合同中的卖方。

本栏目填报境外收发货人的名称及编码。名称一般填报英文名称，检验检疫要求填报其他外文名称的，在英文名称后填报，以半角括号分隔；对于AEO互认国家（地区）的企业，填报AEO编码，填报样式为：“国别（地区）代码+海关企业编码”，如新加坡AEO企业SG123456789012（新加坡国别代码+12位企业编码）。对于非互认国家（地区）AEO企业等其他情形，免予填报。

特殊情况下无境外收发货人的，名称及编码填报“NO”。

6.2.45 自报自缴

进出口企业、单位采用“自主申报、自行缴税”（自报自缴）模式向海关申报时，填报“是”；反之，则填报“否”。

6.2.46 申报单位

自理报关的，填报进出口企业的名称及编码；委托代理报关的，填报报关企业名称及编码。编码填报18位法人和其他组织统一社会信用代码。

报关人员填报在海关备案的姓名、编码、电话，并加盖申报单位印章。

6.2.47 海关批注及签章

本栏目供海关作业时签注。

任务实操

报关单填制

请根据提供的资料，填写进口报关单指定栏目（标号（1）~（15）），如果不需要填写某栏，则回答“不填”。

资料1：位于宁波北仑港保税区的舟山海洋渔业公司（社会信用代码913309021234567890）从孟加拉国进口一批一般贸易项下的冻鳎鱼（H.S. CODE: 0303330000）。该公司委托宁波北仑报关有限公司于2017年4月10向宁波海关和宁波商检局申报。该批货物运费为900美元，保险费率为0.27%。集装箱自重为2 300千克。

资料2：国内地区代码表的部分内容（见表6-47）。

表6-47 国内地区代码表的部分内容

地区代码	地区简称	地区代码	地区简称
33012	杭州经济技术开发区	33013	杭州高新技术产业开发区
33022	宁波经济技术开发区	33024	宁波北仑港保税区
33239	黄岩	33909	浙江其他

资料 3：

NEPTUNE SEAFOODS LTD.

102 MURADPUR MUNICIPAL HOUSING ESTATE, CHITTAGONG, BANGLADESH

COMMERCIAL INVOICE

For A/C and Risk of Messrs: Invoice No.NS-E030517

CHINA AQUATIC PRODUCTS Date: MARCH 20, 2017

ZHOUSHAN MARINE FISHERIES CORPORATION Contract No.:ZMF03029

TEL:0086-580-33093476 Doc Credit No.:ZJLC03312

FAX:0086-580-33093477

Description of Goods

FROZEN TONGUE SOLE W/R

PACKING: 10KGS BLOCK WITH POLY WRAPPED.

20KGS IS MASTER.

Size	Quantity	Unit Price	Amount
		CFR NINGBO	
50-100	204CTNS/4 080KGS	USD0.68/KG	USD2 774.40
100-150	117CTNS/2 340KGS	USD1.05/KG	USD2 457.00
130-300	130CTNS/3 600KGS	USD1.12/KG	USD4 032.00
TOTAL	501CTNS/10 020KGS		USD9 263.40

TOTAL: UNITED STATES DOLLARS NINE THOUSAND TWO HUNDRED AND SIXTY-THREE AND CENTS FORTY ONLY.

PACKING: 10KGS BLOCK WITH POLY WRAPPED. 20KGS IS MASTER

NET WEIGHT: 10 020KGS GROSS WEIGHT: 10 521KGS

WE DO HEREBY CERTIFY THAT THE MERCHANDISE IS OF BANGLADESH ORIGIN.

NEPTUNE SEAFOODS LTD.

资料4：

1.Shipper Insert Name and Address and Phone
NEPTUNE SEAFOODS LTD.
102 MURADPUR MUNICIPAL HOUSING ESTATE,
CHITTAGONG, BANGLADESH

B/L No. COSU708000513

中远集装箱运输有限公司
COSCO CONTAINER LINES
ORIGINAL TLX: 33057 COSCO CO ORIGINAL

2.Consignee Insert Name and Address and Phone
TO ORDER OF BANGLADESH KRISHI BANK
AGRABAD BRANCH, FINLAY HOUSE,
CHITTAGONG,BANGLADESH

3.Notify Party Insert Name and Address and Phone
CHINA AQUATIC PRODUCTS
ZHOUSHAN MARINE FISHERIES CORPORATION
FAX:0086-580-33093477

Port-to-Port or Combined transport
BILL OF LADING
RECEIVED in external apparent good order and condition except as otherwise noted. The total number of packages or units stuffed in the container, the description of the goods and the weights shown in this Bill of Lading are furnished by the Merchants, and which the carrier has on reasonable means of checking and is not a part of this Bill of Lading.

4.Pre-carriage by	5.Place of Receipt
MV.MILD LIN V-105	CHITTAGONG CY
6.Ocean Vessel	7.Port of Loading
LUO BAHE V-004E	CHITTAGONG
8.Discharge	9.Place of Delivery
NINGBO	NINGBO CY

Marks & Nos. Container/Seal No. | No. of Containers or Packages | Description of goods | Gross Weight（kgs.） | Measurement（m^3）

SAID TO CONTAIN 501CTNS　SAID TO WEIGHT 10 521KGS
CBHU2604819 /C70270　FROZEN TONGUE SOLE W/R
1×20'　"GOODS ARE STOWED IN
REFRIGE RATED CONTAINER SETTEMP
AT-18 DEG. CELSIVES"

10.Total Number of Container and /or Packages (in words)
Subject to Clause 7 Limitation　01x20 reefer=FIVE HUNDRED ONE MASTER CARTON ONLY

11. Freight & Charges　Revenue Tons　Rate　Per　Prepaid　Collect
Declared Value Charge　FREIGHT PREPAID

Ex. Rate:　Prepaid at　Payable at　Place and date of Issue
CHITTAGONG　CHITTAGONG: 22 MARCH 2017
Total Prepaid　No. of Original B(s) /L
3（THREE）　Signed for the Carrier: COSCO CONTAINER LINES

LADEN ON BOARD THE VESSEL
DATE MAR. 22, 2017　BY　COSCO JAPAN CO., LTD AS AGENT FOR THE CARRIER
（COSCO STANDARD FORM9801）　JP00 059958　**COSCO CONTAINER LINES**

进口报关单录入界面

备案号	（1）							合同协议号			
境内收货人	18位社会信用代码					10位海关代码		10位检验检疫代码	中文名称		
境外发货人	境外发货人代码								外文名称		
消费使用单位	18位社会信用代码					10位海关代码		10位检验检疫代码	中文名称　（2）		
运输方式			运输工具名称					航次号	（3）		
提运单号								监管方式	（4）		
许可证号	（5）		起运国（地区）		（6）			经停港			
运费	（7）			保费	（8）			杂费			
包装种类			其他包装					毛重	（9）		
贸易国			集装箱数					随附单证			
入境口岸			货物存放地点								
报关单类型			备注								
			标记唛码								
项号			备案序号			商品编号		（10）			
商品名称						规格型号					
成交数量			成交计量单位			单价（11）			总价		
法定第一数量			法定第一计量单位								
法定第二数量			法定第二计量单位			原产国（地区）		（12）			
			境内目的地		境内目的地（13）				目的地（14）		
特殊关系确认			价格影响确认			支付特许权使用费确认					
集装箱号	（15）					随附单证代码					
集装箱规格						随附单证号码					
拼箱标识						关联报关单					

项目检验

随堂测6

一、单选题

1.中国某公司自新加坡购买英国生产的产品，从新加坡起运经中国香港转运至中国内地，填写报关单时起运地为（　　）。

A.英国　　B.新加坡　　C.中国香港　　D.不用填

2.我国某进出口公司（甲方）与新加坡某公司（乙方）签订了一份出口合同，合同中订明：甲方向乙方出售5 000件衬衫，于2019年4月6日在上海装船，途经中国香港运往新加坡。在签订合同时，甲方得知乙方还要将该批货物从新加坡运往智利。根据上述情况填写报关单时，以下填写正确的是（　　）。

A.运抵国（地区）为“中国香港”，最终目的国（地区）为“新加坡”

B.运抵国（地区）为“新加坡”，最终目的国（地区）为“智利”

C.运抵国（地区）为“中国香港”，最终目的国（地区）为“智利”

D.运抵国（地区）为“智利”，最终目的国（地区）为“智利”

3.100美元的运费单价应填报（　　）。

A.502/100/1　　B.100美元　　C.100　　D.502/100/2

4.某进出口公司从国外进口一批钢板70吨，在运输过程中加以捆扎放于船的甲板上。进口报关单上的“件数”和“包装种类”两个项目的正确填报应是（　　）。

A.件数为70，包装种类为“吨”

B.件数为1，包装种类为“散装”

C.件数为1，包装种类为“裸装”

D.件数为1，包装种类为“其他”

二、多选题

1.某公司从日本进口联合收割机10台，同时进口部分附件，分装30箱进口，发票注明每台单价为CIF SHANGHAI USD22 400，总价为USD224 000，附件不另计价。进口货物报关单中以下栏目填报正确的有（　　）。

A.成交方式：海运　　B.件数：30

C.商品名称：联合收割机及附件　　D.单价：22 400

2.下列叙述正确的有（　　）。

A.件数栏目裸装货物填报1

B.毛重栏计量单位为千克，不足1千克的填报1

C.0.3%的保险费率、币制是美元，填报为502/0.3／1

D.应计入完税价格的502英镑杂费总价在报关单杂费栏中填报为303/502/3

3.在填报报关单“总价”项目时，下列叙述正确的有（　　）。

A.“一般贸易”货物应按合同上订明的实际价格填报

B.总价如非整数，其小数点后保留4位，第5位及以后略去

C.无实际成交价格的，可以免予填报

D.某公司进口数码相机1 000台，单价为300美元，则总价栏目应该填写“502/300 000/3”

三、判断题

1.某化工进出口公司下属某厂以进料加工贸易方式进口原料一批，经海运抵港后，进口货物报关单的“备案号”栏应填报该货物“进料加工登记手册”的编号。（ ）

2.同一张报关单上不允许填写不同海关统计商品编号的货物。（ ）

3.一张报关单允许填报多个许可证号。（ ）

四．填空（连线）题

1.进出口货物申报日期是指申报数据被________接受的日期。

2.实际进出境运输方式包括水路运输、铁路运输、公路运输、航空运输、________运输及其他运输方式。

3.请将下列计量单位与英文缩写进行对应连线：

盎司	MT
码	L
公升	yd.
公吨	OZ.

项目拓展

报关单操作题

请根据提供的资料，填写进口报关单指定栏目(标号（1）~（15）)，如果不需要填写某栏，则回答“不填”。

资料1：广州风神集团进出口公司（社会信用代码914401041234567890）于2017年3月25日进口一批加工贸易进料对口合同项下的鲨鱼翅（H.S. CODE:0305710090），手册号为C51497002884，该商品列手册第5项。该批货物由广州大海货运有限公司代为办理报检报关手续，向广州大铲海关（5149）申报进口。保费率为0.5%。该批货物装于一个20’柜中，号码为OOLU5083793。

资料2:

LAAUSER DESIGN PTE LTD.

GUL CIRCLE JAPAN

COMMERCIAL INVOICE

To:

GUANGZHOU FENGSHEN GROUP IMP.& EXP. CO.LTD.

38 Binjiang Road, Guangzhou China

Invoice No.:	GZ17028
Invoice Date:	
S/C No.:	GZHT17028
S/C Date:	2017.01.09

SHIPMENT:FROM TOKYO TO GUANGZHOU VIA HONG KONG

SHIPPING VESSEL:DANU V.009

B/L NO.: KKCA12316

Marks and Numbers	Number and kind of package; Description of goods	Quantity	Unit Price	Amount
N/M	SHARK'S FINS 10KGS/CASE	7 300KGS	USD 80.00/KG	FCA TOKYO USD584 000.00
SAY TOTAL US DOLLARS FIVE HUNDRED EIGHTY-FOUR THOUSAND ONLY				
	TOTAL 730CASES TOTAL NET WEIGHT 7 300KGS GROSS WEIGHT 7 350KGS			

进口报关单录入界面

备案号	（1）			合同协议号	
境内收货人	18位社会信用代码		10位海关代码	10位检验检疫代码	中文名称
境外发货人	境外发货人代码				外文名称
消费使用单位	18位社会信用代码		10位海关代码	10位检验检疫代码	中文名称（2）
运输方式		运输工具名称		航次号	（3）
提运单号				监管方式	（4）
许可证号	（5）	起运国（地区）	（6）	经停港	
运费	（7）	保费	（8）	杂费	
包装种类		其他包装		毛重	（9）
贸易国		集装箱数		随附单证	
入境口岸		货物存放地点			
报关单类型		备注			
		标记唛码			
项号		备案序号		商品编号	（10）

续表

商品名称				规格型号				
成交数量		成交计量单位		单价（11）			总价	
法定第一数量		法定第一计量单位						
法定第二数量		法定第二计量单位		原产国（地区）	（12）			
		境内目的地	境内目的地 （13）			目的地 （14）		
特殊关系确认		价格影响确认		支付特许权使用费确认				
集装箱号	（15）			随附单证代码				
集装箱规格				随附单证号码				
拼箱标识				关联报关单				

参考文献

[1] 苏州工业园区海关. 报关实务一本通 [M]. 北京：中国海关出版社，2008.

[2] 报关水平测试教材编写委员会. 报关基础知识 [M]. 北京：中国海关出版社，2019.

[3] 报关水平测试教材编写委员会. 报关业务技能 [M]. 北京：中国海关出版社，2019.

[4] 海关总署报关员考试教材编委会. 报关员资格全国统一考试教材 [M]. 北京：中国海关出版社，2019.

[5] 海关总署报关员考试教材编委会. 报关员资格全国统一考试教材配套辅导丛书 [M]. 北京：中国海关出版社，2019.

[6] 海关总署报关员考试教材编委会. 报关员资格全国统一考试真题 [M]. 北京：中国海关出版社，2019.

[7] 谷儒堂，白凤川. 报关基础 [M]. 北京：中国海关出版社，2011.